鹿城故事

11

主编 韩承峰
执行主编 杨瑞庆

中国·苏州
古吴轩出版社

图书在版编目（CIP）数据

鹿城故事. 第11辑 / 韩承峰主编. -- 苏州 : 古吴轩出版社, 2019.12

ISBN 978-7-5546-1481-5

Ⅰ. ①鹿… Ⅱ. ①韩… Ⅲ. ①文化史—昆山—文集 Ⅳ. ①K295.34-53

中国版本图书馆CIP数据核字（2019）第264775号

封面题签： 王　清

责任编辑： 俞　都
见习编辑： 吕丽静
责任校对： 徐小良　石小雨
特约校对： 潘家荣
责任照排： 刘　浩

摄影统筹： 毛宇龙
封面摄影： 徐耀民

书　　名： **鹿城故事. 第11辑**
主　　编： 韩承峰
出版发行： 古吴轩出版社
地址：苏州市十梓街458号　　邮编：215006
电话：0512-65233679　　传真：0512-65220750
出 版 人： 钱经纬
印　　刷： 苏州市大元印务有限公司
开　　本： 890 × 1240　1/32
印　　张： 8.75　　插页：2
版　　次： 2019年12月第1版　第1次印刷
书　　号： ISBN 978-7-5546-1481-5
定　　价： 25.00元

编委会

目　录

赏析昆山《王氏家训》

陈柏华

家训是家族或家庭对子孙立身处世、持家治业的教诲，是训条，是中国家族（庭）文化的重要组成部分，对个人的修身、齐家发挥着重要的作用。

我国古代家教源远流长，家训名篇俯拾即是。《颜氏家训》《温公家范》《曾国藩家书》等就是中华民族传统家训的经典。昆山先贤朱柏庐的《治家格言》，也是名扬海内外的家庭教育名篇，成为治家良方、教子名篇。

昆山历来人文渊薮，鸿儒硕学为数不少，书香门第比比皆是。昆山人崇尚儒学，诗礼传家，以求光耀门第。他们中的代表人物，按儒家经典，精心整理家族史上先祖的治家经验，编写成文，形成各领风骚的家训，让子孙后代诵读、熟记、践行，以求子孙博取美好前程。

琅琊安阳昆山王氏，世居昆山六百余年，历经数十代，恪守儒家经典，崇尚诗礼传家，其子孙为官清正，家族英才辈出，其家教、家风在家乡甚得赞许。清同治年间，王氏第十九世孙兆宽（号荫槐）亲自制定《荫槐公家训十四条》（简称《王氏家训》），并将之作为家族的严训。直至今天，《王氏家训》仍有借鉴和启迪之作用。

琅琊昆山王氏　崇忠孝尚礼义

琅琊安阳昆山王氏始祖王安贞，字吉卿，河南安阳人。王安贞因在昆山任知州，遂定居昆山。王氏先贤严律己、崇忠孝、勤耕读、重礼义、尚节俭、恤贫孤，其美德有口皆碑。

王安贞为昆山首建学堂，方便乡邑学子求学修身。他为官清廉，崇尚节俭，获朝廷一再嘉许。他成为王氏后人“为官一任，造福一方”的典范。后在饶州路治中任上卒。

琅琊安阳昆山王氏二世王珪，王安贞长子，字君德，与弟俱富，以善射闻于乡邑。时方国珍率万余人侵掠至摩罗泾，珪与弟亲率骁勇之民抗之，昆山始得安宁，未遭涂炭。后事奏朝廷，上欲赐官爵于珪，珪婉谢不受，隐于泾畔终老。乡邑父老均感珪居功不傲，淡泊名利。

王秩，琅琊安阳昆山王氏七世孙，从小熟读经书，秉承家学。明成化二十三年（1487）高中丁未科进士，成为琅琊安阳昆山王氏首位进士。其在浙江永康知县任上“廉慎有为，赋平讼息”，县称大治。后擢升广东佥事，操兵甲，剿匪蛮；在江西副使任上擒大盗，平伪党，受朝廷嘉奖升擢直至江西按察使、云南右布政使，文治武备，政绩斐然。

王可大，琅琊安阳昆山王氏八世孙，王秩子，娶进士、监察御史顾潜女。顾氏系顾潜独女，父母甚爱之，从小重教养，性端谨，风范、气质均佳。入王家后，事姑嫂、处妯娌咸宜，甚得婆母赞许。可大年仅四十一岁就撒手人寰，留下长子执礼（十岁）、遗腹子执法和三个女儿。时顾氏也仅三十多岁，便承担事公婆、养育五个子女的重任，其辛劳可想而知。夫君可大去世后，顾氏训育长子执礼学业，呕心沥血，精心辅导。

王执礼，琅琊安阳昆山王氏九世孙。年幼丧父，随母亲顾氏力读诗书，学业日上，师从归有光。明嘉靖四十四年（1565），与归有光同榜题名，为同科进士，后历任福建建宁府推官，南京、北京刑部主事，析断冤狱，惩治弊端，秉公执法，办案缜密，不负众望。

王执法，年幼受学于兄王执礼，事兄如父。时有福建客商持千金趋访王执法，请托在福建建宁任上的王执礼承揽工程，王执法严词厉色拒之。后补增广生领乡荐任广平府通判，任上拒收诸耗，各种折价分毫不取；两摄永宁县，垦田建闸，凿义井，兴办水利，为民谋利，安定民生。因政绩受嘉许，任建宁府同知，到任不久即仿先祖辞官乞归回乡侍奉老母。后终身未仕，筑“四怀楼”，与宿儒张大复、薛学敏、夏晞等赋诗为乐，年七十五而卒。

王协嘉，琅琊安阳昆山王氏十世孙，执礼子，县学廪膳生，娶昆山魏氏女。魏氏乃名门闺秀，其祖为吴中大儒魏校，父希正由太学生仕至光禄丞。协嘉体弱，仅三十二岁离世而去。魏氏泣以允诺，自誓挑起料理门庭、抚育子女之任，此后，守寡二十八载，训育二子二女终成大器。子焕如受母垂训，侍母至孝，与兄友爱，弥笃读书，蒙朝廷赏识，主编《吴中水利全书》《吴县志》等，成为乡邑治水名家。魏氏辞世后，归有光孙归庄感其德行，作传哀之。

王焘，琅琊安阳昆山王氏十一世孙，明万历戊午（1618）举人，崇祯年间至湖广随州任知州。随州地处荒僻，盗匪四起，焚掠百姓，户不满千。王焘到任后训民兵，缮守具，平群盗，灭匪首，百姓始得安宁。明崇祯十年（1637），张献忠率部数十万进攻随州，王焘身披坚甲，奋起抵御，后城陷落，王焘寡不敌众，自刎尽节。崇祯帝感其忠烈，赠太常少卿。明福王一再赐诏于昆山建双忠祠，与另一殉节忠臣蔡懋德并祠。

王焕如，琅琊安阳昆山王氏十一世孙，字仲至。其父早卒，随母魏氏从小攻读诗书，昆庠生，后迁居郡城。崇祯年间，巡抚张国维组织水利专家编制《吴中水利全书》，以整治河道，造福乡梓，特聘焕如主笔。后吴县令牛若麟羡其才华，延请焕如编撰县志。该县志极其详备，成为研究吴县史依据。

王嘉俊，琅琊安阳昆山王氏安贞十八世孙，昆庠生，以子兆宽职保授奎文阁典籍，赠奉政大夫，续娶昆邑望族顾氏女。顾氏年二十嫁与嘉俊，相夫教子，操治家务，睦邻相处，甚得嘉誉。顾氏节衣缩食，抚育子女，将子女孝敬钱财聚少成多，为建祠专用。不数年，子女均长大成人，婚嫁事毕，顾氏嘱子兆宽务必请予官建节愍公专祠和宗祠，以成先人志。在顾氏督促下，王兆宽多次上奏官府请建两祠，朝野、乡邑纷纷赞同。道光年间，两祠建成。顾氏谓兆宽：吾心愿已毕，无愧先祖遗训了。开祠时，知县宣读祭文，兆宽作文记之。咸丰末，太平军攻陷昆山，寺庙被毁无数，王氏两祠毁于战乱。顾氏避难于乡泽湖畔，暮年之际，还叮嘱兆宽：今家祠毁矣，他日城垣克复，汝必先予家祠义庄事，勿忘前言。咸丰十年（1860），顾氏卒，享年七十九。

清同治二年（1863），昆山光复，王兆宽回到昆山，见两祠荆棘丛生，瓦砾遍地，立誓重建两祠以慰母亲之愿。同治十年（1871），王兆宽稍有蓄积，变卖田亩，雇工匠重建两祠，并勒石作《琅琊安阳支重建祠堂记》，以慰先祖和母亲。

王兆宽在重建两祠时，为让子孙世代不忘先祖遗训，尽忠良、事孝亲、崇诗礼、克俭勤，正式制定《王氏家训》十四条，挂于祠内，供族人早晚诵读，以使不忘祖训。

琅琊安阳昆山王氏家族居昆达六百余年，历经数十代，其子孙或官仕，或著述，或修志，或办学，均造福乡邑，泽被桑梓，留下较好口碑。与此同时，王氏女性助夫君，恪内敛，训子女，俭治家，为王氏家族代代相承起了不可磨灭的作用。

兆宽秉承遗训　身垂范立家训

王兆宽（1804—1891），庠名梦韦，号荫槐，以附贡报捐训导保举加五品衔。祖王琳，岁贡生，选赣榆县教谕，职封文林郎，晋赠奉政大夫；父王嘉俊，昆庠生，保授奎文阁典籍，诰赠奉政大夫；母顾氏，诰赠宜人。

王兆宽生在以诗书、忠孝传世的官宦人家，家庭烙印深深印在他身上，他既想做一个像先祖那样被乡邑推崇的地方贤士，又牢牢记住父亲临终的嘱咐。母亲几十年寡居，含辛茹苦、拖儿带女、苦撑门庭，延续了王氏数百年门楣，立誓修复历获数朝颁诏的、为大明王朝捐躯的忠节之士王焘的节愍公祠。为继承先祖和父母遗训，立家规、扬家风，让子孙后代铭记先祖恩德，重忠义，尽至孝，并让家风发扬光大，王兆宽作为王氏家族掌门主事之人，亲手制定了《王氏家训》十四条。

王兆宽生于嘉庆九年（1804），后又历经道光、咸丰、同治和光绪四朝。此时清朝由社会稳定、经济发展的盛况，进入社会动乱、经济衰退、世风败坏、纲常失调的境地，尤其是太平军攻占昆山后，民心动荡。王兆宽无力改变整个社会，唯求王氏家族成员在乱世中洁身自好。他不愿与浊世同流，不愿子孙玷污王氏名声，特制定《王氏家训》，劝诫子孙言行，以求保王氏百年根基。

王兆宽和王氏先祖深受朱柏庐所作《治家格言》的影响。

朱柏庐（1617—1688），名用纯，字致一，自号柏庐，明末清初昆山人。清兵攻陷昆山时，其父朱集璜率乡丁抵御，兵败投河自尽。柏庐攀柏筑庐守孝，终身不仕。康熙朝辞荐博学鸿词，开学馆、授学子，提倡知行并进。他以通俗、浅显的语言，以修身、治家为宗旨，向人们讲述修身、忠孝、崇文、节俭、齐家等哲理名言，编写了《治家格言》，让学子诵读，为学子树立“治国”“平天下”的理想打好基础。《治家格言》由于语言流畅、词句工整、通俗易懂，得以广泛流传，成为清代及近代家庭教育的必读教材，尤其在昆山享有极高的认同感，被普遍采用。

王兆宽正是在《治家格言》的熏陶滋养中成长的，《治家格言》的名言、警句所蕴含的哲理深深影响着兆宽，教育着兆宽。兆宽深知格言阐理、警句诫人的作用，因此，制定了《王氏家训》。其中不仅渗透了柏庐先生的治家思想，而且根据王氏家族实际有所创新，独树一格。

家训列条阐述　明昭示诫子孙

《王氏家训》，由《昆山琅琊安阳支王氏世谱》卷四《遗著》收录，共十四条。《王氏家训》与朱柏庐《治家格言》形式上不同：《治家格言》以警句、短语呈现，全文仅几百字；而《王氏家训》名为十四条，实则除每条“首示语”是精悍短句外，余下数百言引经据典，具体叙述，篇幅长达数千字，每条都做详尽解释。《王氏家训》以“忠”“孝”为主旨，突出修身、治家内涵，围绕崇尚诗文、勤俭治家、行为规范、待人接物、处世交往等方面，内容广泛，要求明确，不失为封建时代诗礼人家的家规垂范。现做逐类逐条分析：

忠孝类，共四条

第一条，饮食宜必祭也。旧时，祭拜祖先、孝顺父母是为人之首要。《王氏家训》开篇即阐述“凡人报本返始之念，不可一日忘”。兆宽身垂范而言及。他自己经历庚申之劫，远避僻乡仍惦念，尤在每日饮食时，心中默念，无日不祭，且大有效验。该条内容要求敬天地、日月五星、文字先贤、先儒、家中器皿之神，尤其要敬列于祖祠中的先祖、父母及所有施恩者。在默念时要心诚、态度端正，才能收到祭祀之效，要对被祭拜者心存敬意，“如在上，如在旁”，才能成是也。要肃诚敬心，做到厚根本谊，要求子孙不得一日忘之。

第六条，取财宜思义也。此条首语即指出：酒色财气皆败德之媒，而财尤甚。圣贤孔孟之告诫：君子喻于义，小人喻于利；仁义而已矣，何必曰利。其家训痛述见利忘义之弊端：小则败坏名节，大则以身殉利，甚至贻害后人。兆宽一生坎坷，历经风风雨雨，但在义利求财一事上最为平淡，当与人者无不与，当人与者，人或匿而不与，亦不必尽取，一生唯求“守俭养廉”四字。从咸丰末至同治初，兆宽目睹许多见利忘义、不安天命、忘义殉利之徒自溺。他告诫子孙，当官者应为官清廉，一旦权在手，趋炎拍马人纷至，更应谨慎按法办事，否则一旦失之便后悔莫及；就是平民也应正确对待义利，不义之财、飞来之财万万不可沾也，否则祸及自身，贻害子孙；平日宜节俭勤谨，凡事不得任使奢侈，见利不可忘义，唯俭才能养廉。

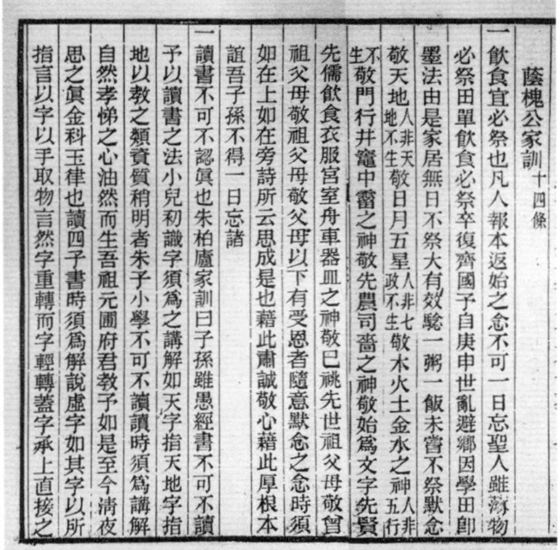
蔭槐公家訓 十四條
一飲食宜必祭也凡人報本返始之念不可一日忘聖人雖蔬物
必祭田單飲食必祭卒復齊國予自庚申世亂避鄉因學田郎
墨法由是家居無日不祭大有效驗一粥一飯未嘗不祭默念
敬天地人非天地不生敬日月五星人非七政不生敬木火土金水之神人非五行
不生敬門行井竈中霤之神敬先農司嗇之神敬始爲文字先賢
先儒飲食衣服宮室舟車器皿之神敬已祧先世祖父母敬曾
祖父母敬祖父母敬父母以下有受恩者隨意默念之念時須
如在上如在旁詩所云思成是也藉此肅誠敬心藉此厚根本
誼吾子孫不得一日忘諸
一讀書不可不認眞也朱柏廬家訓曰子孫雖愚經書不可不讀
予以讀書之法小兒初識字須爲之講解如天字指天地字指
地以教之類資質稍明者朱子小學不可不讀讀時須爲講解
自然孝悌之心油然而生吾祖元圃府君教子如是至今清夜
思之眞金科玉律也讀四子書時須爲解說虛字如其字以所
指言以字以手取物言然字重轉而字輕轉蓋字承上直接之

《王氏家训》（陈柏华提供）

第八条，国课宜早完纳也。兆宽告诫子孙“吾祖吾父从不欠粮”，自己掌门后也“恪遵先训，丝毫不敢拖欠”，并阐述家门不拖欠国家钱粮，也未见王氏衰微，而纵观天下欠粮者，哪家兴旺，完纳国课之理明矣。子孙中若有与相邻买卖取物中打欠条、为官捞取钱财私藏者，兆宽视作违反祖训，以不孝论处。

第十条，居官宜清廉也。旧时读书人寒窗苦读，以求功成名就，一旦踏入仕途，想尽平生所学造福乡民，泽被桑梓，成为循吏良臣，殁后进入名宦祠，被收入列传、方志，上致君，下扬名，“光于前，裕于后”是他们最大的追求。兆宽劝勉子孙：“吾儒读圣贤书，必期行义达道。大之可以致君泽民，小之亦当砥节砺行。盖官箴应以清谨为主。”还列举唐崔玄暐，明彭泽、鄌野，讲述三位贤臣奉教戒、励情操、俭勤廉，成为一代社稷之臣的业绩，勉励子孙随时随地毋忘此训。位列王氏祖祠中的诸先祖，无一不是为官勤政、清廉奉公，屡获朝廷嘉奖诏封，而位列乡贤祠、名贤祠供后人敬仰。诸子孙应以他们为楷模，立德修身，莫辜负祖宗期望；为官者做一个无愧于列祖列宗的清廉官。

崇文类，共二条

第二条，读书不可不认真也。旧时封建家族祈求富贵世世相承，教育子孙代代以读书科考为业，中举为官是传统家族兴旺发达的途径。督促子孙从幼时起苦读经书，传承家学，是传统社会普遍的成才观。饱学之士兆宽从小受到良好的家庭教养，“性聪慧，敏好学”，他以自身苦读经书之所得，通过家训将各个年龄段、知识程度的学习内容和方法悉数传予子孙。兆宽认为，小儿初识字，须为之讲解字的含义；“五经”读完，“史鉴”不可不读，而“昭明之选”多不实之文，徒费光阴，可不必读。兆宽还认为，在作文时，还需至作文馆中，以多为贵，可资观摩之益。他再三明示：喻利乃小人所为，读书方能喻义；读书万万不可误，为时文科须期造圣贤之域；分阶段、按年龄段让子孙循序渐进学习儒家经典，并配合孝悌、义利教育，以达到仁德文礼均有收获。

第三条，孩童立志不可不高也。孩童幼时除潜读经书增进学业外，需要立志为“高”，并将之作为终生奋斗追求之目标。他指出：“秉天地之正理，而为人必期践行惟肖舜。”如何达到这个“肖舜”，即幼学之士先要分别人品之上下，在利与善之间选择，务必舍利取善。他要求子孙以圣贤为榜样，砥砺前行，不断磨炼修行，“勿自暴，勿自卑，圣与贤，可驯致”。他劝勉子孙：谨守此训，自不侪于暴弃之流，虽困勉之质，亦可进于愚，必明柔，必强矣。兆宽对子孙成长寄予殷切希望，拳拳之心，溢于言表。

治家修身类，共五条

第四条，酒食不可恣饮也。儒家自奉节俭，“一粥一饭，当思来处不易；半丝半缕，恒念物力维艰”。平时供养务必省俭，不可奢侈，即使是自己园子里种的蔬菜也是香美无比，远胜珍馐佳肴。家中备酒水固然是逢喜节日之用，但切不可豪吃豪饮，尤其是出外赴宴，贪图口福，一以败德、二以伤身、三失礼仪；食宜撙节，勿恣口腹之欲，以违古圣贤教诲也；即是祭礼、喜庆、宴宾，也不得辄宰鸡畜、轮竞烹庖，以免堕入流俗。此非君子之所为也，子孙违背者以不孝论处。

第五条，闺门宜整肃也。封建时代的妇女地位低下，“三从四德”是套在妇女头上的枷锁。《王氏家训》虽然强调女性立身要正，仪表、举止、言谈要有涵养，还要精通家务劳动，但由于受历史条件限制，其内容也有宣扬男尊女卑的嫌疑，如不得艳妆、不得嬉戏、不得倚门、不得喧哗、不得与三姑六婆交往，甚至呼儿唤婢也不得声出户外，所学诗书也局限于《女儿经》《孝经》等。

第七条，樗蒲宜禁绝也。用樗蒲（赌博之具）赌钱实乃败家伤风之举，亲近品行恶劣的人，久而必受其累，宜禁至绝。兆宽对“赌”深恶痛绝，言道凡人家闻竹牌声、掷骰子声，其家必消耗、必毁亡，其子弟必入下流。他痛斥玩赌者猪畜不如，以他人囊中之钱，呼声一掷即入自己囊中，无异于御人国门之外，害人害己，实乃败家毁身之举，要求王家子孙万不可沾此恶习。兆宽严训，子孙有违者当以不孝论处。

第九条，处世宜谦敬也。古代家训是家庭或家族中的长辈教育晚辈的训条。儒家对“修齐治平、家国天下”信仰的追崇，使“修身齐家”的行为模式最终决定了全社会最基础、最核心的教育形式，家族中每个成员的家庭生活、言行举止、个体修身、交友处世等均是儒家教育的核心所在。《王氏家训》教育子孙“处世须知谦为受益之基，敬为有德之验”，侮人者亦侮己，傲人者人也傲之，而谦敬之人，很少不被人谦敬；彬彬有礼、温良恭让是君子处世之道。兆宽还借用圣贤孔子的训示：出门如见大宾，使民如承大祭。己所不欲，勿施于人。在邦无怨，在家无怨。子孙务必凛之遵之，毋忘毋忘。

第十一条，兄弟宜辑睦也。同胞骨肉兄弟常为资产钱财而屡起纷争，甚至对簿公堂，常不顾念骨肉手足之情，导致家庭分崩离析、毁于一旦。古人很追求居家兄弟叔侄须分多润寡，强调尊幼有序，“兄道友，弟道恭，兄弟睦，孝在中”。《王氏家训》劝勉子孙兄弟间把财物看得轻一点，言语之间相互忍让点，那么愤恨自然消失了；“居家戒争讼，讼则终凶”，家和万事兴，家和也就平安了。由兄弟和睦推之敦亲族和友乡里，还强调侍奉母亲，望子孙“凛遵毋忘”。

惩处类，共三条

为了约束子孙，使其不违祖训，《王氏家训》明确公示惩戒条例，用以警示子孙。旧时，生被逐出家族（门），死不入家谱、不葬祖陵，是对子孙最严厉的惩罚。《王氏家训》也仿之，对违背家训的种种恶习，规定了严格的惩处方式。

第十二条，家中藏淫书、吸食鸦片、异端左道结党比匪者，国法俱在，大则家法处死，小则不得入家庙。

第十三条，子孙有不忠于国、不忠于亲、不友恭兄弟者，不得入家庙。

第十四条，子孙有不信于友、不敦其族、不慈惠于幼众者，以违训论，不得入家庙。

王氏后裔经数十年，恪守家训，严于律己，躬身修养，未出现过违背家训的“不肖子孙”。清末民初，王氏更是人才辈出，重教育、益桑梓，业绩斐然，王颂文、王德森等成为王氏家族中的代表者。

家训古为今用　赋新意育新人

中国封建社会教育不发达，教育手段较少，加之社会变动，人口流动受限，一姓以家庭形式固定在一个地域居住的较多，一个家庭出现三世同堂、四世同堂甚至五世同堂的并不鲜见。族中德高望重者为了保持家族延续、诗礼传家，为了对族人或家人进行有效行为管理或道德规范，须为本族（家）人制定规矩或者告诫的话，制定家训，写入家谱，并挂于族祠和中堂，让族（家）人早晚诵读，遵照践行，违者要受到家法惩处。

中国的家训传承源远流长。家训之所以为世人所重，是因为其主旨推崇忠孝节义、教守礼义廉耻，其目的是教育子孙恪守道德、传承礼仪、修养学识，保持其门风，传承其家学。训词中不仅涉及处世立身之道，还对当时社会风俗、文学、经学、史学等多有介绍，是一部家庭教育的百科全书，也是中国传统文化的重要组成部分。

立德为家训之主旨。推崇忠义，传承圣贤之道、儒家学说，讲授仁义礼智信、温良恭俭让等必修内容，使人见人善，即思齐；见人恶，即自省。孩童在蒙学启迪期学习识字、写诗、作文时也要穿插学习如何立德、处世、做人，成为社会有用人才。子孙长大后，若步入仕途，则要成为循吏、清官、社稷之臣，忠于朝廷、为民谋利，做益于社会、福及百姓的好官，上匡国，下利民，垂裕于后。

勤学为家训之根本。历代家训都把苦读诗书、儒家经典当作子孙成才之根本。“子孙虽愚，经书不可不读”，“人不学，不知义”，“读书不可不认真也”等贯串家训始终。制定家训者不仅广引古代圣贤勤学好问、手不释卷终成大器的故事来勉励孩童，还把古人勤学事迹编成故事反复讲述。族中饱学之士，还以自身读书经历，或先祖教读训育事例说法，激励代代后生发愤苦读，直至功成名就。

节俭为家训所推崇。居家须节俭，万万不可奢侈或追求奢华、浪费钱财。节俭涵盖了居家的方方面面：食用器具要求质朴清洁；饭菜简单而精致，自己种植的蔬菜也胜于昂贵的佳肴；不要追求营造华丽大屋，只要够住就可以了；女子切忌艳妆，只要整洁端庄；婚娶女子不要索取重聘，求媳勿求厚奁。严训子孙切勿沾染社会上的一些恶习，如赌博、吸毒、宿娼、诈骗、豪取等，一旦查实，必将严惩。许多名门望族之女入夫家后，亲自耕作、织纺、缝补衣裳、操持家务。节俭治家成为广为传颂的美德。崇节俭之美德传承至今仍经久不衰，成为中华民族的传统美德，代代相传。

诚爱是家训之要求。要求孩童为人要谨慎、讲究信用，并强调此是立人之本。言而无信、夸耀于人、浮夸虚伪，总会被人鄙视。“事非宜，勿轻诺；苟轻诺，进退错”，“凡出言，信为先”。对人要宽厚、泛爱，宽以待人，对有权势者、富豪勿谄媚，对孤老幼者要敬重关怀，千万不能以花言巧语、假冒伪劣之物欺骗百姓，诈取不义之财，受人唾骂。与人交往，尊重长者，辈序分明，礼让在先；兄弟之间应和睦；对幼者要关怀。

生动的家训语言是传承的关键。家训对象主要是孩童，孩童年龄小、知识少、交往范围窄，但记忆力较强，家训的语言应适合孩童的接受能力。所以，家训语言大多短小精悍，或三字，或六字，或十二字成句成段，融汇知识，注重韵律，朗朗上口，便于记忆。直至今天，许多上了年岁的人，还能熟练背诵幼时学过的家训名句，甚至终生难忘。

但不可否认，古代家训作为巩固、维护封建统治和礼教的学习材料，其糟粕、逆历史潮流是显见的，教育孩童效“忠”，仅是对朝廷、皇帝个人的效忠。“忠”成为封建制度中人身隶属关系的代名词，是万民事君的专有产物，使百姓成为“愚忠”的“愚民”。“孝”作为孝顺父母、长辈，促进长幼有序，建立平等的人生关系，加强家庭和睦，提升凝聚力的准则，这无可非议，但把“孝”变味为父权家长制的产物，“不孝有三，无后为大”，父母对子女有生杀大权，父叫子亡，子不得不亡，父母决定子女的婚嫁，尤其贬贱女性等，“孝”就成了扼杀个性和自由、制造奴性的根源，成为维护旧制度的强大惰力。古人强调读书、增长知识、学会自立，这是应肯定的，但又掺杂“万般皆下品，惟有读书高”的思想，把读书当作“优则仕”，获取“黄金屋”“千钟粟”“颜如玉”的阶梯，宣扬“两耳不闻窗外事，一心只读圣贤书”，把孩童关在斗室中培养成脱离社会、脱离实践、“四体不勤，五谷不分”之人，更宣扬百工下贱、重文轻理、重官轻民、男尊女卑等理念，严重阻碍了中国社会的进步。一句“劳心者治人，劳力者治于人”就造成了中国数千年体脑对立、官民对立、文理对立的后果，助长了封建等级制度，使压迫、剥削、社会不公平制度化、合理化，这些糟粕、不合理的说教，应当去之。

今天，我们进入了社会主义新时代，党的十九大报告指出，“中国特色社会主义文化是激励全党全国各族人民奋勇前进的强大精神力量”。家庭是社会的细胞，是人生的第一所学校，家庭和人类的文明进步关系到社会文明程度的提高。深深植根于中华民族传统的家训文化，在新时代要剔除糟粕，吸收精华，古为今用，补充新的内容，担负新的使命。家风正，则民风淳；家风正，则政风清；家风正，则党风端。不论时代发生多大变化，不论生活格局发生多大变化，无关贫富，无关贵贱，人人重视家庭建设，注重宣传有正能量的家训、家风，使千千万万个家庭成为国家发展、民族进步、社会和谐的重要基点，引导人们自觉履行法定义务、社会责任、家庭责任，培育知荣辱、讲正气、做奉献、促和谐的社会风尚，让充满新时代活力、朝气勃勃的新家训、新家风为国家的长治久安、社会的文明进步发挥更大的促进作用。

从昆山走出去的皇亲国戚

鲁德俊

昆山，地处江东，山清水秀，水乡的肥田沃土孕育了历代无数才子佳人，其中佼佼者成为皇家择偶的上选，有皇后，也有驸马。

何皇后

东晋时候，昆山城南，有一个何村。一天夜里，何家生了一个女儿，适逢一群乌鸦惊叫。第二天，朝廷大赦。后来这个女孩子成了晋穆帝的皇后，即何皇后。这个村子也就因此而改叫乌夜村了。

这个传说源于昆山地方志的记载。

明弘治《昆山县志》卷十四《拾遗》载："乌夜村，晋穆帝后，何淮女。淮寓居县南，产后于此。临产之夕，有群乌夜惊于聚落。而后乌更鸣，众异之。迟明，有大赦。"

明嘉靖《昆山县志·古迹》也记载："乌夜村，在县城南。村人何淮产女之夕，群乌惊鸣，明日大赦。又鸣，众咸异之。后淮女为晋穆帝皇后，因名其地曰乌夜村。"

清康熙《昆山县志稿》卷十一《冢墓》载："乌夜村在县东南。晋穆帝何皇后父准，本灊山人，寓此，产后之夕，有群乌夜惊于村落，自后有乌彻夜鸣，必有大赦，因名其地曰乌夜村。"

昆山地方志的这些记载中，所谓“寓居”，在古代是寄居他乡的意思；又说“本灊山人，寓此”，可能何皇后的父亲是从安徽迁来昆山城南，这个女儿在那里出生了，才有了乌夜村的传说。至于何皇后父亲的名字，或写作何准，或写作何淮，版本不同。

查阅《晋书》可知，何皇后名何法倪，原籍庐江灊县（今属安徽），生于公元339年，但《晋书》未言及昆山事。何家世代为官，其高祖何祯为光禄大夫、雩娄侯，其曾祖何恽为豫州刺史、关中侯，其祖父何睿为安丰太守、关中侯，其父为散骑侍郎、兴县侯。

晋穆帝选皇后，派人向何家的亲属了解，对方回奏说：何法倪性情柔顺，端淑有仪，从未间断过训导，衣着朴素如常人，遵守各种典章制度。于是升平元年（357）八月，何法倪以名门之后应选入宫，被册立为后。当时她十八岁，晋穆帝十四岁。

升平五年（361）五月，晋穆帝去世，其堂弟司马丕即位，是为晋哀帝，尊何法倪为穆皇后。何皇后二十二岁守寡，没有子嗣，一人孤寂地住在永安宫几十年。

到了晋安帝元兴二年（403），六十四岁的何法倪已由当初那个年轻貌美的少妇变成了白发苍苍的老妪。她经历了六个君主：晋穆帝、晋哀帝、晋废帝、晋简文帝、晋孝武帝、晋安帝。这一年，大将军桓玄篡位，把何法倪赶出皇宫。车子路过太庙，何法倪下车哀祭祖先，哭声感动路人。桓玄听说后发怒说：“禅让皇位是很平常的事，与姓何的老太婆有什么关系，实在可恨！”于是把何法倪降为零陵县君，并将她和其他皇室人员一起赶到了巴陵（今湖南岳阳）。

元兴三年（404）二月，刘裕等起兵讨伐桓玄，何法倪得以回到京都建康。何法倪提出：“战事频繁，百姓艰难饥饿。而我们膳食车服丰盛浪费，怎么不与百姓一同俭朴节约呢？要减少供给，不要游乐过度。”因此把原本打算回京参拜陵庙的仪式取消了。

五个月后，何法倪因长途跋涉、颠簸劳顿，于元兴三年（404）七月二十三日病逝，时年六十五岁。同年八月十九日，她与晋穆帝合葬于永平陵。

据考古发现，永平陵位于今南京市和平门外幕府山南麓。永平陵依山而建，陵墓地宫由墓道和墓室构成。墓室系砖砌建筑，为圆弧形券顶结构。墓室长5.5米，宽2.6米，高3.05米。墓室分为前后两个部分。前部是用砖砌成的人字形地面，后部则是用砖砌成的棺床。棺床长3.6米，宽与墓室相等。

而海盐县地方志却说：“何皇后陵、何准宅、乌夜村，并在县南三里。”这是浙江海盐关于何皇后的另一种记载。

《嘉兴府志》也载海盐县南有乌夜村，何准生女之事。

宋《武原志》引《舆地志》说得更详细：“海盐县南三里乌夜村，晋何准寓居焉。一夕，群乌啼噪，乃生女。后选入宫，他日复夜啼，推之乃穆帝立后之日也。县南一大冢，耆老相传为皇后冢。近地有名‘丧灵浦’者，堙塞久矣，谓穆后归葬，开此浦以通舟。岂后崩于伪楚之时，归葬于此耶？”

明海盐诗人朱朴《乌夜村》诗：

玉貌曾沾帝子恩，故乡环佩葬归魂。

千年废寝无寻处，夜月啼乌尚有村。

“玉貌”是形容何法倪的容貌姣好，讲的是她成为晋穆帝皇后，得到恩宠。何皇后死后丧服华贵，归葬故乡（海盐）。千年之后，何皇后的坟墓已荒废，无处寻觅。现在（海盐）还有这个乌夜村。

海盐县地方志又说，按《晋书》，安帝元兴三年（404）七月，何后崩，八月癸酉，附葬穆帝永平陵，邑中相传何后陵者，或即准父子冢也。

根据《晋书》和考古发现，可以断定，何皇后的陵墓应在今南京无疑。所谓葬于海盐之说，不可信。

除了开头我们所引昆山地方志关于何皇后生于昆山的记载之外，我们还可以举出两个事例。

明初苏州著名诗人高启曾来过昆山城南的何村，听到村民讲起何皇后诞生的故事，于是提笔写下一首《乌夜村》：

荒村乌夜栖，忽绕月明啼。
生得东家女，身为万乘妻。
至今种高树，不遣乌飞去。
居人凡几家，爱听啼哑哑。
啼哑哑，勿惊怪；妇开门，向乌拜。

乌鸦在夜晚歇宿在村子里的树上，忽然绕着明月啼叫起来。东面有一人家，生了一个女儿，此女后来成了皇后。到现在村里还喜欢种高树，不让乌鸦飞走。村里总共几户人家，都爱听乌鸦的叫声。听到乌鸦的叫声，不要惊怪。妇女们开开门，就向着乌鸦打躬作揖跪拜。

这是一首杂言古体诗，前四句为五言，后两句为三言，文字通俗易懂，有民歌风，很能体现高启诗的风格特点。

高启（1336—1374），字季迪，号青丘子，长洲（今江苏苏州）人。明初最有影响的诗人，被誉为明代诗人之冠。高启与杨基、张羽、徐贲合称“吴中四杰”。其诗雄健浑涵，爽朗清逸，部分作品反映了民生疾苦。他曾自编诗集《缶鸣集》，存诗九百三十七首。今有《高太史大全集》行世。

明代昆山周姓诗人也写过一首《乌夜村》：

昆玉山南村，祥光烛坤倪。
夜白夺明月，群乌忽惊栖。

哑哑啼彻旦，异此声太奇。

村东何家妇，夜半生王姬。

焉知荆布女，后服荣翟袆。

至今村上民，不重生男儿。

昆山玉峰南面的一个村子里，忽然一道吉祥的光照耀大地。那道吉祥的光把黑夜照得像白天一样，连明月也无光了，已经栖息的乌鸦都被惊醒了。乌鸦一直叫到天明，人们都觉得这叫声有些异样。原来是村东何家的妇女半夜里生了一个有贵气的女儿。谁会知道这个穿粗布衣裳的女孩子，后来会荣耀地穿上皇后的华贵衣裳。至今村里的老百姓，都愿意生女儿，而不重生男儿。

以上皆可证，晋穆帝皇后何法倪生于昆山。

姜驸马

在唐朝的时候，有一位驸马叫姜辙，出生在昆山的姜里，即现在昆南张浦镇西部的姜杭行政村所属的姜里自然村。

清人陈元模编纂的《淞南志》记载："姜辙，家淞南之姜里村，唐时选尚公主拜爵驸马都尉，中宗朝以功封扶阳郡王，居第在凤凰墩，后以宅为冢，里人称为姜王墩云。"

明嘉靖《昆山县志》卷二《冢墓》和清康熙《昆山县志稿》卷十一《冢墓》都记载："秘书郎姜府君墓，在姜里村凤凰墩下。明嘉靖中，村人赵宗谅取土墩，下得墓石一方，其略曰：府君姓姜氏，讳希业，字可大，吴中人也。先祖辙，唐中宗朝封扶阳郡王。"明朝嘉靖年间从地下挖掘出来的姜辙后人姜希业的墓石，证明了姜辙在唐中宗时被封为扶阳郡王。

民国时期，政府来姜里开挖坟墓，内有金印、铜镜、宝剑、玉折扇等，并有童男、童女各一人殉葬。

民国三十二年（1943），昆山县政府又派人前来挖掘地下藏物，起获金银器皿、文物宝藏无数，盛装两大车，移至县衙，后文物不知所终。

另有民国三十六年（1947）九月十九日昆山县《旦报》报道称："姜王陵寝，隆然屹立，占地甚广，墓上有石兽、翁仲，十八日下午，因乡民挖坟土运到上海出卖时，见埋古盔一具，短戟一支。"后屡经盗挖，古墓已不存在。

姜里村的这个土墩之所以叫凤凰墩，是因为其中埋葬的是驸马郡王，且是与公主合葬此处，故村民称之为凤凰墩。（一说因姜太公。）

2009年，姜里遗址被列为昆山市文物保护单位。

元代著名诗人谢应芳（1296—1392）因元末战乱曾隐居吴中，一日，与诗友倪元镇和诗僧智愚结伴来游姜公墩，写有一诗。诗题为《倪元镇过娄江寓舍因偕智愚隐游姜公墩得如字》。题中之"姜公墩"，即指埋葬姜驸马的土墩。

此外，姜里还流传着"翁阿六、翁阿六，要发财到常熟"的俗语，说的是清同治、光绪两朝帝师，咸丰六年（1856）状元，军机大臣，维新改良中坚人物翁同龢，他的先祖是附近翁家埭人，后迁徙至常熟发家。当时翁家地位显赫，富甲一方，在原籍昆山姜里、杭上村之间建有翁家花园和翁家坟。翁姓祖辈殁后叶落归

姜里遗址（鲁德俊提供）

根，子孙返乡将先人灵柩葬于昆山姜里。中华人民共和国成立前，每逢清明节，翁姓后裔还从海内外挂帆而来举行祭祀活动。20世纪50年代，翁家坟、翁家花园被拆毁，但遗址仍在，翁家埭的名称就是由此而来，至今尚有翁姓后代生活在此。

西塘街上的王家大院

郭志昌

和全国的许多地方一样，“王”姓也是昆山的一个大姓。多年以来，昆山的王姓人口数量一直位居前列。

随着社会的不断发展、人口的不断繁衍，昆山城里的王姓人家逐渐分成三个家系，分别散住在月城湾、甲子弄和西塘街三处。月城湾王宅叫忍容堂，也叫西厅；甲子弄的王宅叫百容堂，也叫东厅；西塘街的王宅叫有容堂。

王景翰奠基

西塘街王家原先住在月城湾西厅。主人王承露，字欣荣，始高祖王廷爵由太仓迁昆。父王起凤，有隐德，少勤学，年十六而孤，即持家务，放弃举业，致力经史，兼好吟咏，后为太学生，品性忠厚，乡称善人。清咸丰庚申（1860）城陷，王承露避居北乡之钮家浜，以教读谋生。同治二年（1863）七月卒于盛泾陶宅，年六十一。王承露次子王景翰，字若翚，号墨林，辛酉拔贡，候选通判，曾参与光绪年间《昆新两县续修合志》编纂。

1875年，王景翰中了“光绪乙亥恩科”举人后，迁居到城中大西门内的西塘街。这里原先住着一户贝姓人家，有一个占地13亩的大宅

王景翰字君翬號墨林幼習岐黃術一日遊文社有戲之
者曰汝知牛溲馬勃耳何觀焉卽涕泣發憤請於父承
露師事副貢唐張煜習舉子業期年遊鄉校兄景仁亦
應選拔尋遭喪亂避地婁縣之七寶鎮授徒自給主人
有崇西洋教者力浼之怫然辭去甘飢餓不顧寇平領
上庠中光緒乙亥　恩科舉人七應禮部試不售遂絕
意進取治生量出入因先人產而經理之倍增於舊欲
崑新兩縣續補合志　卷十二　文苑附傳　九
分置義田以贍族未竟卒年五十二病劇時諭其子曰
毋忘吾志著有墨林詩稿一卷子四慶燕慶鼇慶祉慶
祁　諸福坤傳
何顧絢字靈芬號文叔新廩生性高逸工詩古文與徐家
疇張星鑑齊名好山水遊嘗作閒遊贊曰物莫不以適

县志中关于王景翰的介绍（郭志昌提供）

子，后易主。王景翰移居西塘街后，就买下了这个宅子。

王景翰从小追随别人学习中医。一天游文社，有人半是玩笑、半是正经地问他：“你知道牛溲马勃的意思吗？”他一愣，没答上来，引来一片嘲笑，回到家后便发愤苦读。经父亲王承露同意，他跟着副贡唐张煜学习经文，准备以后在科举的道路上实现自己的人生追求。第二年县考，哥哥王景仁（王承露长子）考中秀才。不久，战乱发生，王景翰只得到七宝镇（当时属于昆山，现为上海闵行区七宝老街一带）避难，以授徒自给。战乱结束后，他回到家乡继续读书，准备来年应考。

同治某年的六月廿四夜里，飓风大作。马鞍山（亦名玉峰山）上的文笔峰被风吹断，滚落山下，碎成了几截。王景翰看到以后非常痛心。他把这一偶然事件看得非常严重，认为这一定会影响昆新（昆山和新阳）两县的文运，决不能等闲视之。于是，他自己掏钱，请人重新制作了一支巨大的石笔竖在原址上，并与朋友们共同捐款，在紫云岩文笔峰之北旧祖师殿的基础上，建起了一座奎光阁，拜托山上华藏寺里的洪元和尚代为守护。后来，王景翰美梦成真，荣登光绪乙亥（1875）恩科乡榜。大家都觉得这是善有善报。

然而，王景翰后来连续参加了七次礼部考试都没能够通过，白白花费了二十几年的大好光阴。无奈之下，他只得屈就教谕一职。与此同时，他只得量入为出，精打细算，将先人遗产治理得井井有条。正当他胸有成竹，准备分置义田用以扶养家族时，却不幸身染重病，事未竟而卒。他曾著《墨林诗稿》一卷、《红兰山馆文诗稿》多卷，病剧时曾谕其子："毋忘吾志。"他有四个儿子，分别叫庆杰、庆厘、庆祉、庆祁。诸福坤为他写过一篇传记。王景翰的墓葬位于车塘南蓊浦光区九图玉字圩。

王家大院的形制完全参照北京四合院的样式，东西较窄，南北较长，呈长方形，大门开在东南角上，同时也吸收了日本和西方的一些建筑元素。沿街开有六扇黑漆大门，门前有一块空场，正对大门有一个大照壁，照壁外是坚实的石驳岸，并置有石阶河埠。

从墙门间北进，走过一座石门，就是一个大天井。过了天井，就是茶厅，大厅粉墙上嵌着砖砌的"鸿禧"大字，意味着跨出厅堂就能"出门见喜"。茶厅正中梁上高悬着一块朱红大匾额，圆雕"举""人"两个斗大金字，右旁一行是扁宋体小金字，标明"中式江南乡试光绪乙亥恩科第一百二十五名王景翰"。

王家大院内有三厅，第一进是茶厅，官绅往来坐轿进门，到茶厅前下轿后升厅茶叙。茶厅的西边另有一组小建筑。沿街有一排平房，屋后有一小天井，绕有三曲回廊，并有小半亭，天井中堆湖石，栽有两棵碧桐。天井南边的白粉墙上嵌着碧琉璃花砖的漏窗。天地虽小，倒也体现出独特的江南园林风貌，显示出幽雅的氛围。小天井后即是花厅，它与茶厅平列，只是一墙之隔。花厅就是请贵客赏花雅叙之所。花厅后有一座小书楼，上下两层，窗明几净，是王景翰的读书之地。茶厅、花厅之后是大厅与东西次间及东西两耳厢房，中间是细石板天井，围以回廊。大厅对面是一个砖雕门楼，砌有平台栏杆。门楼正中刻有"积善余庆"四个大字，那是苏州状元陆润庠的手迹。大厅建筑宏伟、精致，梁上有云头雕刻，全部是宽阔方椽、廊檐弯椽，制作精巧。左右两次间亦宽大，全部采用广漆。大厅正梁上挂有“有容堂”大匾额，东西两次间前隔一小天井，各有高大耳厢。西厢通书楼、花厅。在三厅主体建筑群的东边有一条长弄。沿街六扇大门除喜庆节日、红白大礼、迎宾送客开启外，平时关闭。长弄堂南头与六扇墙门平列，另有一个小型石库门，作为平时进出之用，专用一外号叫“白佬佬”的老仆看门。长弄堂的东边有一组小平房，这是账房间，内有两个账房先生专管宅院内的家务开支细事。再往后还有一座三层楼，这是王景翰后来兴建的新式楼房。此外，还有一些零碎的边屋作为厨房、仓屋。

王老贵续建

王景翰去世前几年，其次子和长子先后病故，给王景翰带来很大打击，严重影响了他的身心健康。王景翰去世时，三儿子王庆祉还只有十八岁。

王庆祉，字受尹，人称王老贵。父亲去世后，他挺身而出，义不容辞地独挑重担，继承家业，继续督工兴建王宅，直至全部完工。

大厅东边的东次间最初是供他结婚时用的，后来他的孙子王邦鼎结婚，也曾在此住过。王邦鼎在童年时代常与叔伯弟兄在宽敞的大厅里摆阵赛球，可见这大厅的面积之大。三厅建筑群完工的二三十年后，在宅子后半部，王庆祉主持兴建了十三楼，这是当时昆山城内独一无二的大楼，当然也是王家大院里规模最大的建筑。平列十三开间，楼上楼下共有二十六间，款式新颖，长窗上已用透明玻璃了。楼梯也用比较新式的转弯木梯，不像老式楼房总用陡直的木阶。大楼前又有四组边屋，作为厨杂之用。大楼后，开辟了一个大花园，名西园，因位于西塘街而命名。西园虽不宏丽，但楚楚可观，布置得宜，有四季花卉点缀；还有假山、方亭、荷池、乔松、古榆等，桃柳掩映，冬青成列，牡丹如锦；还有一棵洋玉兰，高数丈，以及梅花数十株……花园中央还建有义庄，这是一组更新式的建筑，皆有起线、拉圈、白幔、广漆地板、玻璃窗、百叶窗等。北面正对大荷池的餐厅是白幔水泥地，东侧有更衣房与浴室等。三月赏牡丹，五月赏榴花，六月赏香荷，九月赏黄菊，腊月赏红梅……一年四季，花园里花开不断，令人赏心悦目。这里的义庄除一年春秋两祭外，还作为宾客游览之胜地。花园西边还有大石库门（花园大门）及一组边屋。这就是西塘街王家大院这座“书香门第”宅院的建筑全貌。

王老贵遵父遗命，在西塘街建成了王家大院里的第四进十三间堂楼，然后兄弟四家分居，并捐出邑田一千零四亩，用以扶养家族。王老贵通过数十年坚持不懈的努力，完成了父亲的遗志。

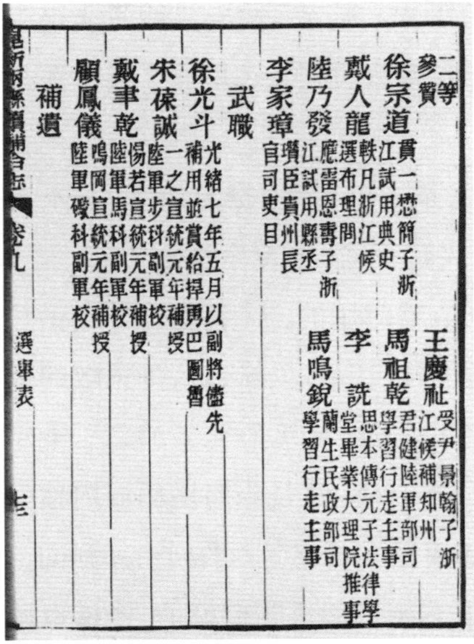
二等
參贊
徐宗道 貫一懋簡子浙江試用典史
戴人龍 軼凡浙江候選布理問
陸乃發 應雷恩壽子浙江試用縣丞
李家璋 瓚臣貴州長官司吏目
王慶祉 受尹景翰子浙江候補知州
馬祖乾 君健陸軍部司學習行走主事
李詵 思本傳元子法律學堂畢業大理院推事
馬鳴鋭 蘭生民政部司學習行走主事
武職
徐光斗 光緒七年五月以副將儘先補用並賞給捍勇巴圖魯
朱葆誠 一之宣統元年補授陸軍步科副軍校
戴聿乾 惕若宣統元年補授陸軍馬科副軍校
顧鳳儀 鳴岡宣統元年補授陸軍礮科副軍校
補遺
昆新兩縣續補合志 卷九 選舉表

县志上关于王庆祉的记载（郭志昌提供）

《昆新两县续补合志》于1917年开始编纂，1919年成稿，1923年刻成刊行。这期间，已经退休的王老贵参与了这一文史工程，与王颂文、邱樾、顾国珍、马光楣等十几名同事一起，完成了采写编纂工作。

王老贵退休以后归隐里门，“筑室玉山之阳，相里桥畔”，莳花种菜，与遁社诸君子吟咏其中。

因感慨昆山自同治、光绪以来文献飘零，王老贵遂搜辑昆山诗存，积成卷帙。1915年，他将《昆山县敦善普育清节堂报告册》付梓，存史资政。王老贵后因心脏病突发，栽倒于中大街洪园茶馆楼梯上。

百年前的昆山城里曾流传着“李家的顶子，缪家的银子，陈家的儿子，王家的房子”这句话。话中说的是李家做官的人多；缪家是大财主；陈家有五房儿辈，人丁最旺；“王家的房子”就指王家大院，以及月城湾和甲子弄的那两处王宅。据说，有一年，县长还曾借王家大厅举办过婚礼。

王家大院的墙壁下段均为磨光方砖所砌。墙门间共有五间，每逢喜事及丧事，才打开大墙门，由此经花厅，穿过天井直达大厅，颇有“侯门似海”的气派。东侧墙门间，上有更楼，建筑坚固，墙门二扇，木质韧结坚硬，刀斩无痕，枪打不入。进墙门，旁有陪弄，循径直达内室。陪弄非常宽阔，可五人并行，唯黑暗异常，故设有壁灯数盏为照明之用，由专人负责添油点灯、清洁和传达等琐事。宅后建有王氏义庄及花园各一座。义庄为三大开间平房，中分前后厅堂，两侧为地板房，为一座日式建筑。前厅中间设神龛，屋前建有水泥平台，面积相当于房屋面积，作为春秋祭祀之用（因王氏房族甚多，子孙近百人，屋内不能容纳，故设平台，祭礼时另放置蒲团）。屋之四周，仿效园林建有亭台，太湖石点缀其间，植有各种竹子。祠屋后有荷花池，旁有假山，上有六角亭一座，登此亭，玉峰山如在眼前。入夏，荷花池荷花盛开之时，亲友到此游览观赏者甚多，度曲者多在义庄内同期唱曲，一时笛声抑扬，荷香远芳。祠前（平台前）建有花坛，石砌，状扇形，内植“五色牡丹”，为可遇而不可求的稀世珍品，后因战乱被盗。园东种植梅树数十株，旁有土阜，可拾级而上，中有石台石凳，可供休息。在此饮酒赏月，尤有风味。

1936年，孩子们在王家祠堂前留影（郭志昌提供）

王老贵还是一位热心于公益事业的人。昆山西北离城十五里的地方，叫李家址，这里的河上有一座新塘桥，是明朝宣德年间由两位当地人捐建起来的，因年久失修，新塘桥到了光绪年间突然断掉了。当地人士多次呼吁重建，无奈地方穷困，财力有限，很长时间内都没有重建起来。后来有一个人在两岸间固定了一条长长的棕绳，并造了一只小船，往来抽拽，渡人过河。这时由一人发起，捐田十亩，并约请了王老贵等三人，每人捐田十亩，归入民间慈善机构敦善堂，以其租息雇工摆渡与拽渡船。

王老贵有着举人的身份，虽然是候补知州，但最终也没有走马上任，实现真正的补缺。

中华人民共和国成立以后，王家大院临着马路的一间房子，就是当时昆山县公安局城区分局的所在地，该局后来改称玉山分局。而王家大院其他的建筑则毁于抗日战争，义庄亦荡然无存。

现在西塘街上的留晖山庄的地基就建在当年王家大院的遗址上，隔着马路的河埠的石台阶的宽度，已经只相当于原来的三分之一了。

西塘街联结起了北塘街到大西门的交通，当年的王家大院已经隐入了历史的深处。

昆山城区的风水宝地

杨瑞庆

昆山是从娄县改名而来，其名出典是南朝时盛传的《千字文》中的一句“玉出昆冈”，该句原意是指玉石出自昆仑山。而昆山城里一峰独秀的玉峰山中所蕴藏的晶莹剔透的玲珑石，可以和闻名遐迩的昆仑山玉石相媲美，于是有识之士就将娄县改名为昆山，紧靠县治的城区就顺理成章地被叫作了玉山。

一座玉峰孕育出两座“大山”——昆山挺拔、玉山灵秀，具有远大抱负的昆山人因对山崇拜、对山敬仰，才产生了改名的灵感。春秋

拱辰门旧景（马一平提供）

时期的昆山城区就聚集了不少人气。吴王阖闾在玉峰山麓豢鹿狩猎以后，群鹿撒欢，因此昆山又别称鹿城。先民临水建屋，逐渐形成城郭。隋唐以后，城区已形成了棋盘街格局，百姓享受着惬意的生活。

明嘉靖年间，昆山城惨遭倭寇洗劫。事后，为保一方平安，昆山筑起了具有六城门之巨的砖石城墙。但好景不长，明末昆山遭清兵践踏，1937年城区又遭日军狂轰滥炸，一些历史悠久的人文景观几乎被夷为平地，仅剩的几处断垣残壁又在不同历史时期被无知拆除。至中华人民共和国成立初，城区的古建筑已只剩遗址，少见遗迹了。

今日昆山城区已经旧貌换了新颜，有的在遗址上重建，有的在遗迹上修缮，尚能看出曾经引人瞩目的迷人风光。笔者经盘点、整合，组合成“十大景观”给予推介，它们分别是：玉峰胜景、衙前福地、茧园古风、孔庙文脉、尚书豪宅、半山繁市、娄江飞虹、新阳厚土、西街遗迹、县后亮点。让我们透过新景，回望旧迹，追溯曾经辉煌一时、风靡一地的古风古韵。

玉峰胜景

玉峰，城中马鞍山的别称，宋淳祐年间编撰的县志就以《玉峰志》命名。一百多年前的清光绪年间，昆山依托一峰独秀的自然环境，将玉峰景区建成了公共园林。20世纪30年代，为纪念一代大家顾炎武（学者尊其为亭林先生），昆山政府将园林定名为亭林公园，中华人民共和国成立后一度改为人民公园，改革开放后更名为亭林园。今日亭林园，风光旖旎，名胜众多，号称有“七十二景”，素有“真山似假山”之誉，属吴中名园。

穿过雄伟的“玉出昆冈”牌坊，踏进古朴的亭林园大门，迎面就是体现园林主题的顾炎武大型雕像和“天下兴亡，匹夫有责”的名言碑刻，其后是建于20世纪80年代后期的顾炎武纪念馆。该馆庄严肃穆，展品琳琅满目，是亭林园的镇园建筑。

“玉峰三宝”是亭林园得天独厚的三大看点：孕育于玉峰中的昆石，皱瘦漏透，被誉为全国四大名石之一；中华人民共和国成立后从正仪东亭移栽于此的并蒂莲，物稀而贵，吸引眼球；改革开放后新发现的琼花，年年盛开，成为昆山市的市花，昆山因此年年办节。

为纪念昆山籍状元顾鼎臣而建的“崇功祠”修缮一新，供人参观。周围还有状元松烘托其高风亮节，旁有从原县衙移置过来的“公生明”戒石，传颂着这位清官的功德。

玉峰曾是佛教圣地之一，今日重建于山麓的华藏寺金碧辉煌，香火鼎盛。山顶上原有高耸的凌霄塔和妙峰塔相向对峙，蔚为壮观。遗

玉峰顶上妙峰塔和凌霄塔对峙旧景（曹渭清提供）

憾的是前者毁于“大跃进”时，后者毁于“破四旧”时，使玉峰失去了两座引人瞩目的标志性建筑。

西山顶上的文笔峰昂首挺立，那是为纪念昆山首位状元卫泾而建的建筑，旁边的春风亭依偎其下，相映生辉。二者都经过了重新修缮，采用钢筋水泥为原料，所以都带有鲜明的民国风格。

20世纪80年代后期，昆山重修了名门徐氏的私家园林——遂园，该园亭阁错落，花木繁盛。康熙皇帝为了面谢徐氏三兄弟的辅朝之功，曾亲临遂园，慰问徐氏族人，并留下了“光焰万丈”的御笔题额。

此外，还有纪念南宋大诗人刘过的“刘过墓”、纪念林则徐视察足印的“林迹亭”、纪念地方名贤方还的“方还亭”等旧景，以及在原城隍庙地基上新建的昆曲博物馆、在原东斋房舍中新辟的昆石馆等新景，玉峰胜景真可谓美不胜收。

衙前福地

玉山广场是如今城区人气最旺的地方，不仅地处城市中心，而且位于文化底蕴深厚的原县衙前。玉山广场靠北的一座大楼原是玉山镇政府的办公用房，现改作老干部活动中心，再往前追溯，就是昆山县政府和昆山县衙的所在地。广场中间的开阔地带是一个平地式的喷泉景观，平常供广大市民跳舞、休闲；节庆期间开放喷泉，水柱直上云天，牵引视线，市民争相观看。

据载，唐代大诗人孟郊的先祖、东晋著名文人孟嘉，那时就在这里建宅定居。唐天宝十载（751），孟嘉十四世孙孟简因曾受学于当时任县尉的孟庭玢（孟郊之父），为感谢栽培之恩，故将孟氏故居捐出为县治。宋、元、明、清时，县治也设于此，甚至民国县政府也在这里办公。

吏舍是旧时县衙官吏的宿舍，中华人民共和国成立后就改建成了里库新村。

中华人民共和国成立后，昆山县政府是在民国县政府的旧址上改建成的。那时县政府大门前有一棵大雪松，是从旧时绣衣弄包家花园中移栽过来的名树。20世纪末改建玉山广场时，这棵大雪松又被移栽在广场的西南角上，至今依然郁郁葱葱。

县政府大门前曾有一块草坪花圃，还建有凉亭。在广场的东南两侧还修建了两排文艺画廊，用来展出昆山业余作者的文学、美术、书法、摄影作品，总是吸引着昆山群众前往欣赏。

原政府大门里有一条宽阔的林荫大道，高大的香樟排列左右，富有活力和生气。后昆山政府移建别处，腾出空间修建玉山广场时，为让那两排香樟树继续发挥作用，就将新建的玉山镇政府大楼北移了100多米，顿使玉山广场不仅空间增大，而且绿荫增多。如今此处已成

清末昆山县衙旧影（曹渭清提供）

为百姓休闲、纳凉的好去处。

现玉山广场新置了顾炎武大型雕像。徜徉在花圃间的木桥上，欣赏周围美景，心旷神怡之感油然而生。每当晨练和夜舞之际，玉山广场上总是人潮涌动，延续着衙前的繁华景象，让人感受到这里确实是城里最有吸引力的一块养身福地。

茧园古风

如今只要走进昆山第一人民医院的东侧院区，还依稀可见古树和古石的历史遗影。昆山第一人民医院是在半茧园地基上建起来的现代化医院。20世纪70年代，为了美化医院环境，曾在半茧园旧址上修建了具有复古意蕴的半茧桥和揖山亭。改革开放后，医院又利用扩建的机会，再将原半茧园中的残存遗迹修缮起来，疏通了林间溪流，使之活水

半茧园小有堂前寒翠石旧景（陈法章提供）

有源，还种上荷花，砌上驳岸，堆起土山，建起亭阁。现在，该地已是樟树繁茂、枫叶娇艳，让人看到了一点当年半茧园的迷人景致。

半茧园是昆山名门叶氏的私家园林，由明正统进士叶盛的玄孙叶恭焕首建，原名春玉圃，后传至叶恭焕之孙叶国华手里。叶国华将园区扩大，将景点充实，因见园区平面呈椭圆形，像一枚蚕茧的形状，故更其名为茧园。清初，茧园被后代瓜分，其中靠北的一半园林归叶国华的三子叶奕苞所有，叶奕苞便将园林易名为半茧园。叶奕苞是当时昆山的名流，因有文化底蕴和一定的经济实力，所以对半茧园进行了修缮。经扩建后，园中亭台楼阁错落有致，小桥流水风景如画，还有曲栏长廊、假山名石，花木扶疏，池水回绕。大云堂、小有堂、揖山亭、樾阁楼等建筑是远近闻名的园中胜景，特别是早期留下的菉竹堂，更以藏书丰厚而闻名遐迩。

清嘉庆八年（1803），半茧园还多了一件镇园之宝——寒翠石。该石形态空灵，造型生动，来历不凡，原是扬州城里的一块庭院赏石，曾被宋代大文豪苏轼题咏，因此身价倍增。到了元末，昆山名士顾阿瑛兴建豪华的玉山佳处，为了充实景观，就慕名购置寒翠石，从此这块名石有了更多机会与名人邂逅。南戏作家柯九思曾拜石写诗，为寒翠石锦上添花。后来顾园败落，寒翠石又被叶家移至半茧园中，从此半茧园因拥有寒翠石而聚来更多人气，观赏者络绎不绝，流连忘返。可惜这块充满传奇色彩的名石后来不知去向，今人无缘再见寒翠石的灵动风采。

半茧园是一块文化底蕴十分厚重的风水宝地，因此，昆山光复后，先后在那里建起了广仁医院、公立医院、樾阁学堂等。抗战中，半茧园不幸遭到日军炮火的摧残，很多景点毁于一旦，基本被破坏殆尽。

孔庙文脉

今西大桥东北堍，有一个小型的丽泽公园，里面展出了不少有关昆曲的图文，那里原是昆山六城门之一的丽泽门所在地。其对面就是昆山市教育局的大楼，大楼地基就位于声名显赫的孔庙遗址上。现有一张老照片留下了孔庙曾经的局部胜景，照片中的大殿飞檐凌云展翅，还有一块高大空灵的元云石蹲守旁边，那块石头是元至正年间昆山知州费复初从石浦西园（状元卫泾的私家园林）移置过来的“镇庙之宝”。

孔庙是祭孔和求学的场所。昆山光复后准备创办新式学堂时，由于没有条件拨款建房，地方官员就利用孔庙中的破旧房舍，将其修缮后，向外开学了。1915年，今南街西尽头办起了一所近民小学，因学校建在孔庙学宫的位置上，所以一度改名为学宫小学。学宫为孔庙的附属建筑，是文人翻卷、研读的场所。中华人民共和国成立后，这所小学改名为玉山镇第一中心小学，百年未迁，始终坚守。

孔庙元云石旧影（曹渭清提供）

1924年，昆山城内办起了第一所初级中学，俗称县中。由于当时没有条件建造新房，地方官员又将目光聚焦在孔庙斜对面的附属建筑武场上。旧时，孔子不提倡死读书，认为学子要接受“礼、乐、射、御、书、数”这六艺的培训。其中的“射”指骑射，“御”指驾车，武场就是为学员练武而建立的设施。那时，武场里面有不少现成建筑，可以暂做校舍，于是，县中经简单装修后就迅速开学了。

随着招生规模的不断扩大，县中必须建造新校舍才能满足需求，但经费仍然不足。民国县政府决定拆除已经摇摇欲坠的昆山城墙，一部分城砖用于建校，一部分城砖用于出售。筹足资金后，县政府于1925年在武场地块上建造新校舍。1926年1月，新校舍第一期工程终于完成，校舍之美观、宽敞，在周围县立学校中可算头挑。学校宿舍还借用原孔庙中的旧房子。

文庙东侧的南街曾名片玉坊，那里是昆山名门的云集之地，如徐应聘家的拂石轩、张大复家的梅花草堂都曾落户那里。但这些古建筑早已消失在历史的长河中。现县中已移建于城西，但昆山市教育局、玉山镇第一中心小学还挺立于孔庙的厚土之上，还在延续着昆山孔庙的文脉。

尚书豪宅

今日西塘街上塘的中段，曾是省立昆山中学（简称昆中）的所在地。20世纪50年代初，昆中从琅环里搬迁至此，由于获得了“省立”的待遇，所以建起了两座同一造型的西式红楼，两楼成为昆中的标志性建筑。校园背靠苍翠的玉峰，因此成为昆山城区的“最美校园”。

两座红楼之间还有两棵对称的大雪松，高大挺拔，美不胜收。那是当时建校时从校外移栽过来的名树，据说是爱国将领冯玉祥送给他的好友——辛亥元勋曹亚伯先生六十寿庆的生日礼物，所以显得特

20世纪50年代的三贤堂旧景（王广成提供）

别珍贵。

昆中坐落在尚书第旧址，其主人就是清康熙年间的探花徐乾学。徐乾学曾官至刑部尚书，所以他的私家豪宅被称为尚书第。尚书第内有气势恢宏的石雕大牌楼，后园还有一个风景幽雅的澹园，特别是还曾经拥有一座藏书数万卷的传是楼。该楼据称可与宁波的天一阁媲美，可惜毁于清末大火。

20世纪40年代，为纪念昆山名贤顾炎武、归有光、朱柏庐，地方政府在尚书第中建起了一座大屋顶结构的三贤堂；不久，为了祭奠为国捐躯的国民党抗日将士，将三贤堂改为忠烈祠；解放战争时期，又将忠烈祠复名三贤堂。

后三贤堂一直在杂草丛生的尚书第荒园中孤零零地关闭着，直到昆中搬迁到那里才重新被启用，不过已移为学校的活动场所，曾经作为教师办公室、学生会办公室和学校图书馆。后来在东西北三面廊檐下的墙壁上办起了黑板报，由教师定期推介语文、外语及数理化知识，三贤堂成为学生渴求知识的向往之地。

由于三贤堂正对校门，挡住视线，又年久失修，显得陈旧，与现代化校园不相协调，所以20世纪90年代末，昆中在新一轮扩建校园时，把三贤堂彻底拆除。

现省立高中统一造型的两座红楼还保存完好，虽然西大楼后被烧毁了大半个屋顶，但早已修复如初，现是昆山市级的文保单位。但尚书豪宅只有文字记载，没有遗迹了。现只有一张三贤堂旧影，还留下了一点曾经的面容。

现昆中已整体搬迁至城西，柏庐高级中学在其旧址上建成，两个校园中都建起了不少仿古建筑，为的是让学生能继承当时尚书豪宅中的崇文传统。

半山繁市

亭林路上有座历史悠久的半山桥，因地处昆山县衙至玉峰通道的中间位置而得名。半山桥虽是一座貌不惊人的平桥，但由于其两堍曾是明清时期的闹市区，并向东塘街、西塘街延伸，所以成为昆山繁市的黄金地段。现半山桥堍有座百年老店奥灶馆，那是20世纪90年代中期所建的仿古建筑。奥灶馆制作的红汤爆鱼面和白汤卤鸭面美味可口，吸引着众多来此品尝美食的食客。

半山桥骑跨在至和塘上，方便了居民密集的北塘街和百花街（今称亭林路）的百姓。至和塘西起苏州娄门，穿越昆山城，然后经太仓浏河出海，是当时城中的主要水运通道。宋至和年间，经扩河疏浚，成为一条畅通的内河水道。因是至和年间所修，所以被称为至和塘。从此，东来西往的客商们开船至此，常常抛锚上岸，或歇息，或购物，或交易，或游玩，半山桥一带因此成了商贾云集、人气旺盛的闹市区。

今日半山桥和奥灶馆(马一平提供)

至和塘的拓浚，打通了留晖门与宾曦门之间的东西阻隔，附近的山塘泾与至和塘相连，又接通了拱辰门。半山桥处于三门之间，自然成了交通中心。大户人家购物和走访，只需一叶小舟就能直达宅门。因此，一些名门望族都集中在这里建宅定居，如徐元文大学士第就坐落在东塘街上，临近至和塘、半山桥，为的是能给生活带来更多方便。

离半山桥不远的环北路上，原有一座大型清真寺，建于宋代乾道年间，曾经香火旺盛，教徒蜂拥。因寺内原有一个北宋遗留下来的放生池，还吸引寻常百姓前往行善放生。据说，有一道士发现马鞍山东麓左前方有一泓清澈的池水，就决定修筑放生池，该池后被钦定为皇室御用的放生点。大宋仁宗皇帝曾亲笔御书放生池碑立于池边，告诫各地官民不要为了大吃大喝而大量杀生。现清真寺已不在，放生池则保留至今。

今日放生池（杨瑞庆提供）

清代昆山文人龚炜在《巢林笔谈》中说：“我邑东西两塘，甲族萃处，往时栋宇凌云，轩车盈道，一交冬月，米船拥塞。”说明半山桥周围确实是明清时期的闹市区。后来，娄江改道，望族衰落，老宅毁弃，门店搬迁，半山桥地区的商业环境逐渐萧条，至今只剩奥灶馆还门庭若市。如今半山桥地区与过去的繁华程度已不能相比了。

娄江飞虹

娄江穿城而过，滋养两岸，是昆山城的母亲河。娄江是直通江海的黄金水道，旧时唯有骑跨在娄江上的正阳桥连通两岸。正阳桥从木桥变为钢筋水泥桥，从接通小马路至迁建后接通人民南路，风风雨雨，一路走来，不变的是正阳桥附近总是昆山城里最繁华的闹市区，这主要得益于正阳桥紧靠娄江的地理优势。

娄江起自苏城娄门，终于太仓刘家港，流经昆山正阳桥之东西的一段被称为城河。由于两岸民居连绵，商铺云集，后河岸被百姓称为城河岸。原紧靠城河岸有昆山城的南城墙，正中有座正阳门，因此建于附近的桥梁就被称为正阳桥。昆山光复后拆除了城墙和城门，改建成一条与城河岸平行的兴学路。中华人民共和国成立后，因为城河岸附近有座震川墓（现移置东大桥堍），人们为了纪念这位明代的大文豪（归有光），就将路名改为震川路。路边集聚着许多大户人家和著名商号，因此引来了滚滚人流。

娄江是一条活水通道，所以旧时的城河岸边码头林立。那时，只要走上正阳桥向东眺望，就能见到各种装运蔬菜、鱼鲜、干货、油盐的航船在岸边一字排开，搬运工人总在忙碌地卸货、装货；如果向西眺望，就会看见昆山最大的轮船码头，每天有数十艘轮船连接县内的20多个乡镇和县外的青浦朱家角、常熟东张镇等地。城河岸成为名正言顺的昆山第一岸。

城河岸边云集着各类商家，以水产、农产和土产的店家为多。早期的城河岸都是石驳岸，那里河埠一个接一个地连成了线。在那个还没接通自来水的年代里，有钱人可在家中掘井自取水，但一般百姓只能到娄江取水饮用。每到清晨或傍晚，城河岸边就集结了挑水的人群。即使那时江中行船如织，还有潮水涌来，但河水还是清澈见底，是用之不竭的饮用水源。

改革开放后，城河岸被彻底开发。正阳桥被拓宽了，犹似飞虹，穿越南北。为了修筑东西通道，城河岸的沿岸建筑都被拆除，码头搬移，商店撤离，腾出空地，修建马路。后来建造了东大桥和西大桥，两岸的交通更加便利了。现在的娄江已经封航，并建起了漂亮的景观带，两岸绿树成荫，鲜花飘香，岸边楼榭点缀，长廊簇拥。虽然已看不

今日正阳桥新景（马一平提供）

到昔日那样的繁华景象，但正阳桥附近已是车水马龙、川流不息的现代化景象了。

新阳厚土

现南后街的东侧有一座气势恢宏的民国建筑——中山堂。当年孙中山不幸病逝后，举国悲痛，由于昆山曾得到孙中山和宋庆龄的关心，宋庆龄之父也曾来昆山传教，所以昆山人民很想修造一座纪念性建筑。后通过多方集资，终于在县城中建起了当时绝无仅有的中山堂。当时特邀昆山籍建筑专家俞楚白先生进行设计。但决定建在何处，颇费周折。经过再三权衡，昆山人民决定将其建在新阳县县衙的地基上。

昆山从清雍正二年（1724）实行同城分治，将昆山分出一半立为新阳县，新阳县县衙就建在今新阳街和集街紧靠后街河的那一片地块上，后来那里成为新阳县的闹市区，至今还留有察院前的地名。辛亥革命后，新阳又回到了昆山的怀抱，新阳县衙完成了历史使命后就逐渐被废弃。中山堂建在那块厚土上无疑是绝佳的选择。

经公开招标、紧张施工，中山堂终于在1936年的11月竣工了。中山堂为宫殿式造型，采用石阶基座，雕梁画栋，表现出鲜明的民国风格。内有一千多平方米的大厅，还有讲台、舞台，是当时昆山城里唯一的大会堂。那里不但经常举行各种重要的会议，还经常举办各种演出活动。

昆山解放初期，中山堂成为昆山县政府的会议中心，后来曾一度被改建为电影院和展览馆。1976年后，中山堂才真正发挥出应有的统战功能，名正言顺地成为昆山政协各界人士的活动基地。

改革开放后，已经陈旧不堪的中山堂，得到了彻底修缮——屋面新翻、墙面新刷，梁檐新画、柱椽新漆，新开正门、新修花园。中山堂前还新建了草圃假山、楼台亭阁。政协委员经常在那里活动，中山堂成为怀念先贤的一块圣地。

现中山堂边门之西是昆山的通阛桥，为梁式平桥，桥面用武康石凿成，外侧栏板有凤穿牡丹图案，以缠枝莲花纹做底饰，显得华丽而

今日中山堂（徐耀民提供）

高雅。昆山三贤之一朱柏庐的故居观复堂也在通阛桥之东，归有光的项脊轩也在附近。中山堂不远处还有一条古老的乙丑弄。据说顾鼎臣于乙丑年高中状元，邑人就把他曾经读书的地方命名为乙丑弄，并沿用至今。与新阳县衙有关的这块地基确实是城中的一片厚土，所以那年在改造新阳街时，硬是将街中心的一棵数百年古槐保存了下来，这棵古槐见证了那段两县同城分治的历史。

西街遗迹

早在晋代，西街上就有一座闻名江南的景德教寺，周围佛教建筑众多，香火旺盛，至今还留有石幢弄和西寺弄的地名。

西街是昆山城里的传教高地，寺庙中建有不少书馆，一些学子每天书声琅琅，琅环里的地名因此出现。后来寺庙遭毁，琅环里两侧出现了两座标志性建筑。

一座是1929年由民国昆山县政府建造的昆山县立图书馆。该馆是一幢红楼。抗战时期，具有民国风格的红楼一度成为日军的指挥部，书声从此消失。直到1946年，红楼成为省中的校舍，1958年成为昆山卫校的临时校舍，琅环里又再现了琅琅读书声。

1966年前，红楼成为中共昆山市委党校的办公用房，当时栽种了不少松柏用于美化环境，所以才有今日琅环公园中那高高大大、郁郁葱葱的成排林木。21世纪后，党校搬迁，正巧旅美爱国美术家侯北人先生要捐献一批书画珍品，在昆山市政府的支持下，将红楼翻修一新，建立了侯北人美术馆。至此，琅环里已经只有宁静，没有琅琅读书声了。

另一座是20世纪20年代初建于西街背后的宁绍会馆，地处前浜

鸟瞰红楼旧影（顾鹤冲提供）

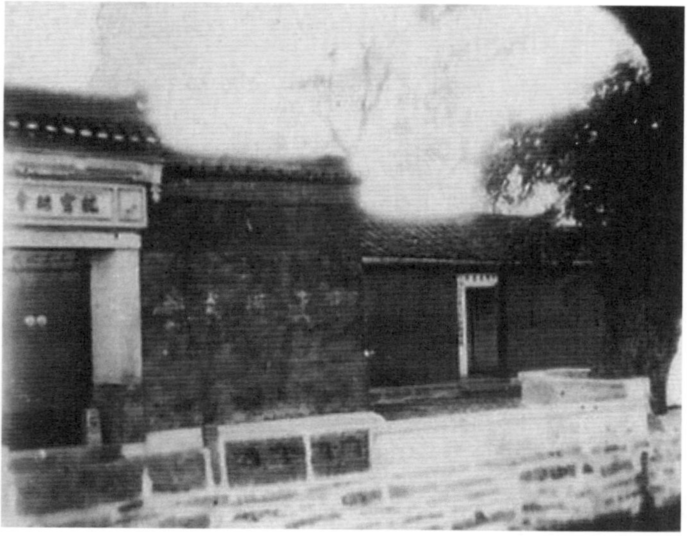

20世纪30年代宁绍会馆（曹渭清提供）

与中山路的交叉口，那是宁波和绍兴商人聚会议事的地方。宁绍会馆内由于建有小舞台，所以成为昆曲曲社及周边昆曲爱好者进行客串义演的理想场所。

昆山曲家沈彝如先生曾留下一册《传声杂记》，其中清晰地记载了一次大型昆曲雅集活动："民国十二年八月十二、十三日两日……邀请苏申及本地诸同志会唱，地址在山高水长宁绍会馆。"虽然只有短短数语，却留下了关于那次昆曲雅集的丰富信息。

1923年8月12日至13日，昆山为庆祝曲社成立两周年，就在宁绍会馆内举办了盛大曲会。由于曲社地处昆曲故乡，社中多名曲师又在沪上执业，并与苏沪唱曲高手常有来往，所以苏沪曲家也纷纷前来，群贤毕至。那两天可算是昆山曲友的盛大节日，众唱家联袂登场，观众倾城出动，万人空巷。

中华人民共和国成立后，宁绍会馆遗址成为昆山县锡剧团的所在地，20世纪末随着剧团被撤销，宁绍会馆的旧房也全部被拆除。

县后亮点

昆山县衙在昆山城中心位置，县后街、北后街地处县衙之后，风水极佳，因此成为大户人家的集聚之地。今日昆山市实验小学（地处县后街）旁边的一条聪明弄，据说曾出过"一弄十进士"的奇迹。

县后街有一条与之平行的柴王弄，柴王弄里有一座毕厅。毕厅始建于清代中期，坐北朝南，厅堂相拥，是近代昆山城区的一座大型民宅，后在1992年和1995年进行了两轮修复，现由昆山市文联所属的昆山市书画院使用。令人遗憾的是，毕厅的主人已在历史变迁中被人遗忘了。

毕厅诚德堂（杨瑞庆提供）

柴王弄之尾原有一座羽琌山馆，是龚自珍于道光十九年（1839）辞官南下后的居所。龚自珍定居后，夜以继日地伏案作诗，后结集《己亥杂诗》刻印，其中就有名作“九州生气恃风雷，万马齐喑究可哀。我劝天公重抖擞，不拘一格降人材”。后来，龚自珍还在羽琌山馆中写就不朽名篇《病梅馆记》。遗憾的是，羽琌山馆早已毁弃。

羽琌山馆的不远处有一座古老的富春桥，那是忠臣黄子澄的后代为感谢昆山保护他们而修建的，旧称高板桥。据说，桥名由苏州府清官况锺题写，现保存完好。

今北后街上的培本实验小学里，曾有清初玉山书院的遗址。书院由于是昆山三贤之一的朱柏庐先生的讲学处，所以门庭若市，听者踊跃。朱柏庐逝世后，书院逐渐萧条。清末，新阳县令廖纶在玉山书院里建立纪念朱柏庐的祠堂，堂内有“秋水横波”和“春云出岫”两块大型古昆石，现是亭林园昆石馆中的“镇馆之宝”。

原玉山书院之前，曾立过一个“昆新庚申殉难忠义总坊”（简称“忠义坊”），那是清同治年间，昆山和新阳两县的地方政府为了巩固

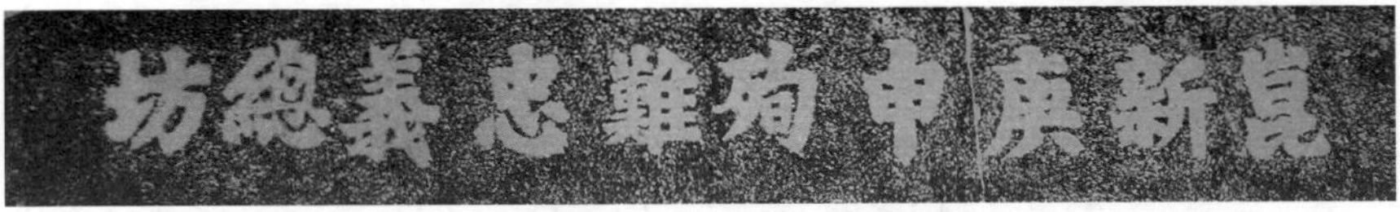

现留存在昆山文管所的碑刻（杨瑞庆提供）

政权，联合为在抵抗太平天国军过程中死去的昆山士绅建造的一座功德牌坊。

“忠义坊”造得颇具规模，它的建造是为了巩固封建统治而进行的“大兴土木”，本意在于教育百姓应该顺服地接受大清统治。

中华人民共和国成立后，这座牌坊被拆除，刻有“昆新庚申殉难忠义总坊”的横额石板得以保存，其他石柱则被砌入了附近的石驳岸中。

以上采用了以点带面或面中数点的介绍方法，勾勒了“昆山城区十大景观”的今昔变化，大致囊括了昆山城区的古风概貌，既有自豪，也有遗憾。这一切都说明了昆山城区确实人杰地灵，风光无限。激动之余，我们还应多一点保护意识，使这些具有历史底蕴的遗址、遗迹能让后代人永远铭记，世代不忘。

文坛勇士徐祖正

刘 军

在中国近现代文坛灿若繁星的作家中，徐祖正并不引人注目，人们只在查阅鲁迅、周作人的日记、书信时，才会发现这位作家的存在。不过，徐祖正在近现代文坛是一个特别的存在：与周作人是密友，与张定璜、刘半农、郭沫若、郁达夫等人时相过从。他是创造社、骆驼社的成员，创作了自传色彩浓郁的小说集《兰生弟的日记》，创作了《山中杂记》等清新流丽的散文集。

关于徐祖正的出生年月，现存资料有多种说法，较为可信的出生时间，应是经徐祖正本人审定、现藏于昆山博物馆的《徐氏家谱》中的记载。家谱记载：徐祖正的祖父徐芳，字亦甫。父亲徐光杓，字星璨，号斗垣，同治元年（1862）壬戌八月初二生，光绪二十六年（1900）七月十一日未时暴亡于苏。徐光杓的原配孙秋萍，生于同治元年（1862）壬戌九月十八日，卒于光绪二十一年（1895）冬，生二子徐祖廉、徐祖正，一女。徐光杓与继配生一女，名徐祖芳，终生未嫁。

徐祖正留影（刘军提供）

《徐氏家谱》中关于徐祖正的介绍内容如下："祖正，斗垣公次子，字士达，号耀辰，光绪十九年癸巳（1893）十二月二十五日酉时生，日本高等师范、京都帝大毕业，任北平大学女子文理学院及师范学院教授兼北平各大学教授，未娶。日本《大汉和辞典》列名焉。”

徐氏家族在昆山为巨族。清王应奎《柳南随笔》记载，昆邑流传着俗语“带叶黄姑李，不如一个大荸荠”。这句话的意思是昆山在明朝时，戴、叶、王、顾、李五姓为望族，到清朝，昆山徐氏家族兴起，其影响超过了前面所提的五个地方望族。昆山徐氏家族又以“同胞三鼎甲”的影响最大，昆山“三徐”是指顾炎武的三个外甥：徐乾学、徐秉义和徐元文。其中徐元文为状元，徐乾学和徐秉义为探花。

查《徐氏家谱》可知，徐祖正为昆山徐氏第十九世。昆山“三徐”为昆山徐氏第十世，“三徐”是徐祖正的宗亲，但非直系，他们共同的祖先可追溯到第六世徐汝龙（明代）。在显赫一时的徐氏大家族的发展脉络中，徐祖正这一支较为普通，没有留名青史的读书人和官员，直到徐祖正的叔叔徐梦鹰、徐梦鹰之子徐祖诒，以及徐祖正，才看到徐家这一支散发的微光。

据家谱内容可知，大概在徐祖正两岁时，其母去世；七岁时，其父暴亡。年幼的徐祖正，开始了跌宕人生。

动荡的青年时代

徐祖正的外甥李忠霖在遗稿《徐祖正教授逸闻数则》中介绍，徐祖正小时候被寄养在昆山巴城附近的澜漕乡下农民家（实则为徐祖正母舅家），1909年进上海商务印书馆当学徒。徐祖正在商务印书馆附属书业补习学校的同学黄警顽回忆：

而我的父亲，对于未能供我再读书的事也未尝释怀。他天天替我想法子，非常焦急，比我尤甚。有一天他看报章，看见商务印书馆附设书业补习学校创立招生的广告，便立即替我去报名，候期往唐家弄旧厂投考，当时我心里又惊又喜，到时便战战兢兢地把试题考完。当晚回到家里，吃饭睡觉也无心了，只是记挂着今天的考试。好容易熬过了数天，接得该馆来信，招去面试，时主其事者为张菊生、蒋维乔、陆费伯鸿、顾复生诸先生，录取标准除国文算学通顺外，须应对敏捷，态度活泼为绳准。我在那时真很活泼，几位先生都认我很为适宜而且于交际上有几分天才，就此录用了。是时的欢悦，实非现在所能形容。而我的一生交际史也开始在这里，这是一个重要的关键。

该校的设施，专为养成馆中服务人员而设，所以学科方面都切实用，毕业后，即分派在商务总馆或分馆里服务。是故我当时所学，非常得益。同时该校又另有艺徒补习科之设，造就人才不少。现在新从法国归来的画家颜文樑及北平女师大文学教授徐祖正，这两位都是当年朝夕相聚的老同学。

通过这段文字，我们可以大致勾勒出徐祖正这一批学员去投考、笔试、面试以及学习的情形。

徐祖正也有回忆这段求学生活点滴的文章：

这位程雪门兄还是十五年前上海商校的旧同学。是那时一别以来的老同学。记得十五年前同在二年级的时候，我曾用墨西哥银二元买他一只两面银壳用钥匙开旋的老式时表。记得我买后用了几时觉得不大合适，于是我自己板转了脸子强要他赎回了去的，我此刻一头和他谈话，心里真感到羞愧。

在商务印书馆附属书业补习学校的三年，对徐祖正而言，意义重大。正是在这里，他夯实了做学问的基础，为今后的人生发展轨迹奠定了重要基础。

毕业之后，徐祖正返乡，回到昆山巴城。据李忠霖介绍，徐祖正返乡后，正逢当地佃农向地主进行抗租活动，他积极投入这一斗争，震动了当时的反动政府，镇上警察所巡警诸某奉上司命令打算逮捕他。他的哥哥徐祖廉听到这个消息，就帮他叫了一只小渔船逃跑。“其时正值辛亥革命爆发前夕，很多革命青年集结在武昌”，徐祖正便溯江而上，至武昌参加革命，因身材矮小没有被录取，便进入一所陆军学校，后来与军阀军队发生混战，差一点儿送命。

据徐祖正在商务印书馆附属书业补习学校的同学王振民的《参加独立将校决死团的经过》一文介绍，1911年武昌起义爆发后，王振民和同学秦乐钧、徐祖正秘密集议，认为光复河山，在此一举，机不可失，决计脱离商务印书馆，从军参加革命。三个穷学生，因王振民的姑母忽然给他邮寄来添置衣服的银洋30元，而以此为旅费，于当年农历九月，购买船票，溯江西上，前往武昌。出发前，为避免商务印书馆和家庭双方引起纠纷，他们三人联名写了一封留别书给该馆总经理。他们先是入伍，加入独立将校决死团，到编队时，他们三人被编入第一营右队（连）第一哨（排），秦乐钧被任命为正团领（班长），王振民为副团长，徐祖正为团员。全团都是青年学生，彼此意气相投，慷慨激昂，亲如手足。他们参加了激烈的战斗，亲历了枪林弹雨的洗礼。南京临时政府成立后，王振民和徐祖正打算加入北伐队伍，因年龄尚小，被军官殷仲礼收为食客。不久清政府灭亡，王振民和徐祖正二人得到机会加入张振武的司令部。后来都督府以副总统、陆海军大元帅兼鄂军都督黎元洪的名义，发给他们每位参加战役的同志首功执照一纸，银质起义纪念章一个。给每个人的执照上，都有不同的考语。不久孙中山将大总统之位让于袁世凯。1912年农历五月，他们的机构被撤销，张振武被杀害。秦乐钧回到上海，筹了些资金，到爪哇的巴达维亚经商去了；徐祖正到日本半工半读去了。

徐祖正有文章回忆在湖北的这一段崎岖坎坷的岁月：

我是惭愧不能直截说出自己的一个态度了。因为生际一个动乱的时代，小学时代已习闻民族革命的呼号，中学时代适逢辛亥革命，曾体验到革命的狂热。中间虽因亲见革命事业之艰难、政治革命之内幕觉得稍稍改变了我固有的态度，但至今还觉得就是政治革命也尚未彻底，这可说是我对过去时局的态度。

我交给你四封介绍信时，对你说道，我们那时漂流到武昌去见当时的黎都督时，在上海也罢，到了武昌也罢，都没有用过什么介绍。

我说往年到过湖北又曾到过襄阳——（想起来那还是十四年前随在所谓北伐军营幕里的时候），于是彼此好像找见了第二乡亲似的谈得来了。

从以上文字可看出，青少年时代的徐祖正，带着一腔侠气和少年人的热情，义无反顾地投奔武昌，在湖北颠沛流离。对辛亥革命，他当时也是懵懵懂懂，时隔多年，他回忆起这一段青葱岁月，对自己当年的狂热并不后悔，对湖北这片曾经踏足的土地充满热爱。当然，他也有对现实的不满和无奈，以及生命沉淀后的透彻。

徐祖正的叔叔徐梦鹰（字冀扬，徐祖诒之父）少年时丧父母，跟随徐祖正的父亲徐光杓学习，刻苦攻读。当时徐光杓在常熟乡下开馆教书。徐梦鹰视兄如父，两人兄弟情深。1902年，徐梦鹰在昆山创办金家庄豢养公学，以新法教授，开全县新学风气之先。1904年，徐梦鹰通过考试，赴日留学，返国后力主普及教育及民主民治思想，为昆新县立高等小学堂和培本女学校长。后徐梦鹰在上海澄衷学堂任教，1909年受聘于吉林司法养成所，后任吉林留日学生经理处经理员、留日学生监督等职。

徐梦鹰对徐祖正的成长道路影响很大。徐祖正的小说集《兰生弟的日记》中女主人公薰南姊之父——罗兰生的大伯父，其身份、职业和地位，都有徐梦鹰的影子。徐祖正从武昌返回昆山后，当是受了叔叔的邀请，东渡日本，投靠叔叔。徐祖正起初在同文书院补习日文，后于1913年与郁达夫等人一起备考东京第一高等学校预科。后来，郁达夫考入东京第一高等学校预科，徐祖正考入东京第三高等师范学校。据祝枕江回忆："我和达夫的认识，是在民二投考东京第一高校预科的那天。他的座位在我的前面，而我后面的是徐祖正。"后徐祖正从日本东京第三高等师范学校毕业，日本东京帝国大学肄业。

徐祖正在日本留学期间，给别人的印象是文弱书生，性喜沉静，时常沉默。陶晶孙回忆：

他是我留日之时时常见面的文静之人，与我虽时常见面，但并无深交。他在高等师范学习英国文学。他身体病弱，时常与我不约而同地到叶山等地去避暑，有时游伊豆，四处闲游。

徐祖正也有自己的交友圈，他和郭沫若、郁达夫等人交往甚密。据郭沫若回忆，他们曾一起办过同人杂志*Green*，也在东京一起筹划成立创造社，出版《创造》季刊：

我们在日本由几个朋友组织过一种小小的同人杂志，名叫*Green*，同人是郁达夫、何畏、徐祖正、刘凯元、晶孙和我。

无心之间也会见了徐祖正，他在我到京都的时候，已到了东京，那时他好像是和达夫同住在一个馆子里。就在那天的下午，在达夫的房间里聚谈了

徐祖正代表作《兰生弟的日记》封面（刘军提供）

徐祖正（第一排右二）与友人合影，1934年8月2日摄于日本千叶县（刘军提供）

一次，大家的意思也都赞成用“创造”的名目，暂出季刊，将来能力充足时再用别的形式。出版的时期愈早愈好，创刊号的材料，就在暑假期中准备起来。

当时的东京帝国大学外文系有厨川白村等著名教授，徐祖正受西方浪漫主义文学的影响，对雪莱、济慈、拜伦等作家的作品产生了浓厚兴趣。同时，他也开始关注日本作家，如岛崎藤村、芥川龙之介、武者小路实笃等人。归国后，他依然关注西方文学，醉心于日本文学，在《语丝》《莽原》等刊物上发表了多篇研究雪莱（许丽）、布莱克（白雷克）、莫泊桑、芥川龙之介、岛崎藤村和仓田百三等人的研究论文。

曲折的执教岁月

1922年夏，徐祖正回国后任教于北京高等师范学校（1923年更名为北京师范大学），后任国立北京大学、国立清华大学、国立北京女子师范大学、燕京大学教授，伪国立北京师范学院院长。可以说，教书育人是徐祖正安身立命的生存方式，高校也是其实现个人价值与社会价值相统一的地方。他在这些高校中，与鲁迅、周作人、郁达夫、张定璜、刘半农等人交往甚密。而他长期居住的北京东城南小街禄米仓甲二十六号，是他与朋友宴会交游的基地，也是众多文学青年向往的骆驼书屋。

徐祖正执教的课程，都是他擅长的西方文学和日本文学，以及文字学、文艺理论等几个领域的课程。下表为徐祖正1922至1949年间在北京执教的大体情况：

1922—1949年徐祖正授课情况简表

时间	学校	系别	课程
1922年	北京高等师范学校		
1923年	国立北京大学		
1925年	国立北京大学	东方文学系	
1926年	国立北京女子师范大学	国文系	外国文学
1928年	燕京大学	国文系	文学概论
			高级日文
			初级日文
1929年	国立北平师范大学		文学概论
1930年	国立北平师范大学	国文系	
1930年	国立北平大学	女子文理学院国学系	
1930年	燕京大学	国文系	
1930—1931年	国立清华大学	外文系	
1931—1932年	国立北京大学	中国文学系	文学概论
		外国文学系英文组	《箕茨》
		外国文学系日文组	讲读（甲）语体文
			散文

续表

时间	学校	系别	课程
1933年	国立北京大学	中国文学系	文学概论
		外国语文学系英文组	雪莱
		日文组	日文文法
			日文讲读
			日文实习
			《古今集》讲读
			《万叶集》讲读
1934年	国立北平大学	女子文理学院文史系英文组	
1935年	国立北平大学	文学院外文系日文组	日文讲读三(甲)
			《古今集》讲读
			俳谐（芭蕉）
			日文实习四
			第二外国语
1936年	国立北京大学	外国语言文学系	
1937年	孔德学校	常务校董	
1938年2—3月	伪国立北京师范学院	院长	
1946年	北平临时大学补习班		
1948—1949年	中国大学	外文系教授	

综合上表，可看出徐祖正1922年归国后，除了假期南归以及偶尔出国考察外，绝大多数时间以北京的多所著名高校为中心，甚至有时同时兼任几所高校的教职。他所教课程，以文学概论和日本文学为主，且多在国文系和外文系。

徐祖正在日本求学期间，虽然给人纤弱和敏感的印象，不太擅长交际，但他依托日本高校的公共空间，结识了一批留日的中国学生和友人，如张凤举、郁达夫、陶晶孙和郭沫若等人，并与其中有些人成为挚友。他和张凤举从日本归国后，同住在北京东城南小街禄米仓甲，为邻居，二人在同一所大学执教，一起创办骆驼社和《骆驼草》，共同出版《鞭策周刊》，相知相交多年。

因教务繁忙，徐祖正要花很多精力和时间去备课，所以，他不得不牺牲文艺创作和文学翻译的时间。他说："功课虽然少了，其余的时间还是一样的忙。除去编讲义以外，也就没有多大的工夫。……中国现在，一个作家，不能仰仗他的一支笔，还另外去教书。生活是解决了，创作的机会也牺牲在里面了。"他甚至一度对教书生活以及人际交往产生愤怒和苦闷："每到秋时容易失眠的我，一天的精神也不大好。每到这时候为了自己的任课，人家的请托，特别地要出去走走。有时也有人客来来。在这种凌乱的气氛里极容易感到疲乏。有时候愤怒。"

在北京执教期间，徐祖正给朋友的印象，仍旧是文弱、孤僻、自律，且带一点神经质的。郁达夫说徐祖正是林黛玉式的男子，赵景深认为徐祖正是文艺上的教士，有报道说他是性情孤僻、孤独终老的文坛怪杰。徐祖正自己也说："不知好几次在对着这件译事的幽静心气中，忽然之间我把译笔抛在一边，激切地失声哭了出来过。如此哭过以后的平静又是难于言传的了。又想到我心的脆弱一般也由于我身体的脆弱，身体的脆弱或者渐渐地可以复原，那一半的心的脆弱我将如何去修补！"

就是这么脆弱、敏感、孤僻的徐祖正，对教育和教学工作，却表现出特有的专业性和热情，他始终将日本文学的译介和研究，及对西方浪漫主义文学的探究，作为安身立命的授课内容，也作为其精神追求的兴趣所在，自觉地将“为艺术而艺术”奉为生活与生命的宗旨。对课堂讲义，他倾注了心血和精力；对学生，他奉献了爱心和热情。

徐祖正就曾对李遇安这位学生寄予厚望，希望他不要在芸芸众生中迷失了自我，并为他写下了被许广平评价为“情话缠绵”的《送南行的爱而君》一文。研究中国近现代文学史的著名学者任访秋，在国立北平师范大学读书期间，曾多次去徐祖正家访问、请教，并多次致信。任访秋在河南读书的朋友罗宝册，写了一部新诗集《花要落去》，让任访秋请徐祖正评阅并作序。徐祖正慨然应允，后来写了一篇非常认真的书序，就作者诗中所抒发的情思，从西方创作理论上予以阐发，有着独到的见解，给这部处女作增添了不少光彩。《花要落去》的作者也感叹说：“同时尤其使我铭感的，要算是为这书作序的徐祖正先生了。本来我同他并没一面之识，是访秋弟拿去请他看的，而他看后竟然能慨然为它说几句话，这在本书真不能不说是一种意外的光荣。”再如冯芳写了一部小说集《心声》，在其请求下，徐祖正也写了一篇很有分量的序言。冯芳说：“请新文学大家吾师徐祖正先生指教，以便印成集子，出而问世。徐先生看完这几篇文，就作了一篇很好的序文给我。”

1926年3月18日，国立北京女子师范大学的刘和珍、杨德群遭到段祺瑞执政府卫队开枪射击而身亡，鲁迅为此写下了《记念刘和珍君》一文。作为刘和珍的老师，徐祖正在多个场合，以多种方式来纪念这位性情温和、坚毅勇敢的学生。如在刘和珍的追悼会现场，徐祖正送去了挽联，挽联上引用刘和珍亲口在讲堂上说的两句话“虽死犹生”“虽生犹死”。他还在《语丝》杂志和《蔷薇周刊》上分别发表《哀悼与忆念》《忆念刘和珍》等文章。他曾想给刘和珍写一篇传记材料，一度跟刘和珍的爱人联系，请其提供刘和珍的生平材料。刘和珍的同学石评梅也与徐祖正交往频繁，曾给徐祖正的小说集《兰生弟的日记》写过

苦雨斋合影，前排右二为徐祖正（刘军提供）

书评，也曾和陆晶清等同学前往骆驼书屋请教、组稿。1928年石评梅去世后，徐祖正写了《回忆的石评梅女士》，刊发在1928年世界日报社出版的《石评梅纪念刊》上。

在他执教过程中，也有学生针对他上课的某些弊端进行了揶揄和讽刺。王志之在《民族英烈传·四》中记录徐祖正所授课程文学概论，因其照本宣科，引起同学们的反感，有人在黑板上写诗。徐祖正踏进课堂，看到这诗非常生气，在学生们的哈哈大笑声中拂袖而去。王志之的《民族英烈传》题材属纪实类小说，对胡适、周作人和徐祖正等人的批判也是没有遮掩地尽情表达。但王志之的记录也有重复颠倒之处，譬如上面这首讽刺诗，在《民族英烈传·四》中前后出现过两次，一次是国立北平师范大学学生杨天华所作，另一次又是国立北京大学学生徐朴所作，都是讽刺徐祖正授课的。具体哪一条信息为真，不得而知。

徐祖正本人对学生的课堂态度是很在意的。他经常在日记中记录教学生活点滴，譬如他记录1926年3月10日去国立北京女子师范大学授课的情形：

清晨到女师大上课……昨夜又不曾睡好，朝来脑筋是空空的。然而还算讲解明白。因为我在几个学生脸上看出了满足领会的样子。然而内中有一个学生本来有些不大恭顺，今天也是出现了女子常有的那种执拗样子对我。例如我照例要她们轮流读一遍然后讲解意思。轮到这个女子时她不肯读。我说："Try！"于是她不好再拗，就勉勉强强地读了下去。我要她讲。她又回说："不会讲。"我又说："试试看。"于是她也只好讲了。讲到不多几句的一个地方，她又骤说："不会讲。"因为她说话与那个态度，使坐在旁边的一个学生也对她看了好几次。我倒未有什么，只问她为什么？她不答话。

很显然，那个执拗的女生对老师及这门课程的消极应付行为，让徐祖正记忆深刻，因而写进日记。虽然他在文中说自己不在意学生的态度，但事实上该女学生这种不合作乃至鄙视教师的言行，已然对他造成了精神上的影响。徐祖正说：

而且由教书精神上还蒙到异常的损失。学生所要求的似乎是耳闻的偶像。一个初次做教员的人，这就是一个很难应付的局面。往往不待他得到某种经验，就使他收到某种打击。在这种打击的感受性越是诚心努力的人，所受的痛苦就越大，在这种痛苦之下，创作是写不出的。

虽然徐祖正给朋友留下虚弱、敏感的印象，但是有时他表现得非常刚强而有血性，其中值得一提的是，他在国立北京女子师范大学执教期间，国民政府教育部派林素园武装接收国立北京女子师范大学。在此风潮中，徐祖正有一些不合作的抵抗言行。

1926年9月3日下午4时，教育部派人会同林素园前往国立北京女子师范大学，进行接收工作。该校教职员工一概隐匿不见，且将校舍一律封锁，使其无法点验。9月4日上午11时，林素园再次前往该校。

当时的报道称："维时该校职员等聚集多人，声势汹汹，当晤教员徐祖正、周作人说明接收理由。该徐祖正等声言同人等对于改组完全否认，早为宣言，何竟贸然前来，言时声色俱厉，继复跃起谩骂，户外围绕多人，一齐喝打，经部员劝告无效，并被拳击。"这则报道显然夸大了事实真相，对徐祖正等教授的行为表述难免失真。当事人周作人对事件经过的叙述则更接近事实，也更为详细入微：

我因与林君（林素园）略略相识，便约了一位徐君（徐祖正），前去招待。略谈几句，林君就露出不逊的态度来，徐君所以也不客气地指示出来，昨天那种态度有失"学长"，劝他注意，末后渐近争论，徐君便说我教训你不要如此。说时迟，那时快，林君勃然大怒，厉声疾呼曰："你是共产党！抓，抓，抓！"（特别声明，这引号内如有一字捏造，五雷轰顶！）我那时真有点不大敢相信自己的耳朵了。倘若不是我在场，我一定以为这是南亭亭长所假作的话，不曾实有的。但是这的确出于林君之口，入于鄙人之耳，我乃不禁稍微狼狈，不审此刻身在何世，并不禁为吾友危……林君终乃道谢，云系误会，于是此事遂告一结束。

周作人的说法，与当时《申报》的相关报道较为一致，"林遂承认将原话撤销，徐复将教职员态度及其议决案重述一过，无大结果，徐退出"。在这些细节里，我们仿佛又窥见了当年那个从昆山出走，到武昌参加起义的少年徐祖正的身影了。

此时，徐祖正参加工作时间并不算太长，他对国立北京女子师范大学是有感情的，在护校事件发生之前的暑假间，徐祖正就曾以指导员的身份，带着国立北京女子师范大学的毕业生，以及国立北京大学的几位学生，前往江苏省参观学校、书局和公园等。同时，他还以国立北京女子师范大学出版部主任的身份，来沪招生。当学校遇到不公正的对待时，徐祖正愿以一身之力，汇入全校师生的护校风潮中，这与他林黛玉式的柔弱敏感的形象似乎格格不入，可见他确乎是至情至性之人。

不久之后，徐祖正与国立北京女子师范大学的教职员一起，宣告全体离校。有报道称：

对于复校运动，并维持有十数年历史之女师大组织精神等项，迄未忘情，闻该教职员等昨又集议，于十二月一日召开第一次复校纪念会，并分推徐祖正、钟书衡、赵世德、熊科易等四人为筹备员，又议决于相当时期，再谋复校运动说云。

被动的院长任职

在徐祖正的教育生涯中，有一件事情不可回避，那就是伪院长事件。1937年七七事变之后，北京和天津等地的高校为避免沦为日本帝国主义轰炸下的牺牲品，大规模向西南或西北迁徙。在是否随大批北大同人南迁的问题上，徐祖正和少数职员保持了步调一致，他们选择了留守北京。罗常培在《七七事变后北大的残局》一文中指出：1937年10月28日下午，北大教授们在灵境七号林宅开茶话会。此时日人的统治逐渐加强，学校一天比一天难维持。除了徐祖正、周作人和马幼渔、董康、缪金源等人外，其他教授决定分批南下。

徐祖正为什么不同其他教授们一同南下呢？据李健吾介绍徐祖正当时的情形，“平津沦陷，他准备南行，传说他问卜于《圣经》，随手一翻，恰好是一句‘我的城不会毁灭’，于是没有动身”。徐祖正信仰基督教，李健吾的说法应当有一定的依据。

留守北平的徐祖正，因留学日本的背景和大学教授的身份，加上周作人的原因，很快引起了日本人的注意。当时，伪满洲建国大学、伪国立北京师范学院、伪国立北京女子师范学院都要聘请周作人，周作人坚辞不就。1938年2月18日，伪教育部总长汤尔和发布教育部令，“派徐祖正充国立北京师范学院院长”。同年3月16日，《教育公报》发布教育部指令：“令：国立北京师范学院院长徐祖正呈一件为因病辞职，请迅予批准，遴员接替。由呈悉据称病体不胜繁剧，呈请辞职，情词恳切，应即照准此令。”

徐祖正自任职至离职，不到一个月的时间。在朋友周作人坚辞不做院长的情况下，徐祖正为什么会担任伪国立北京师范学院院长？在任期间，他又做了些什么？真的如《教育公报》所言，徐祖正因“病体不胜繁剧，呈请辞职”吗？

据李健吾介绍，徐祖正听信日伪哄骗，去做伪国立北京师范学院校长，未及一月，挂冠下野。

徐祖正外甥李忠霖对此有较为详细的记录：

因受学校同人之托，保存遗留的所有高等学校财物，耀辰舅仍留在北平，任北师大校长。他接受这一任务时，书生气十足，提出一切都由校长负责，任何方面不得干涉学校行政及教学事务。孰料，一个月之后，日方却派人进驻学校，干预教育设施及各科规章制度，在这种情况下，耀辰舅竭力反对，拒绝接受。他的意愿当然得不到实现，他便毅然引退。学校一个月所有的开支，悉数（约四万元）由耀辰舅填出，未曾收回。由于他态度激烈、言辞愤慨，日方无由名之，说他有精神病，送北京西山疗养治病。他痛不欲生，几次投撞床架，以至流血，神经极度失常。

关于徐祖正的发疯，李健吾的朋友在书信中也有交代：“兰生弟忽生狂疾，势甚凶猛，捣毁室内什物，旋为人送入精神病院。”徐祖正自己对这段精神失常的恐怖岁月也有记录：“七年前我也住进过那地坛病院。有数星期之久彷徨在死亡线上。因为对于死亡比较有种深切的认识，所以关于死亡不免也有种玩忽之感。死死生生，生生死死。”

有人用“曾是文坛一勇士”来赞誉徐祖正侠肝义胆、仗义执言、敢作敢为的一面，也有人用“神经质”“纤弱”“敏感”等词来形容他，也有人用“基督徒”“绅士”等词来描绘他。作为风格独特的文人、作家、学者、教授，他确实是中国近现代文坛不能遗忘的存在。

杰出的外科医学家朱预

马一平

2013年3月30日23时14分，我国杰出的外科学家、教育家和医院管理专家，北京协和医院原院长朱预教授因病医治无效在北京逝世，享年86岁。值此朱预教授逝世六周年之际，得到他帮助甚多的笔者，撰文缅怀这位昆山乡贤，希望能让他的大师风范代代相传。

医林翘楚

1927年，朱预出生于江苏昆山茜墩（今千灯）镇的一个书香门第。祖父朱保旭，字福培，号序初，晚清秀才，初业医，后任小学国文教师。父亲朱文元，字若兰，号瘦石，抗日战争前曾任昆山县第四区（辖茜墩、石浦、歇马桥三镇，少卿、玉溪、支浦三乡）区长。母亲张桂珍。

朱预系长子长孙，自幼聪慧。1947年考入杭州国立浙江大学医学院，1953年毕业于浙江医学院（1952年国立浙江大学医学院与浙江省立医学院合并为浙江医学院，1960年更名为浙江医科大学，1998年并入浙江大学成为浙江大学医学院）六年制医本科，当年分配至北京协和医院任外科住院医师。

北京协和医院是一所集医疗、教学、科研于一体的大型三级甲等综合医院，隶属于北京协和医学院（清华大学医学部），是其临床医学院，同时也是中国医学科学院的临床医学研究所，是原卫生部指定的全国疑难重症诊治指导中心，同时是较早承担外宾医疗任务的医院之一，以医学学科齐全、技术力量雄厚、专科特色突出、多学科综合优势强大而享誉海内外，在复旦大学医院管理研究所公布的2009—2016年度“中国最佳医院排行榜”上连续八年名列榜首。医院建成于1921年，由洛克菲勒基金会创办，建院之初，就志在“建成亚洲最好的医学中心”。98年来，医院形成了“严谨、求精、勤奋、奉献”的协和精神和兼容并蓄的特色文化风格，首创“三基”“三严”的现代医学教育理念，形成了以“教授、病案、图书馆”著称的协和“三宝”，培养、成就了张孝骞、林巧稚等一代医学大师和多位中国现代医学领军人物，并向全国输送了大批的医学管理人才，创建了当今知名的10余家大型综合及专科医院。医院在职职工4000多名，其中两院院士3人，

1921年9月协和医院举行落成典礼（马一平提供）

位于北京市东城区东单三条9号的北京协和医院大门（马一平提供）

位于北京市东城区校尉胡同的北京协和医院正门（马一平提供）

正、副教授几百人；拥有临床和医技科室53个、国家级重点学科20个、国家临床重点专科29个、博士点32个、硕士点26个、国家级继续医学教育基地6个；开放住院床位2000多张；获“全国文明单位”“全国卫生系统先进集体”等称号。

朱预1955年加入中国共产党，1956年任外科住院总医师，1958年8月—1960年3月在卫生部中医研究院西医学习中医班学习并结业，从事中西医结合工作至1962年，1959年晋升为外科主治医师，1977年任外科副主任，1978年晋升为外科学副研究员、副主任医师。1979年，协和医学院第三次复校，定名为中国首都医科大学（1985年5月更名为中国协和医科大学，2007年5月18日又更名为北京协和医学院），与中国医学科学院实行院校合一管理体制，聘朱预为外科学副教授。此后，朱预于1981年被批准为首批硕士研究生导师；1982年1月—1983年1月，赴美国费城宾夕法尼亚大学医学院做访问学者，研修胰岛移植；1984年任副院长；1985年晋升为中国医学科学院外科学研究员、中国协和医科大学外科学教授、北京协和医院外科主任医师；同年，任北京协和医院院长兼外科主任、中国医学科学院临床医学研究所所长、中国协和医科大学临床医学部主任；1986年被国务院学位委员会批准为博士研究生导师；1992年11月卸任院长，任北京协和医院顾问。

朱预教授历任第八届全国人大代表、第八届全国人大教科文卫委员会委员、原卫生部医学科学委员会委员兼外科学专题委员会主任委员、原国家科学技术委员会发明评选委员会特邀委员、中华医学会常务理事、中华医学会外科学分会第八届副主任委员、中华医学会外科学分会第九届主任委员、中国医学基金会理事、中国医学科学院学术委员会委员、中国协和医科大学学位评定委员会委员，《中华外科杂志》总编辑、《中级医刊》编委会主任委员、《中国外科年鉴》编委、《中国医药卫生学术文库》副主编等。朱预教授还是国际外科学会中国国家代表。

朱预于1986年被国家科学技术委员会批准为“国家级有突出贡献的中青年专家”；1993年被认定为首批“中国医学科学院、中国协和医科大学名医”；2007年5月27日，在中华医学会外科学分会成立七十周年庆典上，作为中国9名为推动外科事业进步做出卓越贡献的外科学泰斗级教授之一，被授予“中华医学会外科学分会杰出贡献奖”；经国务院批准，1991年起享受政府特殊津贴。

外科巨擘

朱预教授知识渊博，思维敏捷，行事果断，从医60余年，临床经验极为丰富，手术技巧炉火纯青，尤其擅长疑难复杂疾病的外科诊治。他敢于接收其他医院不敢接的疑难杂症病人，手术中需要做很多决策。协和医院基本外科于健春教授回忆说：“他有胆识，很智慧，热衷创新，总是能‘心想事成’。他像一员大将，带我们冲锋陷阵，有他在，我们就踏实。”解放军301医院外科刘永雄教授高度评价他有“老虎的胆、姑娘的手、鹰的眼睛和骆驼的体格”。

朱预教授是国内外著名的外科学家，在胰腺癌、胰腺内分泌肿瘤、胰岛细胞移植、甲状旁腺移植、外科营养及大血管疾病等的诊治与研究方面均做出过卓越贡献，是中国普通外科的重要领军人，推动了我国胰腺外科和普外内分泌外科的发展进步。

他在胰岛素瘤和甲状旁腺功能亢进诊治与研究方面的开创性工作，使协和医院在该领域始终保持国内领先地位。他亲自完成的原发性甲旁亢手术近300例，在异位病变的处理水平上处于国际领先地位。他亲自诊治的胰岛素瘤病例逾百。在异位甲状旁腺手术、高血钙甲状旁腺危象的外科处理方面，其技术水平一直居国内领先地位。20世纪70年代末，他完成国内首例腹膜后巨大嗜铬细胞瘤连同肝下下腔静脉、肾静脉切除自身肾移植手术。20世纪80年代，他在国内首先开展经股静脉插管检测甲状旁腺激素对甲状旁腺腺瘤进行定位，开展经股动脉插管造影为胰岛细胞瘤定位，为临床诊断提供重要依据。20世纪

1991年朱预教授在办公室(马一平提供)

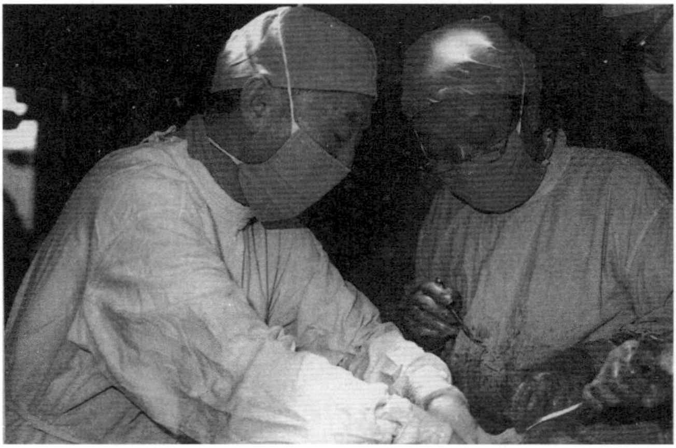

朱预教授(右)在做腹部肿瘤切除手术(马一平提供)

90年代初,他将腹腔镜外科引入中国,完成国内首例腹腔镜肾上腺瘤摘除术。他将选择性血管造影和淋巴管造影应用于外科临床,提高了下消化道出血和胰岛素瘤的诊断水平。他还在国内首先详细描述颈动脉体瘤的X线征象,为成功手术创设条件。他还是著名的外科营养专家,是国内较早开展胃肠外营养研究的核心成员之一。他在国内率先与清华大学合作开展电子计算机辅助诊断急腹症的研究，并将成果应用于临床。

他多次赴美国、法国、意大利、日本、澳大利亚、加拿大、瑞士等参加国际外科学术会议，做学术报告，进行学术交流。

朱预教授善于思考总结，在国内外医学学术期刊上发表学术论文120余篇，主编出版《临床内分泌外科学》《完全胃肠外营养的基础与临床》《人工胃肠支持——肠外与肠内营养》《外科临床指导》及《地震创伤》等医著，参加编写出版《黄家驷外科学》《临床外科手册》《实用肿瘤学》《水与电解质平衡》《糖尿病学》《急诊临床》《外科基本功》《急诊医学》《现代胃肠病学》《外科临床指导》等医著20多部，这些著作都成为广大外科医师的案头读物。

他非常重视医学科研，主持或参加完成的科研项目先后荣获国家科技进步奖二等奖2项，省部级科技进步奖一等奖1项、二等奖5项、三等奖3项。

一代名师

朱预教授十分重视医学教育，为协和医院乃至中国外科学界的人才培养付出了巨大的心血。他亲自培养博士研究生7名、硕士研究生4名，而协和外科学系的几代人，甚至包括从全国各地到协和医院外科进修的医师，无不受到朱预教授的栽培和熏陶。他们中的很多人已成长为中国外科学界优秀的学科带头人，在中国外科学事业中担负着重要责任。

现任北京协和医院院长的赵玉沛院士是朱预的大弟子。忆起恩师，赵玉沛说，恩师如父，“与他在一起的时间，要远远超过与自己的亲生父亲”。赵玉沛说：“朱院长不仅手把手地教我们怎么做手术、怎

蒋朱明教授（左二，项目第一完成人）、朱预教授（右二，项目第二完成人）、吴蔚然教授（左三，项目第三完成人）在讨论科研项目“人工胃肠支持的进步”，此项目于1989年获卫生部科技进步二等奖（马一平提供）

么做学问，更重要的是教我们如何做人。”据协和医院基本外科于健春教授回忆，朱预教授曾是内分泌外科的领导，有时下级医生接收了病重急诊病人，就给他打电话，他虽不值班，但还是立马过来参与手术，从不会因此责备下级医生。

朱预教授特别重视通过国际交流培养人才。他带领院外事办同志多方寻求外援，为医院争取到国际和港澳台的各种双边和多边项目基金的支持。在卢观全奖学金、周子专奖学金等的资助下，大批中青年骨干被陆续送往国外深造，将国际先进的技术和理念引入中国，带动了协和医院乃至中国医疗水平的整体提高，为协和医院保持国内领先的学术地位奠定了坚实基础。

因此，朱预教授是深受后辈敬仰的一代名师。

优秀院长

朱预教授1984年任北京协和医院副院长，次年因院长陈敏章教授（著名内科医学家）升任卫生部副部长而接任院长。当时中国正处在改革开放初期，医院事业百废待兴，各方面条件亟待改善。朱预教授以特有的敏锐和果敢魄力，把握大局，准确研判，抓住机遇，振兴医院。通过鼓励开展新技术项目、提高工作效率等举措，协和医院全员士气得到大幅提振，医院局面迅速扭转，从而进入了科学发展的快车道。他提出的“量入为出、略有节余”的医院财务经营原则沿用至今。

他带领班子成员多方努力，使医院新业务楼工程建设得到持续资助，从而顺利完工，医疗设备得以更新，工作条件得到改善。在他的重视和努力下，职工的住宿条件和生活待遇也得到大幅改善。同时他自己也成为著名的医院管理专家，1988年被评为“全国医院优秀院长”。

情系桑梓

朱预教授自幼负笈游学，后来又在北京工作，离开家乡昆山数十年，但对故乡的感情历久弥深，对故乡魂牵梦萦。1987—1990年，笔者在主持编纂《昆山县志·卫生篇》时，得到他的大力支持。1992年，经笔者联系，朱预教授转请时任卫生部部长陈敏章教授于9月为昆山市卫生局在宣纸上书写了“开拓进取，奉献建业，提高人民健康水平”的墨笔题词，给昆山卫生人以极大的鼓励。

1990—1997年，笔者主编《昆山历代医家录》时，全程得到他的积极支持。他不仅自己填写详尽的学术履历表，还提供了北京协和医院其他多位昆山籍教授的姓名与通信地址。为加强编纂工作，1996年2月28日，昆山市成立了由市人大常委会委员、市人民政府分管领导、市卫生局主要领导、各市级医院院长和中西医专家组成的《昆山历代医家录》编纂委员会，承蒙他同意，由他担任了编委会顾问。同年，他不厌其烦地又一次转请时任卫生部部长、中华医学会会长陈敏章教授于5月为《昆山历代医家录》题书了“汇集众家名医史料，造福人民健康”的墨宝。

书编就后，他又帮助联系到最合适的出版社——北京的中医古籍出版社，为《昆山历代医家录》的顺利出版做出了很大贡献。他当时正担任着中华医学会外科学会主任委员，工作极忙，然而丝毫没有架子，对我都是有求必应。他关怀桑梓的高贵品德和高尚风范，令人十分感动。家乡人民特别是卫生人深深地感激朱预教授。

朱预教授的一生，是为北京协和医院和中国外科医学事业无私奉献、鞠躬尽瘁的一生。他以精湛的医术、高尚的医德和心怀百姓、公而忘私的敬业精神赢得了崇高声望。他是北京协和医院的骄傲，是中国外科医学界的骄傲，是中国共产党员的杰出代表，是深受人民爱戴的好医生。他的逝世，是我国医学界的一大损失，他的人格风范和丰功伟绩，将永垂中华史册，并让后人永远铭记在心中。

著名内科医学家张国治

马一平

著名内科医学家、医学教育家张国治教授于2008年2月21日21点24分在上海长征医院逝世，享年九十六岁。至今已过十一年了，作为他的忘年之交、家乡后学，笔者特撰斯文，一是缅怀张老，二是让家乡的父老乡亲了解这位从昆山走出去的著名医学家的不朽业绩。

出身名门望族

张国治，昆山玉山镇人。1912年10月28日出生于昆山县城东门一个望族家庭。祖父张锡章在东门外沿河街开设张信盛桐油行。该行是昆山著名大商号，创办于清光绪二十七年（1901），业务以售卖桐油为主，兼营豆饼、麸皮、麻皮、麻丝、麻布、砖瓦、石灰、苏锅、陶器等，有员工数十人。后由大伯父张丽如主持老店，但商行在抗日战争中损失惨重，元气大伤，由盛而衰。二伯父张焕若在朝阳北城河岸开设南信盛桐油行，此行也是昆山的著名大商号，业务范围与张信盛的相同。二伯父后又创办集丰面粉厂。

张国治教授像（马一平提供）

父亲张仰之，为昆山著名士绅，在东门外沿河街开设晋成竹木行，这是昆山最大的竹木行。张仰之在朝阳北城河岸开设晋源竹行，参股东门外大街的万成丰酱园和源源酱园，曾任源源酱园经理。二十世纪二三十年代，曾任昆山县商会常务委员。1946年4月8日，由30个同业公会推选出来的代表召开昆山县商会第一届会员代表大会，成立昆山县商会，选举理事、监事，推选张仰之为理事长。张仰之任内在昆山工商业的企业权益保障、经营行为规范、市场秩序维护、商事纠纷调解、市场繁荣维持、商业道德倡导等方面发挥过较大作用。抗日战争胜利后，国民政府卫生署倡导由地方力量筹设公办民助慈善性质的公立医院。于是，1946年1月，昆山县政府遵照指令，筹设昆山公立医院，首先组织院董事会，动员社会各界名流、名绅巨贾担任董事。同月29日，院董事会正式成立，聘董事9人，公推张仰之为理事长。

张国治有兄弟姐妹七人，其排行第三，自幼聪慧，学习勤奋，成绩很好。

攻读著名医校

张国治早年就读于上海中学，高中毕业后进入上海沪江大学医预科学习，后考入长沙湘雅医学院攻读医本科。

湘雅医学院是一所与北京协和医学院齐名的世界一流的著名医学院校，由湖南育群学会与美国耶鲁大学雅礼协会联合创办于1914年，是中国按照现代医学教育规范开始进行本科教育的第一所医学院，也是中国第一所中外合办的医学院。学校自办学以来，培养了大批医学人才，其中就有张孝骞、汤飞凡、谢少文、李振翩、应元岳、吴绍青、龙伯坚等不少海内外著名的杰出医学家，也有多位中国科学院和中国工程院院士，故医学界素有“北协和、南湘雅”之盛誉。湘雅医学院以教学严谨著称，对品学兼优的学生实行奖励制度，对表现差、成绩不好的学生实行严格的淘汰制，与协和医学院一样，以高淘汰率出名，规定各科成绩皆以70分为及格。至1949年，学校35年间才毕业了330名学生，最少的第八届（1929年毕业）只有3名学生。毕业生除可获本校毕业证书、学位证书外，还可获得由美国康涅狄格州政府授权美国雅礼协会授予的医学博士学位。

张国治入学后，学习非常刻苦，成绩优异。抗日战争全面爆发后，1937年11月24日起，长沙城遭日机轰炸，日军步步南侵。为使湘雅医学院不陷入敌手，在代理院长张孝骞（湘雅医学院首届10名毕业生之一）的带领下，学校于1938年10月西迁至贵州贵阳继续办学。在贵阳次南门外石洞坡建设的新校址，成为当地有名的“湘雅村”。学校与同时西迁至贵阳的南京中央医院之间展现了一种难能可贵的协作与奉献精神。中央医院沈克非院长（著名外科学家）带领医务人员参加湘雅医学院的临床实习教学，而张孝骞院长（著名内科学家）则率领教师到中央医院分担诊务，并且相互各不另受酬金。全校师生艰苦奋斗，克服了诸多困难，使得教学与临床工作质量基本上未受战争和流亡的影响。1939年，张国治毕业于流亡在贵阳的湘雅医学院六年制医本科，他们这一届毕业学生仅13名。

投身医疗事业

张国治1939年大学毕业后，即受聘于流亡在贵阳的中央医院，任内科住院医师。抗日战争期间，我方后勤补给命脉滇缅铁路地域疟疾流行，严重危害军民健康与生命。1941年底，张国治由国民政府卫生署派往滇缅铁路美国抗疟团，在滇缅铁路督办公署卫生处从事抗疟工作。1942年起，他又至中国红十字会重庆医院（1944年改为重庆中央医院）继任内科住院医师、住院总医师、主治医师。1946年初，他转任上海国民革命军联勤第二总医院内科主任医师、代理科主任，积累了丰富的临床医学经验。同时，他兼任国防医学院内科学教研室教官，又提升了医学教育本领。

协办军医大学

上海解放前夕，前国防医学院迁去台湾时，张国治断然拒绝国防医学院内科学教研室主任与院长的多次口头、书面及电报敦促其去台任职的邀请，毅然决定留下来迎接上海解放。

1949年5月上海解放后，中国人民解放军华东军区后勤卫生部即接管联勤第二总医院。张国治即参加革命工作，他积极向华东军区卫生部有关领导建议，充分利用留沪的前国防医学院基础医学与临床医学师资人员，建立为人民解放军培养军医人才的医学院，并促成了军区卫生部领导与上述人员的直接见面。这对以后华东军区卫生部迅速建立华东军区人民医学院起了关键作用。1949年，在原国防医学院旧址创办华东军区人民医学院（1950年10月改名上海军医大学，1951年7月又更名为中国人民解放军第二军医大学，2017年6月更名为中国人民解放军海军军医大学，对外保留第二军医大学校名）。

建校后，张国治又积极推荐在沪的著名内科医学家应元岳教授（湘雅医学院首届毕业生之一），为其日后到校任职做出了贡献。他也促成了其他一些内科专家到校任职，增强了该校内科教研室师资队伍的力量。

尽瘁于医教研

建校后，张国治担任内科学教授、附属医院（1962年起对外称上海长海医院）内科主任。1956年，兼任校基础内科教研室主任。1958年9月，第二军医大学报经总参谋部、总后勤部批准，将所属急症外科医院改组为第二附属医院（1959年9月对外称上海同济医院，1966年9月对外更名为上海长征医院），从专科医院扩建为综合性教学医院。为支持新医院建设，1959年6月，张国治毅然放弃在设备条件较好的第一附属医院（长海医院）的职务，调至设备条件简陋的第二附属医院任内科主任、内科学教研室主任、教授。1961年11月，张国治参加中国人民解放军。1978年12月，任副院长。1965年3月至6月，参加医院组织的福建前线医疗队，深入福建地区海防前线部队，对医院巡回医疗、医技人员培训做出较大贡献。1980年，长征医院正式设置消化内科（1984年、1986年分别经国家教委和国务院学位委员会批准为硕士学位、博士学位授权学科，2002年被认定为国家重点学科），张国治兼任首任主任。1981年11月，加入中国共产党；同年被批准为首批硕士研究生导师，后又被批准为博士研究生导师。1984年10月，张国治任长征医院医疗事故鉴定委员会副主任委员。1986年6月，张国治任长征医院技术职务评

年至耄耋的张国治教授仍认真参加医学学术活动（马一平提供）

审委员会副主任委员。1986年，晋升为军队专业技术一级（享受中央军委委员职工资和正军职其他待遇）、文职特级（对应正大军区职上将军衔工资标准），确定为一级教授。1987年2月，任第二军医大学专家组副组长。1988年5月，卸任副院长。1991年9月，被聘为第二军医大学学科建设咨询委员会委员。

20世纪80年代以来，张国治还历任中国人民解放军医学科学技术委员会委员与荣誉委员（第一至第八届）、全军消化内科专业组首任组长，中华医学会理事、中华医学会上海分会理事兼内科学分会主任委员，《中华消化杂志》副主编、《国外医学·消化系疾病分册》杂志副主编、《中华内科杂志》编委、《解放军医学杂志》编委、《人民军医》杂志编委、《上海医学》杂志编委、《中国新药与临床杂志》（原《新药与临床》）杂志编委、《胰腺病学》杂志顾问、《中国内科年鉴》编委、《中国军事医学史》编委会副主任委员等学术团体、学术期刊与学术著作类职务。

张国治教授毕生从事内科医疗、教学、科研及管理工作。

临床方面，他早年精于临床内分泌学，后专长消化系疾病，特别是胰腺癌的诊治。20世纪50年代初期，他在血吸虫病防治工作中，提出以牛肝蛭虫为抗原做皮肤试验诊断血吸虫病的方法。张国治教授数十年如一日，勤奋钻研医疗业务，至年逾古稀，仍兢兢业业，锲而不舍，始终工作在临床第一线，参加各种医疗实践，故而医术精湛。多年来，他亲自主持和参加了无数次的抢救，积累了大量的临床经验。他总结了晚期肝硬化患者的呕血、腹水、昏迷及肝功能衰竭等并发症的系统性治疗方法，揭示了肝纤维化的发生机制和防治措施，还强调重视胰腺癌早期诊断。在胰腺病的诊治与研究中，他提出了鉴别胰腺炎与胰腺癌的精辟见解。他为上海长征医院内科的发展壮大付出了毕生心血，建立了不朽功勋。

张国治教授还长期从事临床医学教育工作，有着丰富的教学和育人经验。20世纪50年代早期，他积极协助应元岳教授编撰了第二军医大学《内科学讲义》第一辑。该书96万余字，内容比较丰富、新颖，是当时较为完善的临床内科学教材，对加强和提高建校不久的第二军医大学内科学教学质量起到了积极作用。他十分重视临床内科的“三基”训练和培养，曾担任当时基础内科教研组主任，为了提高基础内科教学质量，在物理诊断教学中，创造性地提出“呼吸时肋缘肝下缘轻叩法”，亲自创造和改进教具，帮助学员尽快掌握物理诊断技术。他克服种种困难，积极研究和探索内科教学规律，开创了一套完整的内科教学模式，并在实践中不断完善。在临床教学中，他坚持从严要求，十分重视病史的收集和细致的体格检查，为诊断和治疗疾病打下扎实基础。为提高学校临床教学质量和医疗工作水平，他曾想方设法促使学校逐步扩大学员临床实习基地。他治学严谨，刻苦勤奋，为人师表，爱才惜才，在医学教育岗位上培养了一批又一批医疗卫生专业人才。他精心育人多年，桃李满天下。他的学生中有不少已成为医疗卫生部门的领导，有的成为教授，有的被誉为临床医学某一领域的专家。他年逾古稀时，仍不遗余力地培养消化病学专业人才，共带教毕业硕士、博士研究生10多名，为我军和我国医学教育事业发展做出了较大贡献。

张国治教授在医疗临床与医学教育的同时，还孜孜不倦于医学科学研究。1962年，在总后勤部卫生部和第二军医大学的领导与支持下，他在上海组织召开了全军第一届消化专业组学术会议，开创了我国首次带有全国性质的消化专业学术交流，推动了我军对消化病的研究的进展，也确立了上海长征医院消化内科的学术地位。20世纪70年代起，他对严重危害人民健康的胰腺疾病格外关注，特别侧重于胰腺癌的诊断和治疗研究。他曾积极建议中华医学会上海分会消化专业组开展对胰腺癌的调查研究和讨论，收集和整理了上海市11所大型医院484例经病理学证实的胰腺癌病例，进行系统的研究分析，取得了许多珍贵的资料。这样大量的经手术及病理学证实的分析资料，当时在国内尚属首见，为我国临床学家研究疾病提供了重要资料。他承担了全军消化内科专业组的筹建任务，并任首任组长，对全军消化内科的发展起了促进作用。招收研究生后，他指导他们围绕消化免疫开展一些有重要临床意义和科研价值的课题研究，取得了可喜的成果。20世纪80年代中期后，他带领有关医务人员在肝纤维化的发病机理、诊断和治疗等方面进行了大量探索研究，取得了突出成果。他指导和参与完成的科研项目"人胃蛋白酶原的纯化抗血清制备与临床应用""人SC（分泌成分）的纯化、抗SC的研制及其应用""Ⅲ型前胶原肽放射免疫测定药盒的研制及在肝纤维化诊断中的应用"分别获1987年、1988年、1989年中国人民解放军科学技术进步二等奖。

张国治教授在省级以上医学学术期刊上发表论文30余篇，协助编写《内科手册》（副主编，人民卫生出版社，1954年），参加编写《临床胃肠病学》（上海科学技术出版社，1981年）、《内科理论与实践（第四卷）》（上海科学技术出版社，1988年）、《临床胰腺病学》（编委，上海科学技术出版社，1990年）等医著。

张国治教授对促进第二军医大学、我军乃至我国消化专业的发展和医疗、科研水平的提高发挥了重要作用，被誉为"医坛青松，教坛伯乐"。经国务院批准，1991年起享受国务院政府特殊津贴。1998年12月，被授予总后勤部"科学技术一代名师"荣誉称号。2002年10月

张国治教授的国务院政府特殊津贴证书（马一平提供）

1998年12月，张国治教授被解放军总后勤部政治部授予总后勤部“科学技术一代名师”证书（马一平提供）

12日，上海长征医院隆重举行张国治教授从医执教70周年暨90华诞庆典，表彰他的不朽业绩。

满怀桑梓之情

张国治教授少小离乡，一直在外地忙于读书、行医、教书，很少回家，但他对故乡还是满怀桑梓之情。20世纪昆山的医疗水平仍较低，有乡亲赴沪求助于他，他都是热情接待，精心诊治，如不是内科疾病，还转请别科名医诊治。他将此看作回报家乡的一种方式，受过他帮助的乡亲至今犹念念不忘。20世纪80年代后期，他70多岁时曾回归故里，在时任市政府办公室副主任王顺保的陪同下，重访东门老家。他看看河滩，摸摸老房子的墙壁，热切地与老邻居回忆往事，兴奋之情溢于言表。

笔者在1987—1990年主持编纂《昆山县志·卫生篇》和1990—1997年主编《昆山历代医家录》时，需要他提供相关资料，得到他的大力支持。他还诚邀我到他家里详细面谈，到了饭点还留我吃午餐。他关怀桑梓的高尚风范，令人十分感动。

后来，随着年龄的增大，他对故乡的感情越来越深。他一直想回家乡看看。虽然上海与昆山近在咫尺，但他由于高龄又患病，更不愿惊动单位派车，愿望未能实现，只得在梦中回忆故乡。他给我的信中流露出强烈的思乡之情，我只得寄些《昆山日报》之类有家乡信息的东西给他看看，以慰藉他的乡愁。他收到后如获至宝，一睹为快。特别是2005年10月昆山籍航天英雄费俊龙随神舟六号载人飞船成功进入太空并胜利返回地面后，昆山倾城沸腾，数千名各界代表齐聚城市广场，载歌载舞，共庆“神六”回家，以及市委、市政府隆重举行“全市庆祝‘神六’载人航天飞行圆满成功大会”的相关报道，使他更加欢欣鼓舞。他回信嘱我常寄些家乡消息给他，然我因工作繁忙，也未能做到常寄，现在想来犹觉得内疚。

张国治教授一生热爱党、热爱祖国、热爱人民军队、热爱家乡，关心上海长征医院和家乡昆山，鞠躬尽瘁，为我国国防卫生事业做出了重要贡献。他作风正派，谦虚谨慎，严以律己，宽以待人，是一位深受医界后学尊敬和爱戴的老专家；他工作勤奋，无私忘我，待患如亲，医德高尚，是一位深受病人及家属尊敬和爱戴的好医生。他那精湛的医术和丰硕的业绩，必将永垂史册；他那严谨的学风和高尚的医风，必将激励后人。

扫描朱柏庐的交游圈

王广成

中国历来重视交友之道，其中最重要的是朋友以共同的爱好和兴趣为基础，可以互相学习和促进。昆山叶沄在《子兆兄墓志铭》中说："吾吴前明之际，士人多敦友道而淡族属，以族属疏则等同路人，不若友道之同方同术者，可久要也。"这种重视朋友疏远同族的交友之道对朱柏庐先生也很有影响。古人云："物以类聚，人以群分。"先生是明朝遗民，这决定了先生交往的对象绝大多数也是遗民。

与李映碧的交往

李清（1602—1683），字心水，号映碧。他出生在簪缨世家。高祖李春芳是明朝嘉靖二十六年（1547）状元、隆庆初年内阁首辅。曾祖李茂材官太子太保、礼部尚书。祖父李思诚，天启年间礼部尚书，曾受魏忠贤陷害而被夺职，至崇祯初年在昭雪平反后未再出仕为官。父亲李长祺厌倦制艺，放弃举业，非常喜爱阅读子史奇书，有时甚至脱掉衣服典质购书，终因秉烛夜读，咯血早死，年仅二十九岁。李映碧后被伯父李长敷抚养长大。李映碧在天启元年（1621）考中举人，在崇祯四年（1631）考中进士。成进士后，被授宁波府推官，在任时做了不少为民平反昭雪的事情。崇祯十年（1637）被召入北京，擢升刑科给事中，曾上疏皇帝弹劾熊文灿剿“寇”用“抚”不当，未被皇帝采纳，反遭到谗言和妒忌。次年，又因天气久旱疏请宽刑，话语冒犯了当时的刑部尚书甄淑，被降职为浙江按察司照磨。后来甄淑因纳贿被关入监狱，李映碧才被起用为吏科给事中，不久转为工科左给事中。崇祯十七年（1644）甲申之变，李映碧因奉旨出京而避免被俘。福王即位于南京后，李映碧任弘光朝工科都给事中，迁大理寺左寺丞。

南明弘光政权灭亡后，李映碧隐居松江、昆山。在昆山寓居时，与昆山有志行的葛芝、朱柏庐先生等交往。他们在一起宴会、作诗、谈论、喝酒，很是快乐。后来李映碧举家迁往高邮，最后隐居家乡。在他离去时，葛芝写了一篇《送李映碧廷尉归昭阳序》。清廷大臣蔡士英、徐元文先后奏请清廷重用他，李映碧屡辞不去，以年老多病为借口拒绝出仕，闭门著书。李映碧平生著述等身，所著书籍有《三垣笔记》《女世说》《南渡录》《南北史合注》《折狱新语》《澹宁斋集》等数十种。

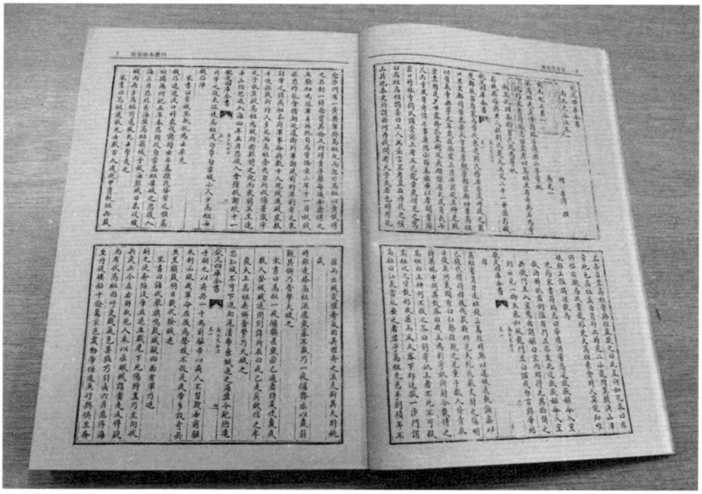

李映碧所著《南北史合注》书影（王广成提供）

在朱柏庐先生的父亲朱集璜自杀殉国之前，大名鼎鼎的李映碧已经与朱柏庐先生有书信来往。在朱柏庐先生的父亲自杀殉国之后，李映碧致书并送厚仪吊唁先生的父亲。不仅李映碧送来厚赙，他的长子也送来帛金。朱柏庐先生万分感激，但仅收下了李映碧送来的纸钱。

从此，两人的交往更多。李映碧寄来自己所写文目及文章一册，请朱柏庐先生提出意见。先生在回信中提议凡是触冒忌讳的文章另为一册。另外，先生提醒来往书信中的一些内容应该删去。先生还收藏了李映碧的许多著作。在李映碧回到江北后，两人还时常书信来往。仅《柏庐外集》中就收录了朱柏庐先生给李映碧写的七封回信，《愧讷集》中也收录了朱柏庐先生给李映碧写的三封回信。两者相加共有十封回信。从书信的内容可以看出先生对李映碧怀有深厚的感情。

李映碧六十大寿时，朱柏庐先生作《李映碧先生六十寿序》。文中一改传统寿序一味颂祷的习惯，改写李映碧的细微之处，从而彰显其高尚人格。

李映碧七十寿辰时，先生作诗《寿李映碧先生》为他祝寿。诗中说："举世皆尚年，所重在平生。不见期颐寿，适以摧令名。省阁旧才贤，朝章多建明。汉廷有张于，民自无冤声。忠亮炳千古，岂直松乔龄。天心笃所佑，以持世道倾。弱草萎疾风，寒松弥晚荣。要使仰止下，感慕有余情。韦编况夙好，著书万卷成。"李映碧是声名卓著的遗民，道德文章与日月同辉。在此诗中，朱柏庐先生对李映碧的生平事迹做了全面概括和高度颂扬。首先，李映碧做人是"省阁旧才贤，朝章多建明"；其次，他做官就像"汉廷有张于，民自无冤声"；再次，他对国家"忠亮炳千古，岂直松乔龄"；最后，他在著书立说方面"韦编况夙好，著书万卷成"。

李映碧去世后，朱柏庐先生作《祭廷尉李映碧先生文》，表达自己的极度悲痛之情，赞扬了李映碧的道义、大节，以及扬忠烈而慰精灵的精神。

与杨无咎的交往

杨无咎（1636—1724），字震百，又作震伯，号易亭。他是江苏吴县（今属苏州）人，居娄门，幼年时很颖慧。他的父亲杨廷枢，复社人称杨维斗先生，因不愿剃发而被清军杀害于吴江芦墟泗洲寺。杨无咎痛恨自己未跟随父亲死去，杜门屏迹七十余年。他与徐枋、朱用纯关系密切，他们的父亲皆殉国而死，于是三人更加用名节互相砥砺，当时人称“吴中三高士”。他出生之后，先是成为叔父廷桢的嗣子，在父亲杨维斗被杀后，他执父丧泣血三年，有人质疑这是非降服之礼，他说：“我的父亲遭遇被杀这样的大变故，不是寻常的丧礼，他的亲属基于义的要求，即使终身丧礼也是可以的。”他的父亲杨维斗遇难后，幸得门人迮绍原出力，才得以收殓，后来每年家祭，必以绍原配享。当时，杨维斗先生有很多的门生故旧成为清廷的显要人物，给杨无咎送来书信和钱币，招他前往，他都没有前往。徐枋临死时，把杨无咎招到面前，命五岁的孙子出来拜见他，对他说：“这个小孩子，是文止的遗腹子。我儿子（文止）多次受过您的教诲，不幸早死。现在，我也快要死了，考虑到只有先生可以托付，就让这

杨无咎像（王广成提供）

个孩子拖累先生了。”可见杨无咎的为人。杨无咎所著《谭经录》，辨析经传讹谬，其中有很多是前人没有发现的。他还著有《三易卦位图说》《示后录》《管窥录》及诗文稿《杨仲子三百篇》《小宛集》等。

在朱柏庐先生去世后，杨无咎应先生弟子的请求先后撰写《朱柏庐先生传》和《朱柏庐先生大学讲义》《朱柏庐先生中庸讲义》的序言等。他在《朱柏庐先生传》中说，他在昆山的知己有两个人，一是归庄，一是朱柏庐先生，虽然最后才与朱柏庐先生相交，但两人相得是最深的。他称赞朱柏庐先生的理学非常精醇，当世没有人能超过他，如果上苍给予朱柏庐更多的生年，可以让很多志同道合的同志向朱柏庐学习。

与葛芝的交往

葛芝，原名云芝，字龙生，一字瑞五，号卧龙山人等，明末清初昆山人。他是太常葛锡璠之孙，葛鼐之子，太仓张采之婿，张溥非常喜爱的学生。明崇祯六年（1633），他成为诸生，入清后隐居在光福邓尉山中，独居一室，专心求道。他著有《卧龙山人集》十四卷，此书在清代被列为四库禁毁书。他平生好理学家言，尤好王阳明先生遗书。明朝灭亡后，他潜心求道，专心以姚江为宗，探求王阳明“致良知”之理。当时，姚江史子虚、沈求如两先生是“致良知”的正传弟子。葛芝渡江前往姚江拜史子虚为老师。

朱柏庐先生与葛芝是知交好友，两人时常往来。有时先生到葛芝的书斋谈论学问，有时葛芝向先生转述他与归庄之间的辩论。

顺治十六年（1659），先生与葛芝见面，见他思维缜密，知道是他终日静坐的结果。先生自愧不如。此年，先生与顾荀若、葛芝、宾之等

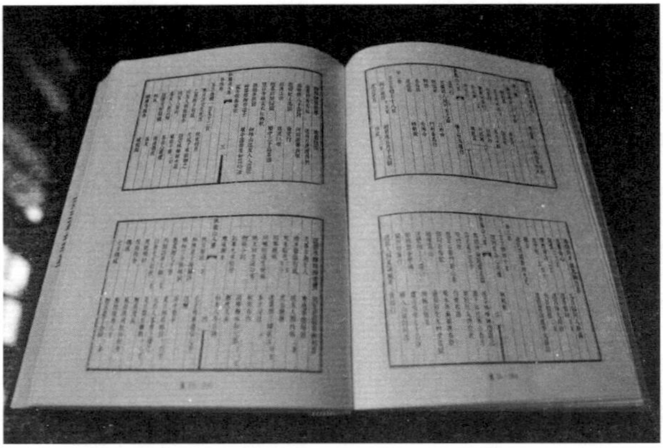

葛芝所著《卧龙山人集》书影（王广成提供）

人一起拜访灵默上人。拜访回来之后，一起吃饭聊天，很是快乐。

顺治十七年（1660），葛芝从邓尉山中遣一船邀请先生一同前往拜访徐枋，然后两人一起到姚墅。两人一同游览惊鱼涧、夹石泉、小赤壁。惊鱼涧有二十株高大的桂树，只是花期已过，然而两人还是乐于穿梭于树下。夹石泉则因有峻峭的石头插入水中，两人不能渡险滩观看。小赤壁也因为石头没入秋水之中，不能看尽它的胜处。两人又登上七十二峰、茶山及潭东山房。看到这些湖山景色，先生不禁感叹景色的天然造化，更感叹自己有葛芝这样的好朋友。

康熙四年（1665），先生与葛芝、徐枋等三人展开了一场激烈的理学辩论。康熙五年（1666），先生生病两个多月时，葛芝前来探视，他认为先生因忧思而得病，劝解先生说："天下的事情是水到渠成的，都是自然而然发生的，不要过于忧虑，熟读《中庸》第十四章可以解决。"

与夏元圭的交往

朱柏庐先生与夏元圭的友谊贯穿两人的一生，两人的相交善始善终。

夏元圭（1592—1680），字景初。他是明末诸生，入清之后隐居起来，精于《易》学，以孝义称于乡里。他性情耿直，是非分明，遇到别人发生矛盾的时候，总是热心调解，以扬善励俗为自己的职责。

他和李映碧一样，也是一位品行高尚的遗民，是朱柏庐先生的同道。两人的交往颇多。康熙十年（1671），夏元圭的八十大寿到来了，先生特地赋诗一首祝贺他的寿辰："淳风委流波，去去何时复。赖有耆旧存，嶷然立颓俗。家学擅当世，弓冶递相续。早岁经术精，亦曾摧五鹿。剑光欲射斗，虹气还韫椟。青箱老平生，素心媚幽独。幼安务慈爱，太丘尚雍穆。息机观自得，齐物保无欲。何求三岛青，不羡双瞳绿。但凭仁寿理，耄耋犹朝旭。况复得象贤，再世联芳躅。既譥龙虎文，岂向林泉伏。抚此乐事多，遥遥跻百福。斯晨进新醪，正值开黄菊。却笑陶渊明，委心大化逐。犹羡草木姿，欲驻颓龄促。"

康熙十四年（1675）仲冬望日，夏元圭把自己的画像交给朱柏庐，请他帮自己题写像赞。朱柏庐欣然接过夏元圭的画像，沉思片刻，提笔为其题写像赞，为《夏景初先生像赞》。

在夏景初先生去世之后，朱柏庐先生亲自前往他的丧所吊唁致祭，并写下祭文《祭夏景初先生文》。

与金孝章的交往

金孝章（1602—1675），名俊明。冒姓朱，名衮，字九章，后改字孝章，号耿庵等，明末清初吴县（今属苏州）人。他父亲曾官宁夏卫。金孝章少从其父官宁夏，骑马打猎，任侠自豪，回到家乡后才开始读书，成为复社成员。后来他被补为县学生，数次赴试，不被录取。最后一次，他在应乡试时，考前所做之梦和算命结果相同，几乎就能考中，但是因心中感慨，就把试卷撕毁而走出考场，然后就弃去诸生的功名。

金孝章像（王广成提供）

明清易代之后，他隐居不仕，以诗、书、画誉称吴中三绝。小楷师《曹娥碑》，草书师《圣教序》，悉有法度。三吴碑版，僧坊酒肆，多其手笔。喜画树石，尤擅画墨梅，人争宝之。天性孝友，修行纯洁，与汪琬为莫逆之交。工诗文，著有《春草闲房诗集》《退量稿》《阐幽录》《康济谱》等。死后，门人私谥贞孝先生。

朱柏庐先生与金孝章相交于顺治八年（1651）。当年，金孝章在昆山教授生徒，年四十九岁，而当时朱柏庐先生三十四岁。先生与二三志同道合的同志在顾宗伯的东山别墅为金孝章祝寿。当时，正值深秋时分，秋芳在涧，寒岫出云，一帮交情深厚的朋友分别题诗，表达相互之间的深厚友情。他们虽然都是贫穷失志之人，却以山水为乐。

自从金孝章离开昆山后，两人经常书信往来，除此之外，先生或者一年或者两年到苏州拜访他。在金孝章五十八岁时，先生到邓尉山拜访徐枋，回来的路上，顺便看望他，两人居住在一起。金孝章的容貌和以前一样，走路健步如飞。

顺治十八年（1661），金孝章大寿，先生因故不能前往祝寿，专门为他写了《金孝章先生六十寿序》。在寿序中，朱柏庐对金孝章不能释然于时数的遭遇深表同情，赞叹他能安贫乐道并对颐养之学能独辟蹊径。

康熙十三年（1674），朱柏庐先生还为金孝章先生的诗集作《金孝章先生诗序》等。金孝章的诗文集中，收录着不少他与朱柏庐先生的酬唱寄答之诗作。在《金孝章先生诗序》中，朱柏庐刻画了一位才学卓具、品行高洁的士人，由于生逢世变，只能空怀“奋厉有为之气”，郁郁终身。在诗序中，朱柏庐先生对金孝章的不幸遭遇表示深切的同情，并由衷地赞美了那些有着“济世之具”和高尚气节情操但不为当世所用的隐逸之士。同时，朱柏庐先生感叹欲为末世之隐士而不得，表达了屈辱于新朝治下的不言之伤。

与徐开任的交往

徐开任（1611—1695），字季重，号愚谷，明末清初昆山人。明万历进士、太仆寺少卿徐应聘孙，万历丙午副榜徐永芳第四子。徐开任生而敏异，读书数行俱下。弱冠之时，由附监生考入县学，进而考中举人，但三次进京考试都没有考中进士。当时，他与嘉定黄陶庵成为笔友，刊刻的《徐季子十三篇》《凝烟阁新艺》都是封笔之作。为诸生时，他就有文略，平生喜欢收藏图书，收藏的图书近万卷。

明朝灭亡后，他隐居太仓，闭门著书，编纂古今诗文。擅长作诗而尤其精通历史。他的著作有《明名臣言行录》《六经通论》《愚谷文集》《逸民传》《愚谷诗稿》等。其中，《明名臣言行录》考据精核，只字不肯假借，曾有人想以数百两银子换取在书中歌颂祖先而被徐开任推辞掉。《明名臣言行录》这本书，学者们极其肯定。大学者黄宗羲有一段评论，颇为精要，兹录如下：“徐子是录，大约不出于事功、节义二者。其间事功有大小、节义有勇怯，亦视其本领之阔狭，有尽有不尽耳，要不可为无与于此者也。以是求之，顾亦未尝不严也。……近时伪书流行，聊举一二：如甲申之死，则杂以俘戮（如陈纯德等）；逆阉之难，则杂以牖死（如丁乾学等）。……高官美谥，子姓私加；野钞地

走謁南大司馬史可法參預軍務北都陷節亡命四方
約共起義會福王立乃獻中興十策多切中時病當事
者格之不得上同縣徐開禧謂可比之陸贄李綱國變
歸土室蓬戶三旬九食自號雪巖遺老年七十二作偈
辭世而逝所爲詩天啟間鏤板行世兵燹後無復存者
○徐開任字季重應聘孫爲諸生有名避地婁東與吳偉
業唱酬切劘明亡後絕意進取益肆力於詩尤專史學
本朱子義例輯明名臣言行錄前半則增損於葉鈞元
徐東湖之書中葉以後徧採國史野乘手自編次貫串
精核於門戶邪正好惡是非確持所見不爲旁撓餘姚
黃宗羲稱之曰近時僞書流行此錄出庶幾收廓清之

光绪《昆新两县续修合志》载徐开任小传（王广成提供）

志，纤儿信笔。此录出，庶几收廓清之功矣。”当代史学家谢国桢在其著述的《晚明史籍考》中也称赞此书“为持平之论，不作偏私之见，足称信史”。

康熙年间，他的堂侄徐乾学、徐秉义、徐元文起于甲科，“同胞三鼎甲”是中国科举史上从未有过的科举盛事。昆山“三徐”同朝为官，声名鹊起，甲于天下，而他却甘于淡泊。如果贫穷的亲朋好友缺少衣服或食物，他必定竭尽全力周济他们。

康熙十九年（1680）三月的一天，是徐开任七十大寿的日子。先生与徐开任是金石之交，在其七十岁的时候，为之祝寿，作有《徐季重先生七十寿序》。虽然这只是一篇寿序，但却主要探讨了史书编纂的根本问题——“秉笔直书，不作偏私之论”。在这篇寿序中，朱柏庐先生通过寿序这一形式，肯定了《明名臣言行录》的史学价值，对徐开任的“秉笔直书，不作偏私之论”的史德进行了颂扬。朱柏庐先生认为，徐开任在著述《明名臣言行录》的时候，把历来形成的说法尽行删掉，而以《春秋》精深微妙的意旨来体现，按照儒家思想的行为准则来裁断，“是者是之，非者非之”。另外，徐开任所著《明名臣言行录》一书，本着史家的传统精神，搜集明代名臣的嘉言懿行，虽不以“作史”自诩，但实为编写明史之基础，其功自不可没。

在某年正月，朱柏庐先生郑重介绍自己的好友徐开任拜访徐枋，希望两人能在一起生活几天。

与叶奕苞的交往

叶奕苞（1629—1686），字九来，一字凤雏，号二泉，别署群玉山樵。叶国华三子，叶方蔼从弟。年少时拜葛芝、叶宏儒为师。康熙十八年（1679），叶奕苞以太学生被荐博学鸿词科，北上赴试，落选。后隐居不仕，修葺半茧园。与名流姜宸英、施闰章、陈维崧及同乡归庄、徐开任等，流连觞咏，极一时之盛。为人礌砢，善使气，目光若闪电，酒间谈说，声如洪钟，颇有狂名。与人相交，毫不吝啬，曾欲赠予贫穷朋友张恕50亩良田。他还热心地方公益事业，于康熙十二年（1673）修通济桥。

叶奕苞酷爱园林。清朝初年，其父在晚年时析茧园为三，分给奕苞兄弟三个。奕苞把分得的茧园的一半，重新修整，增加春及轩。他为自己的园林取名半茧园，每天在园中读书作诗。半茧园虽然没有以前茧园的丝竹之盛，但四方宾客到昆山的没有不到半茧园一去的。除了半茧园，他还和徐开任、太仓吴扶风一起构建三友园。

裔澶湲與李可汧往葬其一門知縣董正位聘修邑志
與葉奕苞輩參稽考訂垂成而正位去官工遂寢
○徐秀化字完吾邑諸生安亭人與張埕姚允文居草深
巷講明關閩伊洛之書所爲古文辭有奇氣不屑剽竊
前人語臨摹法書各臻其妙晚益潛心經義於毛鄭尤
多所發明從遊至百人卒後門人私謚孝節先生
○葉奕苞字九來國華次子少師事葛芝葉鴻儒務根柢
之學工詩善書法康熙戊午舉博學鴻詞被擯歸葺半
繭園與海內名流姜宸英施閏章陳維崧及同里徐開
任歸莊等流連觴咏文采輝映一時間集秦漢以來金
石碑刻辨證隸釋最詳覈又作太甲改元周公居東周

光绪《昆新两县续修合志》载叶奕苞小传（王广成提供）

叶奕苞功名之途多艰，在科举上没有很高的功名，却做出了不同寻常的学问。所居下学斋，藏书非常丰富。他沉潜好学，钻研学问不遗余力。他学识渊博，收集秦汉以来金石碑刻，精审考辨，去伪存真，著《金石录补》《经锄堂集》《金石小笺》等。因此，《续修四库全书总目提要》说，钱曾认为奕苞的学识远在赵明诚之上，事实确是如此。他的著述甚是丰富，除了以上所述的著作外，还有《续花间集》《醉乡约法》《宾告》等。他曾参与纂修了康熙《昆山县志稿》。该志叙事翔实，条分缕析，为他志所不及。

叶奕苞还是清初较为重要的戏曲作家。顺治四年（1647），叶奕苞与李玉、顾樵等戏曲家参阅校订沈自晋所纂《南词新谱》，可知其于声律亦有研究。叶氏著有杂剧四种，《老客归》（一作《老客妇》）、《长门赋》（一作《长门宫》）、《卢从吏》（一作《奇男子》）、《燕子楼》，总称《经锄堂乐府》（又称《叶九来乐府》）。叶氏剧作主要创作于顺治末至康熙十年（1671）前，依次为《奇男子》《老客妇》《长门宫》《燕子楼》，分别以唐代奇士王适、元末文人杨维祯、汉代皇后陈阿娇、唐代妓女关盼盼为主角，现存最早版本为康熙刻本。清代文学家尤侗曾为之作序，颇多赞扬。

另外，叶奕苞还擅长诗歌，很多诗人与他互相赠和，著名的有姜宸英、施闰章、陈维崧、陈瑚等。他还擅书法，精绘画，可以说是多才多艺了。

叶奕苞仅有的一个儿子汝济，早年跟随朱柏庐先生学习。因此，朱柏庐先生与叶奕苞交往颇多。数十年的交往，让他们之间情谊深厚。而在这些年的交往中，叶奕苞给了朱柏庐先生很多的帮助。

康熙十八年（1679），叶奕苞和各地朋友欢聚于半茧园，朱柏庐先生亦参与其中。在冯翊所画的《听松图》中，叶奕苞依靠在石头上，用手指示意汝济向朱柏庐先生请教经书；朱柏庐先生手里拿着如意，严肃端庄地正身而坐，口里则不停地在讲论经书。

康熙二十五年（1686），叶奕苞因病去世。朱柏庐先生万分感伤悲惋，写下了《祭叶二泉文》，描述其品格风范，缅怀其道德文章。

康熙二十六年（1687），叶奕苞去世周年，朱柏庐先生作《〈听松图〉后记》一文，借松树表达对逝者的怀念，寄托自己的哀思，烘托叶弈苞的人格价值。

与徐子威相交

徐子威，名与冈，号整庵，又号伯鸣。府学增生，昆山人。他无意于功名，专心于收藏书籍和著述。他曾置书数千卷，闭户校雠，旁批侧注，朱黄烂然。亦以文学称，著有《药房文集》《纂订四六品藻》《古文清裁》等书。

君子之交是平和的，因为它以共同的志趣、学识、理想为基础，需要经过时间的考验、情感的积蓄，来得和缓，而持续则很长远。朱柏庐先生与徐子威交往四十年，两人居住的地方很近，却没有无缘无故聚会饮酒。然而，在思想上和生活上，他们却出奇地一致。朱柏庐先生在康熙二十五年（1686）所作《徐子威六十寿序》中说："不相要约而隐若有咨诹之契，不相援附而隐若有凭借之力，心期倡和，常犹合并。"

这篇序言热情赞颂了徐子威高洁的人品——淡泊名利，不慕纷华，终年穷经好古，热情教育子弟，并以平静舒缓的笔调，描写出两人四十年心相契合的道义之交和平淡如水的君子之谊。

从朱柏庐先生的交游中我们可以看到，他在交友上坚持谨慎的态度，倡导君子之交淡如水的传统交友之道，这种交友之道值得今天的人们学习和借鉴。

宰相留迹昆山

鲁德俊

宰相，其实是一种泛称，各个朝代这类官职的名称不尽相同。秦汉称丞相、相国、三公，唐宋称中书、门下、尚书三省长官及同平章事，明清称大学士。

姜子牙

姜子牙（约前1156—约前1017），姓姜，名尚，一名望，故称姜尚或姜望，字子牙，因先祖被封于吕，以吕为氏，也称吕尚，又被尊称为姜太公。他是殷商末期西周初年鼎鼎大名的政治家、军事家，是家喻户晓的历史人物。“姜太公钓鱼，愿者上钩”“姜太公在此，百无禁忌”“姜太公在此，诸神回避”等都与他有关，且流传很广。

清人彭方周所编的《吴郡甫里志》记载：“凤凰墩，又名太公墩，在六直东姜里，相传姜太公避纣东海滨处，后人因名其地。”六直，即今苏州市吴中区甪直镇，亦曾名甫里。

相传，殷纣王暴虐无道、荒淫无度，使得朝政腐败、社会黑暗、经济崩溃、民不聊生、怨声载道。姜子牙为躲避殷纣王的迫害，曾不远千里来到东海滨隐居。古时昆山东面就是大海，后来泥沙冲击，陆地逐渐向东延伸扩展。后人因姜子牙避纣来此东海滨，垂钓养生，著书立

姜里村俯瞰（鲁德俊提供）

太极广场（鲁德俊提供）

说，于是就把这个地方叫作姜里了。

姜里如今属于张浦镇。姜里东北角还有一个土墩，叫凤凰墩，又叫太公墩或姜王山，底座面积近1.5亩，高6米有余，其上至今仍保留着太公遗址和钓鱼台。姜里呈阴阳太极形状，故又称太极村。今修建太极广场，供人游览。

另据乡人记述，民国三十二年（1943），国民政府曾派人前来挖掘姜王山地下藏物，起获金银器皿无数，盛装两大车，移至县衙，后不知下落。姜王山历经官府、盗墓者挖掘，如今遗物越来越少。

姜子牙也去过距昆山不远的常熟，在常熟的尚湖垂钓。尚湖的名称就取自姜尚的名字。如今尚湖已成为常熟的旅游风景区。常熟的尚湖可以作为一个旁证，证明姜子牙确实到过东海滨昆山、常熟一带。

后来姜子牙为了施展抱负，离开昆山姜里，去了渭水之滨，栖身于磻溪，表面上终日以垂钓为事，实际上是静观世态的变化，待机出山。他胸怀大志，刻苦不倦地研究、探讨治国兴邦之道，以期有朝一日能够大展宏图、为国效力。

姜子牙直到八十岁，才遇到来渭水之滨游猎的西伯姬昌（即后来的周文王）。两人相遇恨晚，谈得十分投机。姬昌见姜子牙学识渊博，通晓历史和时势，便向他请教治国兴邦的良策。姜子牙当即提出了“三常”之说：“一曰君以举贤为常，二曰官以任贤为常，三曰士以敬贤为常。”治国兴邦，必须以贤为本，重视发掘和使用人才。姬昌听后甚喜，亲自把姜子牙扶上车辇，带他一起回宫，拜为太师，称太公望。从此，英雄有了用武之地。

姜太公像（鲁德俊提供）

姬昌死后，其子姬发继承父亲遗志，拜姜尚为国师，尊称他为师尚父。姬发任命姜子牙为主帅，起兵伐纣灭商，并完成了兴周大业。后姜子牙被封为齐国国君，为齐国成为霸主奠定了良好的基础。

姜子牙离开昆山之后，没有资料显示他再回到过昆山姜里。可姜里的老百姓没有忘记他，把他生活过的地方都以他的姓名来命名，如姜里、姜王山等，以示纪念。

姜太公晚年主要是在齐国度过的。司马迁《史记》云："盖太公之卒百有余年。"经后人考证，姜太公享年约有139岁。他死后葬于何处，史无记载。今山东省淄博市临淄区永流镇张家庄有姜太公衣冠冢，墓高28米，南北长50米，东西宽55米。衣冠冢北侧建有姜太公祠，主殿供奉着姜太公的彩绘圣像，殿壁有反映姜太公生平事迹的壁画：贫困生涯、避纣去商、习武著书、牧野大战、封齐就国、破蔡争丘、太公治齐、惩治不训、周王授权、传子归国。

姜子牙著有兵书《六韬》，为中国谋略家派的开山鼻祖。历代儒、道、法、兵、纵横诸家皆尊崇他为"百家宗师"。后来著名的军事家孙武、孙膑、鬼谷子、黄石公、诸葛亮等都深谙太公《六韬》的精华。

唐代杜牧评曰："周有齐太公，秦有王翦，两汉有韩信、赵充国、耿弇、虞诩、段颎，魏有司马懿，吴有周瑜，蜀有诸葛武侯……如此人者，当此一时，其所出计画，皆考古校今，奇秘长远，策先定于内，功后成于外。"

唐太宗曾自称是姜子牙的化身，在磻溪建立太公庙，用这一举动表示要像周文王访贤并重用姜子牙那样，招揽治世理国的人才。唐玄宗也敕令天下各州都建立太公庙，并去太公庙拜谒。宋神宗为抵御外寇入侵，下令要求各军事将领必读《太公兵法》（即《六韬》）。姜太公的文韬武略甚至被当今世界许多国家的政治、经济、管理、军事、科技等各个领域人才借鉴，足见其影响之大。

张昭

张昭(156—236)，三国时孙吴的辅吴将军、娄侯，字子布，彭城(今江苏徐州)人。少年好学，博览群书，亦善隶书。年二十被举孝廉，拒不接受。徐州牧陶谦推举他为茂(秀)才，他仍不接受。陶谦认为他轻视自己，就把他拘留关押。后经友人营救，张昭才得释。汉末大乱，张昭遂离开徐州而避乱江东。孙策创业，得为谋士，命为长史、抚军中郎将，文武之事都委托张昭办理。孙策英年早逝，在弥留之际，把张昭招到病榻前，把十八岁的弟弟孙权托付于他。由此可见孙策对张昭的信任和倚重。

后孙权仍以张昭为长史，待以师礼。张昭则尽力辅佐孙权，帮助孙权迅速稳定了民心士气。孙权当时还少不更事，十分任性。有一次孙权在武昌钓台饮酒大醉，命人用水浇群臣，并说道："今天都必须开怀畅饮，只有醉倒在台上，才能罢休。"张昭见状，出来坐到自己的车上。被孙权召回责问时，张昭答道："昔日纣王为酒池肉林长夜之饮，当时也自以为乐，不认为有什么不好。"正是在张昭的帮助下，孙权才一步步走上正路。

张昭也有主张失策的时候。在赤壁之战中，他主和，而孙权则采纳了周瑜、鲁肃的主战意见，大败曹操，取得了胜利，此后张昭一直受到孙权的诟病。孙权称帝后大宴群臣，盛赞当年周瑜、鲁肃力主抗曹之功，张昭也上前祝贺，还没来得及说话，孙权就说："如张公之计，今已乞食矣。"

晚年的孙权志衰昏愦，猜忌群臣，宠信佞人，刚愎自用，残杀忠良，但张昭直言敢谏，屡屡犯颜谏诤，置性命于度外，所以君臣二人屡有冲突。最严重的一次是公元232年10月，辽东太守公孙渊投降孙吴，孙权大喜，遣使大加封赏。张昭认为其降有诈，谏阻孙权。孙权按刀大怒，虽然最后掷刀于地，但仍拒谏不纳。张昭称病不朝。孙权益恨之，派人用土堵塞其门。张昭更为气愤，便在里面也以土封门，表示决不再出。不久，公孙渊杀吴使。事实证明张昭判断准确，孙权后悔不纳张昭之言，这才感到他的重要，不得不数次前往慰问张昭。张昭不出。孙权放大火烧门逼他出来，张昭仍不出。孙权急忙救火，久候门外，跪在地上请他回朝。张昭最终被儿子扶出，孙权亲自把张昭接回宫殿，深深自责。张昭虽被请回，但孙权一直对他有看法。在东吴文官之中，丞相一职本来非张昭莫属，群臣也一致推荐。孙权找借口而不肯任用他，任命了孙邵，而孙邵又无所作为。孙邵死后，群臣再次推荐张昭，孙权又抛开张昭而任命了顾雍。

孙权后来拜张昭为辅吴将军，改封娄侯，邑万户。张昭因年老多病而辞官，闲暇无事，著《论语注》。嘉禾五年（236），张昭因病逝世，终年八十岁。孙权穿了孝服亲临吊唁，谥其文侯。张昭长子张承已封侯，少子张休袭爵娄侯。

张昭死后，葬于锦溪。后人在今昆山城北同心村修建了娄侯庙，祭祀张昭、张休父子和陆逊三人。

我们可以从当时和后世之人对张昭的评价中看出他的为人：

三国孙权：孤与张公言，不敢妄也。

三国王朗：张子布，民之望也，北面而相之。

南朝裴松之：然则昭为人谋，岂不忠且正乎！

总之，张昭是三国时期东吴的重臣，他辅佐孙策、孙权兄弟二人开创并巩固了孙吴政权，是孙吴的开国元勋和决策人物。作为东吴谋士，张昭最值得提及的是他的忠直敢谏、刚正不屈。

顾雍

《三国志》记载，顾雍曾做过东吴的丞相，并担任过娄长（昆山的行政长官）。

顾雍，字元叹，生于东汉灵帝建宁元年（168），吴郡吴县（今属江苏苏州）人。他出身江南士族。曾祖父顾奉，为东汉颍川太守。顾雍少年时拜蔡邕为师，学习弹琴和书法，才思敏捷，专心致志，显示出优异的才能，深受蔡邕喜爱。蔡邕赠之以名，“雍”与“邕”同音。因受到老师赞叹，故字“元叹”。顾雍弱冠后，由州郡举荐，任合肥长。后转为娄长，颇有治迹。再改曲阿、上虞等地长官。建安五年（200），孙权领会稽太守时，并不到任亲自处理政事，而是以顾雍为郡丞，代行郡守事，讨除贼寇，使郡界安定，吏民皆服。数年后，他进入孙权幕府为左司马。孙权成为吴王以后，顾雍累迁大理奉常，领尚书令，封阳遂乡侯。黄武四年（225），迁太常。同年六月为丞相，平尚书事，进封醴陵侯。他拜相后还家，而家人竟然不知，后听说乃大惊，可见他并不因官高而向亲友炫耀。不久顾雍把他母亲从吴县接到武昌，孙权亲临探望，拜其母于庭上，太子孙登及公卿大臣均前来拜望。

顾雍不饮酒，少言寡语，举止得体。孙权曾赞扬他说：“顾君不言，言必有中。”甚至在举行宴会的时候，其他大臣都不敢放肆，恐酒喝多了失态，被顾雍看见。所以孙权又说：“顾公在座，使人不乐。”群臣对顾雍都很敬畏。顾雍选用的文臣武将，都能人尽其才，才尽其用。他经常深入民间进行调查研究，向孙权汇报。若被采纳，功劳则归之于上；若不被采纳，也决不发牢骚。孙权因此更加器重他。每逢上朝陈述意见，他语调虽和顺，却刚正不阿。顾雍主张减轻刑罚，在审问囚犯时，也常和颜悦色，但却坚持依法断案。

顾雍刻像（鲁德俊提供）

顾雍教育子孙有方。有一次孙权出嫁一个内侄女，宴请了顾雍祖孙三人。当时顾雍孙子顾谭（时任选曹尚书）酒喝多了，醉后乱舞，出尽洋相，顾雍制止不住。第二天顾雍把孙子顾谭叫到面前，严加训斥道："君王以忍辱负重为德，臣下以恭敬谨慎为节。当年萧何立有大功，但在高祖皇帝面前依然十分恭谨。你对国家有什么汗马功劳？只不过是依靠了我们顾氏门第的资格而受重用罢了！为何舞得如此得意忘形，虽说是酒后，其实还是恃恩忘敬、谦虚不足的坏思想作祟呵，看来败坏我们家族的人必定是你了！"说完，转过身去不理孙子。顾谭悔恨地在一旁足足站了两个小时，顾雍才放他走。

顾雍任宰相十九年，赤乌六年（243）冬十一月病卒，终年七十五岁。孙权身着孝服亲临吊唁，赐谥号"肃"。顾雍葬于苏州藏书小王山。

当初顾雍病势稍轻的时候，孙权曾令太医赵泉诊断，又任命顾雍的小儿子顾济为骑都尉。顾雍听说后，悲伤地说："赵泉善别死生，我一定起不来了，所以陛下想要我活着见到顾济拜官啊！"

永安元年（258），吴景帝孙休（孙权之子）诏曰："故丞相雍，至德忠贤。……其以雍次子裕袭爵为醴陵侯，以明著旧勋。"

后人对顾雍的评价甚高：

三国陆凯：汉有萧（何）、曹（参）之佐，先帝有顾、步（骘）之相。

《唐会要》将顾雍等八人评为“魏晋八君子”。

唐虞世南：昔顾雍领封侯之日，而家人不知，故前代称其贤也。

唐孙元晏：赞国经纶更有谁，蔡公相叹亦相师。贵为丞相封侯了，归后家人总不知。

清王夫之：三代以下之材，求有如顾雍者鲜矣。

《顾雍苏州石刻像》：穆穆肃侯，清净自持。封爵归第，家人不知。

总之，顾雍从担任娄长到后来升任丞相，政绩卓著，他确实是一位值得昆山人民纪念的杰出人物。

陆逊

陆逊是三国时东吴的一名儒将，文武兼备，风流儒雅，而非一介武夫。关羽、刘备都先后败在他的手下。

陆逊（183—245），本名陆议，字伯言，吴郡吴县（今属江苏苏州）人。陆逊二十一岁，应召入孙权幕府，成为孙权统治集团的幕僚。陆逊深得孙权器重。孙权经常找他商讨治国大策。孙权甚至将兄长孙策的女儿孙茹嫁给陆逊。

陆逊的赫赫战绩主要出自三大战役：

一是荆州之战。陆逊与吕蒙设计夺回荆州，陆逊利用关羽骄傲自大的弱点，以卑下的言辞写信吹捧关羽，使关羽完全丧失警惕，最终使关羽败走麦城，被生擒斩首。由此，吕蒙才轻而易举取得荆州之战的胜利。

二是夷陵之战。陆逊在夷陵火烧刘备四十余座兵营，使刘备亡命白帝城。夷陵之战也成为战争史上著名的积极防御的成功战例。

三是石亭之战。陆逊与曹魏多次交战，以石亭之战规模最大，颇有战绩。

陆逊的才能主要表现在他足智多谋，善于用兵，武能安邦，文能治国。陆逊因功被拜为上大将军，先后被封为华亭侯、娄侯、江陵侯。

陆逊在东吴出将入相。赤乌七年（244）正月，孙权在前任丞相顾雍死后，让陆逊代丞相，但时间很短，只有几天。

孙权性多疑，晚年更甚。他设立中书校事监察各级官吏，信任奸臣，残害忠良，使许多大臣人人自危，敢怒而不敢言。即使是陆逊也不敢尽言直谏。

不久，陆逊卷入孙权两子——太子孙和与鲁王孙霸的斗争。陆逊站在太子一边。孙权听信谗言，遂有废黜太子之意。陆逊屡次上疏陈述嫡庶之分，因而得罪了孙权。孙权还多次派人前去责骂陆逊。陆逊忧伤过度，于赤乌八年（245）二月含恨而亡，终年六十二岁。陆逊死后，家无余财。景帝孙休继位时，才追谥陆逊为昭侯。

当时及后世之人对陆逊的评价：

三国刘备：吾乃为逊所折辱，岂非天邪！

三国诸葛瑾：伯言多智略，其当有以。

西晋陈寿：逊虽身在外，乃心于国。

《新唐书》载，诏史馆考定可配享者，列古今名将凡六十四人图形，其中有丞相娄侯陆逊。

《宋史》载，祭祀的三国人物有陆逊、陆抗。

《明史》载，明太祖时制定的祀典规定，吴丞相陆逊以劳定国，宜祀于吴，以子抗、从子凯配。

罗贯中《三国演义》：虎帐谈兵按《六韬》，安排香饵钓鲸鳌。三分自是多英俊，又显江南陆逊高！

一说陆逊墓位于苏州娄门外五里许陆墓乡，后墓已湮没。另一说，陆逊死后葬于昆山市周庄祁浜村三珠浜肖淀湖畔，墓旁植有晋代古柏。清陶煦《周庄镇志》称：“三珠浜村中陆氏皆其后裔……且谓葬时有衣甲等物。”墓冢今已不存。

后人为纪念陆逊，在昆山东北三里娄县村（今城北同心村）建立了娄侯庙，祀陆逊与张昭、张休。

王绹

王绹（1074—1137），字唐公，南宋参知政事，晚年寓居昆山。徽宗崇宁五年（1106）赐上舍第。累迁博士、给事中。金人侵犯维扬，赵构车驾南渡，王绹扈从以行。高宗建炎初，为御史中丞。金人不断南侵，王绹具陈攻守之策，宰相不能用。建炎三年（1129），拜参知政事，议不合求去。御书“霖雨思贤佐，丹青忆老臣”十字赐之。绍兴三年（1133），起知绍兴府兼浙东路安抚使，有惠政。

王绹为人刚正有操守，立朝不阿谀奉承、随声附和，人称为贤相。他虽为执政，但家贫甚，自奉极俭约。仕宦二十多年，无一间房屋可居。致仕后，寓居昆山荐严寺僧舍，萧然一室，服食器用无异于寒士。

王绹天性仁孝，常周济穷困亲戚。俸入之余，买田扶养孤贫者，又为之完婚丧葬。平居无他嗜好，唯读书为乐。于死尤为旷达。他病重时，家人要请医生，王绹曰：“时至即行，留连无益。”绍兴七年（1137），卒于昆山僧舍，年六十三，谥曰文恭。有子名陔。王绹文温润典雅，深于理致，著述有《进读事实》《论语解》《孝经解》《群史编》《内典略录》等。

漫话昆山古代墓葬

王晓阳

中国历来重视殡葬，不仅十分看重土葬形式，而且要举行很隆重的葬礼。

其一，墓葬文化是礼仪文化的一部分。人去世了，家人常请来亲人一起吃饭，请来吹鼓手送死去之人一程。一来表达对死去亲人的怀念之情，二来表达对死去亲人的尊敬。所以我们有句古话，叫作“人死为大，人死为敬”。举办盛大的丧礼，就是为了表达敬意。

其二，墓葬文化是生存哲学的一部分。中国古人非常重视身后的事情。如至今还让世人惊叹的秦始皇陵，有兵马俑陪葬，甚至还残酷地有奴隶和嫔妃殉葬。旧时，人们深信人死后会到达另外一个世界，在那个世界里，以另外一种形式活着。正是因为有了这样的观念，所以厚葬观念一直存在，形成了传统的墓葬文化。

三个名人墓葬

一是周庄的沈万三墓。这座墓的奇特之处在于藏于水底。

沈万三是明朝初年著名的富豪。他通过海外贸易赚到了大笔大笔的钱。他的人生因为拥有这笔财富而幸运，也因为拥有这笔财富而倒霉。

明初，朱元璋定都南京，要修城墙。沈万三获悉后，自愿承担了修筑城墙的三分之一资金，而且将城墙修得又高大又结实。因为这个事，他得到好运，朱元璋封了他两个儿子做官。但他毕竟是一个商人，不懂政治。修筑城墙这件事，他虽然功劳很大，但是也让皇帝没面子。后来，沈万三脑子一热，还要犒劳军队。朱元璋大为不悦，就把他贬到云南去了。

沈万三致富后把苏州作为重要的经商地。他曾资助过平江（苏州）张士诚的大周政权，所以朱元璋围攻苏州时，张士诚能坚守城池达8个月之久。

不管是苏州政权，还是南京政权，都对沈万三有封赏，但他始终不愿离开周庄，还在周庄造起了豪宅。史料中有记，如“万三住宅在蔫西北半里许，即东庄地及银子浜、仓库、园亭与住宅互相联络”（《周庄镇志》卷二），又如“万三家在周庄，破屋犹存”（明·杨循吉《苏谈》）。

沈万三死后，葬在周庄的银子浜，那是一个水冢。为什么要建造一个水冢，也有多种说法：传说沈万三当年被贬云南，觉得很冤枉，无颜面对父老，就留下遗嘱，要求自己死后葬在水里，与世隔绝，并暗示世人自己的灵魂像清澈的水一样清白；又有传说，因为首富的墓葬位于外面容易被盗，葬于水下就是最好的防盗措施。

那么，沈万三为什么能在很短的时间内创造那么多的财富呢？有一个传说，说他家里有个聚宝盆。相传，有一天晚上，沈万三睡觉做梦，梦见了一百多位身穿青衣的人向他求救。早上醒来后，他在集市上发现一百多只青蛙，摊主正准备宰杀。沈万三想起了前日夜里的梦境，所以就动了恻隐之心，全部买下了那些待宰杀的青蛙，把它们放生在他家邻近的小池塘里。到了夜里，这群青蛙叫个不停，吵得他难以入眠，他就出门检查，发现这群青蛙正围着一个铁盆子。出于好奇，沈万三就将这个盆子拿回了家，之后每天盆子里都有金元宝。

二是锦溪的陈墓。锦溪后来改名陈墓，就是因为这个墓葬。

这个墓葬的主人是皇帝的妃子，传说是宋朝孝宗皇帝的妃子。当时，宋、金正在打仗，宋孝宗来到昆山锦溪，这位妃子因为沿途劳累而生病，不久死在这里。由于战事危急，不可能带着尸体走，只能就地安葬。此墓也是一个水冢。

这个水冢更加神秘，无论水涨水落，那个水冢上面的“独圩墩”始终高出水面，从没被大水淹没过。于是民间就有许多传说，有的说水冢的底部蹲着一只神龟，有的说湖底有一个通海的大洞……当然，这些美谈只是表达了陈妃水冢在古镇人心中的分量。

为了纪念这位妃子，宋孝宗特地下旨，在五保湖畔建寺诵经，为之超度。那寺就是陈妃水冢旁边的莲池禅院了。相传现在禅院内能看

今日陈妃水冢（王晓阳提供）

到的一棵龙柏和一棵古松，均是孝宗亲手栽种的。同时，孝宗还命人在寺东修筑莲池，以寄托对陈妃的哀思。有很多文人来到这里，写诗抒情。其中，文徵明的诗写道：“谁见金凫水底坟？空怀香玉闭佳人。君王情爱随流水，赢得寒溪尚姓陈。”

这个墓葬演变为一种文化符号了，寄托人们对陈妃遭遇的同情——一个高贵的女子，追随丈夫逃难，最后客死他乡，埋身水冢，从此再也不能和夫君相聚了。陈妃水冢静卧在镇南五保湖中，四周长满芦草，摇曳着绿色的踪影，被称为锦溪古镇八景之一。

三是高力士墓。据传，城西黄泥山是唐玄宗时著名宦官高力士的墓地。黄泥山因为埋葬了唐代这位名宦，而被改称为高墟山。光绪《昆新两县续修合志》有记：“高墟山在信义镇东北六里。”下面有小字注释说：“相传高力士葬此，故名。俗呼黄泥山。亦称太平山。宋黄由有诗。”

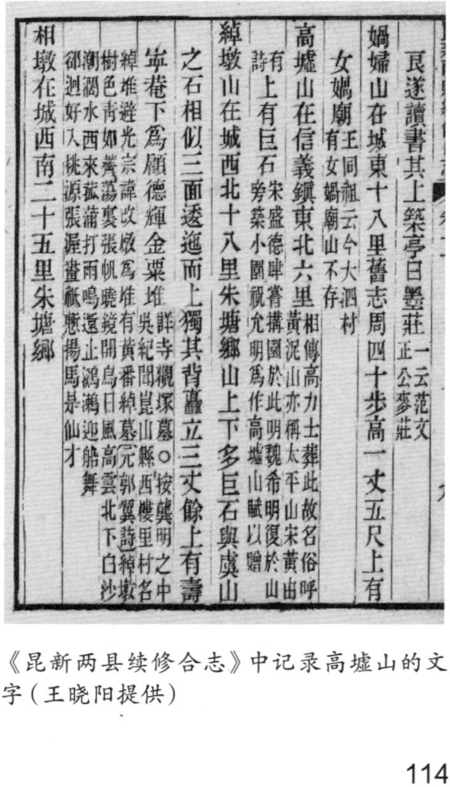
艮遂讀書其上築亭曰墨莊一云范文正公麥莊
媧婦山在城東十八里舊志周四十步高一丈五尺上有
女媧廟王同祖云今大泗村有女媧廟山不存
高墟山在信義鎮東北六里相傳高力士葬此故名俗呼黄泥山亦稱太平山宋黃由
有詩上有巨石宋盛德暐嘗搆園於此明魏希明復於山旁築小圃祝允明爲作高墟山賦以贈
綍墩山在城西北十八里朱塘鄉山上下多巨石與虞山
之石相似三面透迤而上獨其背矗立三丈餘上有壽
寧菴下爲顧德輝金粟堆詳寺觀塚墓○按龔明之中吳紀聞崑山縣西樓里村名
綍堆避光宗諱改墩爲堆有黃番綍墓元郭翼詩綍墩
樹色靑如薺蕩裏張帆曉鏡開烏日風高雲北下白沙
潮潤水西來菰蒲打雨鳴還止鸂鶒迎船舞
邵迴好入桃源張渥畫祇應揚馬是仙才
相墩在城西南二十五里朱塘鄉

《昆新两县续修合志》中记录高墟山的文字（王晓阳提供）

宋代黄由的诗在光绪《信义志》中能够查到。诗为：“不识力士名，焉知宦者墓？长门恩眷深，兴亡不相顾。玉环死马嵬，幸蜀嗟中露。试问何时归，脱亡如狡兔。空葬等山陵，四围列古树。寒风撼泥沙，渔樵声几度。”

可见，黄泥山埋葬着高力士的传闻，早在宋代就有流传。黄由的诗正是在传闻基础上抒发的感慨。

明代诗人周恭写了高力士葬在昆山的诗,诗文最后四句:“未斜乌帽身先醉,欲插黄花鬓已羞。地下果埋高力士,玉环妖骨是难收。”

从周恭的诗句来看,他也听到了高力士埋葬在黄泥山的传闻。但似乎他对这个传闻并不相信,所以提出了一些质疑。不管质疑也罢,相信也罢,总之高力士埋在黄泥山,不是空穴来风。

根据地方志的记载,黄泥山原来叫太平山,昆山民间有正月初三登太平的习俗。黄泥山后来改名叫高墟山,就是因为此处安葬了高力士。因为“墟”是土丘和坟墓之意。那么高力士是不是真的葬在了黄泥山?

《新唐书·高力士传》记载:安史之乱后,唐玄宗成了太上皇,基本无实权。高力士陪伴左右,反而被奸佞李辅国怀疑,被其流放,连和玄宗皇帝告别都不让。一直到玄宗、肃宗两个皇帝死后,代宗皇帝即位,才赦免了高力士。高力士遇大赦回归,途中碰到流放之人谈及京中事,知玄宗驾崩,忍不住向北方恸哭,悲不自胜,呕血而死。代宗因他有功,追赠扬州大都督,陪葬泰陵(陕西蒲城县金粟山)。陕西蒲城县有高力士神道碑碑文和墓志铭。

由此可见,高力士死后葬在蒲城县金粟山是可信的。但是,昆山为什么会有高力士墓地的传闻呢?而且有地方志记载,还有诗人诗句验证地名呢?这要追溯到唐玄宗时另一个宫廷艺人黄幡绰。

黄幡绰和高力士都是玄宗身边的红人,两个人都受到皇帝的宠信,并且一起在皇宫里生活了近四十年,彼此结下了深厚的友谊。安史之乱以后,两个人的命运随着玄宗的失势而全然改变。黄幡绰流落到了江南,高力士也被流放。高力士死后,远在江南的黄幡绰失去了挚友,心中极其悲痛,就把自己从宫中带出来的旧物埋葬在黄泥山,

黄泥山遗址碑（王晓阳提供）

作为高力士的衣冠冢，以寄托哀思。黄泥山和绰墩山（黄幡绰葬地）相邻而望，黄幡绰一眼就能望见自己朋友的墓冢。这可能就是黄泥山埋葬着高力士这一说法的来源。

黄幡绰是把唐代宫廷音乐带到昆山的宫廷艺人。关于黄幡绰和昆山腔的关系，一直以来只有《南词引证》上面有一句话："惟昆山为正声，乃唐玄宗时黄幡绰所传。"黄泥山安葬着高力士的传闻，进一步印证了这句话的真实性，表明黄幡绰确实在昆山生活过，并且为昆山留下了另一处和唐代宫廷有关的遗迹。随着这个传说的逐渐盛行，黄泥山、太平山这些民间俗称渐渐淡去，高墟山的名字反而后来居上。

昆山还有一些墓葬，在历史上规模很大、气势很足，代表了昆山墓葬。比如周伦墓，民间叫作周都坟。这个墓葬应该是昆山历史上规格最大的墓葬，可惜已经废弃，找不到一点踪迹了。

三处史前墓葬

昆山还有三个古老的墓葬，也很著名。它们都是在考古界很有影响力的墓葬。只不过它们的时代太过久远，我们都不太熟悉了。可是，通过这些早期的墓葬，可以了解一下昆山最早的墓葬文化。

绰墩山墓葬是四千年到五千年之间的墓葬。经挖掘发现，那个时候的墓葬或是单体的，或是群体的。在干栏式建筑的居住环境下，已有群居雏形，并且个体的存在依附于整个群体。这种群居形式是因为当时生产力极度低下。在绰墩山早期墓葬中，有很多夫妻合葬墓，这说明夫妻观念已经形成。

少卿山墓葬在昆山千灯镇东、尚书浦东侧，也是一座土山形式的墓葬，为新石器时代遗址。1984年，因开筑公路，由苏州博物馆考古部协助清理，试掘探沟2×10米，文化层五层，在第四层出土墓葬一座。发现的时候，墓中尸体骨架基本完好，为中年女性。该墓为无葬具墓框，用朱红色粉粒铺地，随葬品有灰陶豆、鼎、夹砂红陶缸和穿孔石刀等。

赵陵山墓葬在张浦，墓主人是一个贵族人员，在他的手边有一个石钺。石钺的中心有一个玉质的小玉器，那是代表昆山古文明的“人鸟兽”玉雕。

昆山地处江南，湖泊纵横，地势低洼，所以适合土葬的地方并不多。绰墩山由于地处阳澄湖畔，湖光山色，景色秀丽，所以成为下葬的风水宝地。古人认为，如果先祖的骨骸埋藏在风水佳处，后世子孙就会兴旺发达，所以有找“龙脉”风水的传说。

两个绰墩墓葬

古代昆山有两位名人葬于绰墩山。

一位是改变绰墩山名字的人，他就是唐代著名宫廷名伶黄幡绰。他号称中国“十大名伶”之一，职位也很高，在唐玄宗身边做官，能言善辩，最重要的是精通音律，深受唐玄宗的信任和喜爱。

安史之乱后，黄幡绰流落到了昆山，居住在阳澄湖畔。他死后就埋葬在绰墩山。因为他的名气太响，仰慕他的人很多，他的影响也很大。这座山后来就改名叫绰墩山。

龚明之《中吴纪闻》中记载："昆山县西数里有村曰绰堆，故老相传，云此乃黄幡绰墓。至今村人皆善滑稽，及能作三反语。"龚明之是南宋人，宋光宗叫赵惇，"惇"与"墩"音同，为避皇帝讳，"墩"改作"堆"。这里的记录很清楚：黄幡绰的墓葬就在绰墩山。

另一个人，就是元代的顾阿瑛了。顾阿瑛，因为经商成了大富豪。有了钱后，顾阿瑛乐意做东，邀请天下的名士到绰墩山他的住宅——玉山草堂里饮宴、唱曲。

顾阿瑛命运坎坷。朱元璋由于比较仇视苏州人，尤其仇视帮助他的政治对手张士诚的苏州富豪，后来就把顾阿瑛贬到濠梁（今属安徽）。顾阿瑛死后也葬在绰墩山。

清代《昆新两县志》载："绰墩在城西北朱塘乡第三保第四保，有绰墩山，上有寿宁庵，下为顾德辉（顾阿瑛）金粟堆。"这段文字说得很清楚，顾阿瑛的墓在绰墩山，上有寿宁庵，下为金粟堆。"金粟堆"是什么？顾阿瑛因为对元朝政府很失望，可是又被明朝朱元璋忌恨，故有出家的意愿。所以他一边做俗人，一边做道士，给自己起了一个"金粟道人"的名字，故其墓葬叫"金粟堆"。历史上曾经发生过盗挖顾墓的事件。

绰墩山遗址挖掘现场（王晓阳提供）

顾阿瑛为当时

南方第一大富豪。他的墓葬里想必有许多真金白银吧。

绰墩山并不大。那么，他的墓葬在哪里呢？盗墓贼在“月黑风高”的一个夜晚，潜到绰墩山，开始偷盗。他们的目标不是黄幡绰的墓，而是江南大富豪顾阿瑛的墓。众所周知，顾阿瑛太有钱了！他建造了江南少有的一处大园林，里面满是珍珠玛瑙、奇花异石、名贵书画，还有很多亭台楼阁，号称江南第一园林。

地方志上曾经记载了多次盗墓活动。康熙年间，绰墩山出现了一次盗墓事件。光绪《昆新两县续修合志·冢墓》记载：“国朝康熙中，有无赖子觊圹中所有，从佛殿后穴地引缒，秉炬下，见圹中磊石为穹梁，以大铁索二，系柩半空，前设石案，案设香炉、蜡台，一磁（旧同瓷）瓶，高尺许。其人以阴寒逼人，取磁瓶急出。”

地方志里还有盗者偷盗绰墩山墓穴时遭遇天灾的一次记录：“嘉庆乙亥夏，大雨连旬，庵前数武忽陷一穴，深不可测。缒灯俯窥，约略似石瓮。四围者，里人以土填之，久始满。案此，则寿宁庵下，当即金粟冢也。”

这个事件发生在清朝嘉庆二十年（1815）夏天，当时大雨连绵，一连下了十几天。寿宁庵前面突然出现一个大洞，深不可测。往里面看看，也看不清楚，似是一个大石瓮，然后里人就开始填土，使劲填，填了好久，才填满。

据推测，这是顾阿瑛的墓穴，因为遇到大雨漫灌，所以出现了危机。好在当地人将洞填满了，阻止了偷盗事件的发生。

这两次观测到的墓葬情况，让人起疑：顾阿瑛不是一个天下有名的富豪吗？为何他的墓穴这么简单呢？

地方志中描述“以大铁索二，系柩半空”，有“石案”“香炉”等物，以至于盗墓贼都没有什么东西可拿，抱了一个瓷瓶就跑了。

粟堆自爲志後卒於鳳陽返葬於此殷奎銘○案袁華
壽窩菴詩中有被酌坐逃禪銘墓親操筆夢幻前後身
道語中邃蜜等句意蓋指生壙也葉志德輝有金粟冢
中讖集詩七十韻信義志載國朝康熙中有無賴子
覲壙中所有從佛殿後穴地引綫秉炬下見壙中磊石
爲穹梁以大鐵索二繫柩半空前設石案案設香爐蠟
臺一磁瓶高尺許其人以陰寒逼取磁瓶急出嘉慶
乙亥夏大雨連旬菴前數武忽陷一穴深不可測絕[illegible]
俯窺約略似石甃四圍者里人以土填之久始滿案此
則壽窩菴下當即金粟冢也張潛之詩玉山雅集艷三
吳觴詠林泉樂事俱半作詩
人半游俠風流千載似君無

金總管墓在楊及涇東南青龍橋左上有古柏土人相戒不敢侵犯

平江路照磨王嶋墓在永安鄉王原傑誌

明

福建副使前崑山知州費復初墓在縣東南鶯灣涇

處士鄭子華墓在馬鞍山西麓王英銘子忠孫教諭庚祔子華字彥賓博涉經史至

有关绰墩墓葬的文字记录（王晓阳提供）

难道一代豪杰，曾经名闻一方、“冠甲东南”的富豪顾阿瑛的墓葬里只有一个简单的瓷瓶？难道偷盗的是一个假墓？

根据这些资料，我们判断：这个墓葬，就是江南这个大富豪顾阿瑛的墓葬。为什么墓葬会这么简单？这其实跟顾阿瑛不幸的遭遇有关。

第一，顾阿瑛将财产和生意都交给儿子，自己创办“玉山雅集”，饮酒作诗，这是他财产的第一次分流。

第二，元朝末年，天下纷乱，顾阿瑛尽散家财，后出家，自称金粟道人。这是他财产的第二次分流。

第三，朱元璋忌恨江南富豪对张士诚的支持，把顾阿瑛等江南的富人，全家迁到濠梁统一管理监视。“人离乡贱”，江南富豪被连根拔起，很多富户家破人亡。顾阿瑛到濠梁两年后就死去，直到死后，尸骨方得还乡入土。

顾阿瑛在迁往濠梁的时候，作有一首诗《往凤阳次虎丘》：“柳条折尽尚东风，杼轴人家户户空。只有虎丘山色好，不堪又在客愁中。”道尽繁华梦尽的萧索落寞感。

他晚年还有一首自题：“儒衣僧帽道人鞋，到处青山骨可埋。还忆少年豪侠兴，五陵裘马洛阳街。”

因此，顾阿瑛虽然是江南富豪，但是经过战乱和朝代更替，他的财产损失很厉害。

其实，顾阿瑛的墓葬之所以这么简单，还有一个原因，就是顾阿瑛已经看破红尘。

从盛到衰，顾阿瑛对人生看得很明白。他和当时的僧人、道士交往，其思想自然受到这些方外人士的影响。他自己也出家做了道人。他对身后事，其实是有提前交代的。顾阿瑛曾对儿子说："后事要极为简单。"他活着的时候，就开始为自己营造墓穴了。

当时有一只鹏鸟飞到屋子里。鹏鸟被认为是不吉祥的鸟，象征着家庭的厄运。顾阿瑛觉得不吉，担心自己突然毙命，仓促之中来不及留给子孙话语，因此提前交代说："死后只要苎衣、桐帽、梭鞋、布袜缠裹尸身就可以了，不要放入金银器皿，反而成为祸患。"他吩咐儿子在墓前留下碑刻的时候，说："当今兵革四起，白骨成丘，家无余粮，野有饿殍，虽欲保首领以没，未知天定如何耳！"

顾阿瑛对前途是悲观的，当时的情形，也是苍凉的。所以顾阿瑛的坟墓中，并没有太多的陪葬品。一来家里没落了；二来就算有金银器皿，留在墓穴里也是祸患。顾阿瑛还是很明智的。他所做出的判断，在他死后都变成了现实。上面盗墓所见，正合顾阿瑛的要求。所以盗墓人辛苦一场，没有什么东西可拿，只能抱着一个瓷瓶跑了。

顾阿瑛的墓葬找到了。但是，黄幡绰的墓葬呢？为什么没有踪迹呢？这可是一个唐代的墓葬啊！昆山的地方志中也有记载。清高栴《伟仙卮言》记载了一起无意间的开掘墓葬事件："康熙辛卯五十年（1711）十二月初五，有寺僧择葬……大石碍道，令舆人徙至他所。下有一穴，如隧道，窥之深杳莫测。土人持炬，宛转深入，正当庙址之下，有石门，门内窟室二楹，四面砖石，雕镂精工。空洞无物。后有一窦在壁间，大如斗，口泥壅不可入。或疑内即幡绰葬处也。”

这一次不是盗墓，是寺院里面的僧人死去，要选择墓葬之地，就在这时，意外发现绰墩山上的一个墓穴。这个墓穴位置正对着真武庙的庙门，有一道墙挡着。古人建筑墓穴和建筑房子一样，先要选好地方。最理想的墓葬之地，就是能对着某一个庙门。这个墓穴对着庙门，非同一般，墓主人一定是身份特殊的人。因为不知道这是谁的墓穴，这些人就把那块大石头给搬走了。大石头搬走之后，他们在大石头的下面发现了一个洞穴。这个洞穴就好像隧道一样，很幽深，看不到里面是什么。这个时候，有个当地人，胆子大些，拿个火把，弯着腰钻进去，一直走到真武庙的庙底下，发现有一个石门。石门里面有两间屋子，四面都镶嵌着砖石，砖石上雕有花纹，非常精细。可是，这两间屋子是空的。当地人再往后面去，后面的墙壁上一窦大如斗，洞口被泥浆和什么东西封存着，不能进去。有人怀疑这是黄幡绰的墓葬。因为这个墓室构造考究，规格较大，不是一般平民百姓的墓葬，有精工雕刻的砖雕，所以被推测是黄幡绰的墓葬。

绰墩山出土的唐砖（王晓阳提供）

到底是不是黄幡绰的墓葬，还需考证。

1982年前后，还是文保意识较为淡薄的年代，绰墩村因为办砖瓦厂取土烧砖，把绰墩山夷为平地。绰墩山的名人墓穴被毁了。一直到2000年10月至2001年

1月，苏州考古队和昆山文管所对绰墩山遗址进行了抢救性发掘。

这次发掘，不仅发现了五千年前的先民祭祀台，而且发掘出两座唐墓。其中一座唐墓很平常，所以就没有引起什么关注。但是另一座唐墓，引起了学者的关注。

昆山有位文史学者，叫程振旅。那个时候，他风华正茂、意气风发，跟着考古队一起，参与了那次考古发掘。不同于其他考古队员，程振旅还是一名昆曲爱好者，他知道绰墩山埋葬过一个古代昆曲人物黄幡绰，所以，程振旅有意寻找传说中的黄幡绰墓。

他实地考察，并且记录下当时的情形——一座唐墓是唐代船型砖室墓，方向340度，残长4.76米，宽2.8米，墓地铺人字形底砖，墓壁有残砖，不见棺木，棺床上出土开元通宝3枚，墓顶已毁。

这个船型墓在唐代是很流行的。据说，死去的人躺在船里面，灵魂就能够坐着船去遨游另一个精神世界。在残存的几百块砌砖中，发现四块刻字墓砖，上面残留着“天”“调”“天子问什”等字。墓虽然被破坏，但是墓的形制、规模，不是一般平民的墓葬所能有的。程振旅猜测这就是黄幡绰的墓葬。这些墓砖现藏在昆山文管所里。

昆山的墓葬文化，留下了一个个富有人文色彩的名胜古迹、传奇故事，成为昆山独具特色的一种文化。

盲人作家张大复

葛　欣

20世纪末，学者柯平两次来昆山，为的是追寻张大复的足迹。他说：“我真想能够与谁谈谈梅花草堂主人张大复，以及他瓢饮箪食、贫病交加的晚年生活。”他发现重修于1993年的新版《昆山县志·人物传》中，张大复已被略去。当他在昆山三联书店购书，向女店员询问梅花草堂主人时，她一脸茫然。后来，他发表了《梅花草堂主人》一文，立即在全国文化圈内引起了反响，昆山文化人就开始关注张大复了。2014年，我送友人各一套归有光文集，他们却说：“如果能送一本张大复《梅花草堂笔谈》就开心了。”2016年，浙江人民美术出版社出版了该书，友人终于拥有。读后，他们在微信中赞叹张大复的文章，因此我也记住了这本经典著作。我读了一年，受益颇多。

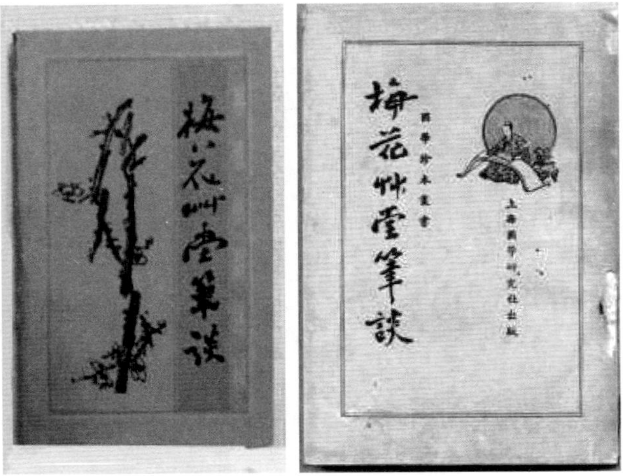

各种版本的《梅花草堂笔谈》（葛欣提供）

《中国历代人名大辞典》（上海古籍出版

社1999年出版）中如此介绍："张大复（1554—1630），苏州昆山人，字元长，又字星期，一作心期，号寒山子。通汉唐以来经史辞章之学。有《昆山人物传》《梅花草堂笔谈》《闻雁斋笔谈》及戏曲《醉菩提》《吉祥兆》《金刚凤》等多种。"其实，《中国历代人名大辞典》是将昆山张大复与另一位清初吴县昆曲剧作家张大复混淆了。昆山的张大复家住兴贤里片玉坊（今南街），著作甚富，有《梅花草堂集》《梅花草堂笔谈》《昆山人物志》《闻雁斋笔谈》等。其中《梅花草堂笔谈》是张大复眼盲后开始撰写的，以口述方式让儿子和侄子记录而成，一直到其临终。

据当时大家钱谦益撰《张元长墓志铭》，可以知道他一生的轨迹："张大复，字元长，世家昆山，世为儒生。三岁，能以指画腹作字。十岁，讲《论语》。"少年讲《论语》，能把老师问得哑口无言。"既长，治科举文辞……文益奇，名益噪，家亦益落。"可知他青年开始举业，撰写直抒胸臆的文章，发表异于常人的见解，文章奇特，名声渐大，家道却逐渐败落。"中年不得志于有司，又以哭父丧明，乃谢去诸生，垂帘瞑目，温习其已读之书……"张大复近四十岁了，也没有考上举人，又因为得了白内障，眼睛逐步失明。从此，他闭门苦修，开始写作，由于饱学而一发不可收拾。偶尔参加文友聚会，唱曲喝酒，十分诙谐，大家认为他是"无公不乐"之人。他中晚年是作为一名贫病交加的盲人作家在家中度过的。

他的性格独特，喜欢跟奇人、怪人、灵异人来往。他在一篇小品文《病》中如是说："吾每与圆熟之人处，则胶舌不能言；与骜时者处，则唾；与迂癖者，则忘。至于歌谑巧捷之长，无所不处，亦无所不忘。……而世乃以不如己为予病，果予病乎？亦非吾病，怜彼病也。天下之病者少，而不病者多。多者吾不能与为友，将从其少者观之。"他与圆熟人讲不出话来，与趋炎附势的人相处要昏昏欲睡，与迂腐怪癖的人相处却会得意忘形，歌声接连，笑料不断。他还认为：“盖小病则小佳，大病则大佳。”他对自己的生活有着独特的感悟。

他一生多病——心脏病、牙周炎、便血症、急性肠炎、慢性肾炎、眼盲，或渐次来，或一并来，多病集于一身，却活到了七十六岁，故戏称自己为病居士。他曾自撰《病居士》，内中曰：“少习举子业，为诸生，诸习举业者呕心刳肝，多病悸；居士故不喜雕虫，所作制义居下下，然亦病悸。吴地下湿，处则病肿，父尝为木阁居之，亦病肿，或数月不跬步。所饮竟日夜不满五合，然病下血，甚于豪饮者。好书及色，而性粗浮，不期尽解，所求于人甚备，然病肾水竭，目昏昏不能视。祖父产粗足自给，所得修脯常中上，又无贫乏施与，及为人报仇，或藏亡破产之事，往往病穷，贳米养其老母，或贷之友，而久负之。”对自己的病态描述，甚是有些轻描淡写，并不牵肠挂肚。

记录昆腔

张大复兴趣广泛，写字、听曲、作文、赏花、品茗、交游等无不爱好。他对昆曲颇为痴迷，是一个当之无愧的老曲友。《梅花草堂笔谈》中记录了当时昆山昆曲的规模、形式、角色、剧本、流传以及审美……

《昆腔》篇章比较全面地记录了当时昆山昆曲的状况：从事昆曲创作的不止魏良辅一人，有魏良辅自愧不如的过云适，有诚服魏良辅的陆九畴，有师承魏良辅的张小泉、季敬坡、戴梅川、包郎郎，有闻魏良辅腔起而效之并自翻新调的梁辰鱼。可以看出，梁辰鱼并没有跟魏良辅学曲，而是仿效之，且有所创新，形成了新的“昆山腔”。张新乃取良辅校本，偕赵瞻云、雷敷民、张小泉往来唱和，吸收了梁辰鱼的音律特色，另立门派。

张大复撰写昆曲文章近20则，记录当时曲家共计48人，其中女性12人。张大复对多数曲家做了记录，提得最多的是当为一时之冠的梁辰鱼。他说：“往见梁伯龙教人度曲，为设广床大案，西向坐而序列之。两两三三，递传叠和，一韵之乖，觥罚如约。”这个气派场景令人神往，可以看得出梁辰鱼不仅能创作剧本，而且擅长演唱“昆山腔”。

另一篇《俞娘》记录了俞三娘痴迷、批注《还魂记》的经历。《还魂记》就是后来的《牡丹亭》。张大复抄了一本《还魂记》寄给汤显祖，汤先生读后深受感动，并赋诗《哭娄江女子二首》。汤显祖与张大复有不少信札往来，彼此欣赏和推介。汤显祖曾评价他：“近吴之文得为龙者。”“读张元长先生世事略，天下有真文章矣。”

谭公亮是当时的大富豪，且热心文艺，家里养着戏班子。他经常

中國文學珍本叢書
第一輯 第十五種
中華民國廿四年十二月初版
梅花草堂筆談
普及本實價四角五分
特印本實價六角
著撰者 張大復
校點者 阿英
主編者 施蟄存
發行人 張靜廬
發行所 上海雜誌公司
上海總店：四馬路三二四號
廣州支店：永漢北路一三九號
南京支店：太平路二四八號
開封支店：中山北街三八四號
濟南支店：土主廟街四七號

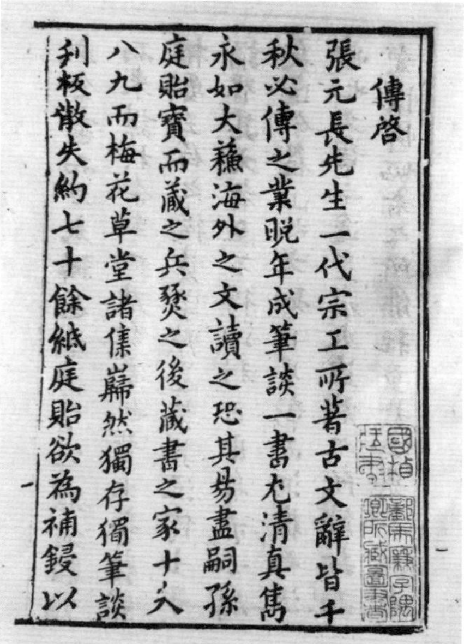

傳啓
張元長先生一代宗工所著古文辭皆千
秋必傳之業晚年成筆談一書尤清真雋
永如大蘇海外之文讀之恐其易盡嗣孫
庭貽寶而藏之兵燹之後藏書之家十失
八九而梅花草堂諸集巋然獨存獨筆談
刋板散失約七十餘紙庭貽欲爲補鋟以

民国版《梅花草堂笔谈》版权页与该书内页传启（葛欣提供）

邀请朋友来喝酒唱曲。张大复曾写了多篇赞颂谭公亮的文章。文中说："谭公亮，一片热肠，今尽无色。皎皎八文，亦复作羊叔子之鹤，毛羽氃氋而已。丈夫不与阿堵作缘，大无活计，相视惋然久之……"《梅花草堂笔谈》中一篇《谭家文》云："文真如一树梨花，溶溶夜月……文筝如楚畹数茎，香韵无非大国……文昭如半天朱霞，东梅掩映……文萧如出水芙蓉，不妨秋老……"另一篇《访公亮》中说："公亮命酒，使诸文杂歌新令侑之。"从中可以看出，每次张大复到来，谭公亮都以酒以曲热情相迎。

奇人灵异

张大复还是一位幽默大师。著名文学史家周启祥说："先生书……能使庸事得隽，伪事得雅，故记事志传之作尤臻神境。"

如《前辈》："有一人形俯捺履行者，居尚书里。其主人刑部公自外归，群鹊乱噪于傍，刑部问故。或云捺屐者取其雏，故噪。刑部召责之，云：'汝捺屐而行，故是往生业报，奈何复取鹊雏。汝亟纵之去，免汝挞。'捺屐者取雏，悬树而上，纳之巢中，仍悬而下，略无艰苦态……"

还有一个有趣的故事《上床法》："高峰禅师云：'一盏孤灯照夜台，上床别了袜和鞋。三魂七魄梦中去，未委明朝来不来。'予年来颇学上床法，殊恨未能。夜过景德寺，有妪诵此偈者，不觉唤醒前念。顾视沟中，卧一醉人，鼻息如雷，大笑云：'如此方是上床法也。'"

另有一件灵异的事，《纪异》云："丙申，苦脚痛，神思愦愦然。正月八日，忽见金冠真人坐床边上，将及予足，念痛且极，坐即不能忍矣。心怦怦久之，睡熟而觉，痛乃大减。又半月，而僧性仁遗我淮香两柬，问所从来，僧答云：‘近礼云台。云台，三元真人道场也。知君脚痛，私为祝之。’亟问以何日往，答云：‘人日。’闻之恍然。尝欲作一小记镌石，因僧送至云台顶，多病未果。附纪其事。”

再如《梦》中曰：“邵茂齐既有子，心念之。夜宿严中翰家，梦其子跌，惊焉，亟走归。子方与乳母戏，无恙也。茂齐喜置怀中，绕行庭除间，无何，失手坠地。茂齐大惊。岂人生小小扑跌，故不可免欤？夫如是，则茂齐不归，儿未跌耶？虽然，诚不免跌，茂齐必归。万历丁未初夏日。”

《梦世长》云：“隔帘闻世长声，某呜咽不可止。渐近，连称谢谢者，再，遂去。亟追之不得，大恸，乃觉。六亲梦里相逢，亦何知昨梦今梦也。昔孝仲死，既祥，一见梦十五松下，深巷曲舍，细语悲情。顾视蚕箔上，茧累累如贯珠，都作黄金色。至今思之，犹疑非梦。某之梦世长数矣，亦无有如今日五更时者，称谢。岂三日前曾为世长作纪略耶？再取读之，龚季弘曰：‘世长在焉，呼之或出。’”

盲人世界

张大复是盲人，晚年在黑色世界中生活，汤显祖如此记录：“……母子之间，徒以声相闻者十四年。母病时，以手按母肌肉消减，含泣大恐。而母夫人犹喘喘好语曰，恨儿不见吾面，犹未有死理也。斯语也，闻之而不亦悲乎……”母子相依为命，彼此怜惜。正如西谚所说，上帝给你关上一道门的同时，也给你打开一扇窗。虽然眼睛看不见，但上天打开了他的精神世界，打开了他的第六感，俗称“超感官知觉”，又称“心觉”，比眼明之人强许多倍，敏感度远远超过常人。为何？无欲，心静。真是“静故了群动，空故纳万境”啊！

一篇有关大雨的文章《雨势》说："大雨狂骤，如黄河屈注，沸喊不可止。雷鸣水底，砰砰然往而不收。如小龙漫吟，如伐湿鼓。电光闪闪，如列炬郊行，来著门户，明灭不定。仰视暗云，垂垂欲坠，道上无弗揭而行者，借肩曳踵，入坎大叫，如长啼深林，鬼啸云外，而裂垣败屋之声，隐隐远近间。雨势益恣，每倾注食许时，天辄明，旋即昏暗，如盛怒狂走，气尽忿舒，稍稍喘息，而后益纵其所如者。此时胸中亦绝无天青日朗境界，吾其风波之民欤？"盲人感受到的大雨，如此生动，令人惊叹。

再有一篇《此座》云："一鸠呼雨，修篁静立，茗碗时供，野芳暗度。又有两鸟咿嘤林外，均节天成。童子倚炉触屏，忽鼾忽止。念既虚闲，室复幽旷，无事坐此，长如小年。"

这些淡而有韵的美文，记录了张大复在盲人世界中的细致感受。正如张大复自言那样——"真令人读之可尽，而味无穷也""以语中下根人，则不可"。张大复还有这样一段话："九十日春光，半消风雨中，春光正自佳，笑世人不能领取耳。"当代作家刘诚龙读后感慨道："我等世人，富有春光而不去领取，没甚春光的张大复，却领取到了。"

生活哲学

张大复以笔记体裁文章传道，表达了一位平凡人的生活哲学。他在《陆小拙》中说："尝恨陆小拙之技，不能殚其岁月之力，淬成良剑利匕，以传后世。而好制小刀，缕大蝇字，轻若羽毛。盖陆生之言曰：'非是，则莫我肯售也。'予闻而怜焉。世人拙于用大工者，不能待时，固如是耳……"

《囊萤》中说："书生以囊萤闻于里，里人高其义，晨诣之，谢他往。里人曰：‘何有囊萤读而晨他往者？’曰：‘无他，以捕萤往，晡且归矣。’今天下之所高，必其囊萤者。令书生白日下帷，孰诣之哉？”

还有幽默的段子：“问僧斋否？答曰：‘不吃斋，但饮酒。’”

《十损》云：“有从不佞谈者，其损凡五：‘面目残破，对之不祥，一损也；语言率真，无益于数，二损也；世之所是，我之所非，三损也；向人输写，了无僻匿，四损也；衰老无心，过即忘之，五损也。’不佞与人谈，其损亦五：‘未见颜色，动悟深衷，一损也；多言损气，屑越神明，二损也；谈笑无味，衾影怀惭，三损也；吐之逆人，茹之逆予，四损也；老人嗄喈，旁鬼揶揄，五损也。’具此十损，而来者不已，应者不休，不亦癖乎？聊书此自警。”

张大复爱品茶，写有许多篇有关茶的文章，这些文章成了现在的经典。诸如《茶说》：“天下之性，未有淫于茶者也；虽然，未有贞于茶者也。水泉之味，华香之质，酒瓿、米椟、油盎、醯罍、酱罂之属，茶入之辄肖其物……盖天下之大淫而大贞出焉。”茶可以去芜存菁，除去异味，保留清新。“世人品茶而不味其性，爱山水而不会其情，读书而不得其意，学佛而不破其宗，好色而不饮其韵。甚矣，夫世人之不善淫也！……”世上的人品茶、爱山、恋水、读书、学佛、好色，若都不得其道，那么可以在张大复的文章中得到启发。

花前月下

张大复的小品文读后好似吃了定心丸，可以让人超凡脱俗，开启性灵。但人们最该学的是他的心态：安贫乐道，诙谐宁静。在野地里可以放松，那在工作中如何放松？走到僻静处，读一段《梅花草堂笔谈》，豁然开朗。

《也可人》中说：“先府君在闻雁斋，尝吟‘日满南窗也可人’之句，忆有刻本，粘于壁，故不知何人语。自今思之，始见其佳。某性爱日，早衰，不可风。……几上寒花小卉，亦欣欣有向荣意。故尝欲乞书子柔，以‘也可人’颜之。”

《三奇》中说：“果之橄榄，书之《骚》，卉之兰，自是天壤间三奇，绝未有俪之者。友人某，解衣质钱，原为典花主，而念不及兰。见《骚经》，辄掩其卷。但能啖橄榄，尽一枚。此举又是强解事，不如无啖为直色耳。偶在息庵下种兰。”

《独坐》中说：“月是何色？水是何味？无触之风何声？既烬之香何气？独坐息庵下，默然念之，觉胸中活活欲舞，而不能言者是何解？”

《泗上戏书》中说：“一卷书，一尘尾，一壶茶，一盆果，一重裘，一单绮，一奚奴，一骏马，一溪云，一潭水，一庭花，一林雪，一曲房，一竹榻，一枕梦，一爱妾，一片石，一轮月，逍遥三十年。”三十年来的他，如此潇洒。“然后一芒鞋，一斗笠，一竹杖，一破衲，到处名山，随缘福地，也不枉了眼耳鼻舌身意随我一场也。”三十年后的他，又如此超脱，心无挂碍，令人钦佩。

感悟美文

《孺子》中说：“徐玄提琴入狱，戴子系墨行歌，辅卿倚石而啸。李季鹰曰：‘千载后，徒令孺子成名。’”我读其书，认识其人，认识自己，认识世界。读张大复，如品茶、唱曲。与文合，与古人合，人生幸事也。

《试酒》中说：“予爱其醇滑，似不从喉间下者，盖所谓和而力、严而不猛者欤。”一夜只读一篇文，甚至一个字也有收获。读一小时后令人心静，可以超凡脱俗，嫣然一笑，悟出文字真谛了。

《效颦》中说：“予尝令童子裹核，投之文笔叠浪间，偶发一枝，辄为樵者乱拾以去，颇恨之。”读书人要有好的心境，就是“应无所住而生其心。”

张大复主张为文宜自性灵而出，直抒胸臆。他说：“文者，本于天地之灵气，结于人心之妙想而成。忽然划然，如古法书名画，振笔直遂，以追其所见，绝叫一声，纵横万状，稍稍黏滞焉，补缀焉，影响支离。”读了一篇又一篇，顿生感悟，好像他是明眼人，已经看清了天地一切。

见证昆山历史的古树

杨瑞庆

所谓古树，树龄必在百年以上，甚至千年以上，且由于往往与著名景区或著名建筑结伴同行，所以成为见证某段历史的活化石。常说“十年树木”，指的是经济林成材只需十年。但是古树年轮滚滚，华盖盈盈，即使其旁边的建筑被毁弃复建，古树也一直存在，成为历史悠久的见证。

为什么古人乐于栽树？一是优化生态需要，植物通过光合作用吸收二氧化碳，释放氧气，还能挡尘挡风，净化空气。二是美化环境需要，满眼郁郁葱葱，生机勃勃，好不惬意。为了营造绿色环境，所以定每年3月12日为植树节。三是象征门庭兴旺，寺庙兴盛，所以旧时的大户人家和寺庙门前都种植名贵树种。四是为了纪念名人而栽树，如状元松和亭林柏。

保存至今的陆家夏桥古银杏（杨瑞庆提供）

人们一般喜好种植常青树，如松树、柏树、香樟树；也喜好种植花朵颜色鲜艳或香气扑鼻的观赏树，如金黄的桂花树，粉红的梅花

原城隍庙前古银杏（曹渭清提供）

原南港唐村古银杏（姜志男提供）

树等；也喜好种植长势快的树，如梧桐树、槐树等。南朝号称四百八十寺，昆山也有众多寺庙，寺庙喜好种植的银杏树，与国外的菩提树一样，相传具有避邪驱鬼的作用。

司空见惯的还有桑树、茶树、桃树、梨树、枇杷树、柿子树、石榴树等各色树，这种产生经济价值的树一般寿命较短。一般只有著名园林、古刹、民居中的古树，才能得以世代保存。

由于昆山历史悠久，而且旧时的私家园林和宗教寺庙比较兴盛，所以留下了一些古树，树龄短则三四百年，长则一二千年，这些古树成为昆山独具生命力的珍贵文物。树木通常总是围绕房屋而栽种。由于建筑的自然损废，树木的自然枯萎，还有容易遭受雷电摧毁和人为砍伐，留存至今的古树已经屈指可数。但是，她们见证了昆山不同阶段、不同时期的历史，而成为富有生命力的“活化石”。时至今日，这些古树都受到了文物部门的妥善保护。而且，很多古树还有某种纪念价值，如昆山玉峰的状元松、千灯顾园的亭林柏，因分别是为纪念状元顾鼎臣和学者顾炎武而栽种，所以，还另有象征意义。

在漫长的岁月中，很多具有历史价值的古树遗憾地先后消失在人们的视线之中。远的不说，就是已留下了美丽倩影的古树也不见了踪迹。摄于20世纪30年代中昆山城隍庙前的一棵古树，看上去苍劲斑驳，一副倔强挺拔的风骨，邮政部门曾将此图作为明信片发行于全国，可惜的是，后来城隍庙消失了，这棵古树也不见了。原在南港唐村有一棵古银杏，树干粗壮，枝叶繁盛，具有数人合抱的围圆，却也最终消失在人们的视线之中，令人扼腕叹息。

幸运的是，昆山还保存了一些古树，当代人务必精心呵护，才能对得起前人栽树的功德，让其永远见证昆山历史的源远流长。

碛礇寺银杏树

淀山湖镇碛礇村古银杏（杨瑞庆提供）

碛礇寺位于昆山淀山湖镇的碛礇村，由三国时期的吴国君主孙权斥资建造，当时寺庙占地3000多亩，僧众超过400人，规模空前，因此号称“江南第一古刹”。

虽然碛礇寺历经风雨，几经更替，但是有一棵参天银杏树始终昂首挺立，至今已有1700多岁了。据《淞南志》载，此树由三国时期吴国太所栽，选用的是银杏长寿树种，为的是象征吴国江山万年长青。

这棵古银杏历经千年的动荡后，终于迎来了中华人民共和国的诞生。那时，碛礇寺尚存大雄宝殿和数间寮房，还有大铁钟一口，石鼓墩数个，以及那棵曾遭雷劈，枝断桩裂的古银杏。但古银杏生命力依旧旺盛，每到金秋季节，硕果累累，所以乡民特别敬重。后来，古银杏历经各种风波，常有危机，但在当地百姓的保护下，最终死里逃生，保存至今。

劫后余生的古银杏更显蓬勃，成为淀山湖镇一道独特的亮丽风景。今日里，只见枝壮叶茂，树荫铺地，显示出其强大的生命力。古银杏见证了碛礇寺的悠远历史。经专家测定，这棵古树应是江苏省最古老的银杏树。

亭林园郎官柏

今日玉峰山下还有一百多株古柏，那是1436年种植的古树，至今已有将近六百年的树龄了。据载，明代正统元年（1436），进士罗永年至昆山担任县令，上任伊始，他就到最具历史底蕴的玉峰山视察。当时的华藏寺住持一见罗知县就向他诉苦，说华藏寺原是一座金碧辉煌的建筑，周边有葱茏林木衬托，现在却是古刹荒凉，墓冢暴露，山上山下是光秃秃的一片，显得十分萧条。罗永年绕山一周，满眼确是枯枝败叶的景象，这与玉峰山佛教圣地的美誉相去甚远。罗永年决定到昆山要做的第一件实事就是捐出薪俸，购买圆柏树苗，对玉峰山坡进行全面绿化，以此来取信于民。由于圆柏是常绿乔木，形态壮实，从此玉峰变成青山，旧貌换了新颜。

县令罗永年捐资植树的举动深得华藏寺僧侣和昆山百姓的拥护。

保存至今的亭林园郎官柏（郑涌泉提供）

由于“郎官”是对县令的爱称，所以就将这些圆柏命名为“郎官柏”。从明代开始的多部昆山地方志中都载有《郎官柏记》，以纪念这位县令的植树善举。

明嘉靖年间，倭寇入侵昆山城，在缺少武器抵御的背景下，昆山百姓只得砍伐郎官柏，做成檑木杀敌，以解燃眉之急，但郎官柏还幸存百余株。所以，留至今日的郎官柏见证了华藏寺的曲折发展史和昆山军民的悲壮抗倭史，别有历史意义。

新阳街槐树

今日城区的新阳街上，有一棵树干斑驳的古槐树，显得饱经沧桑。因古树见证了昆山曾经同城分治的历史，所以即使挡在了道路中央，也被保存了下来。

雍正二年（1724），从昆山县中分出了新阳县，实行同城分治，目的是加强统治——政治上追求稳定，相互牵制；经济上追求繁荣，多征税赋。

新阳县衙就在今中山堂的位置，周边地区就成为新阳县的闹市区，县衙前的那条比较繁华的街被顺理成章地命名为新阳街。那棵古槐树说不定是附近大户人家栽种的一棵名树，因而被历代邑人视为珍宝，被竭力保护下来。

在清政府独裁统治下，新阳县存世了180多年，直至1911年辛亥革命后，才与昆山县合并。同城分治的历史从此结束了，新阳县终于又回到了昆山县的怀抱，但那条新阳街还保持原名。

新阳街古槐树（杨瑞庆提供）

改革开放后，新阳街得到了整体拆建改造的机会，那棵已有数百年树龄的槐树却挡在了新阳街的路中央，树干千疮百孔，完全有理由连根拔去，使新阳街畅通无阻。但政府见枝头上吐露翠叶，似乎古树还有延续生命的渴望，最后决定在古槐旁边开出两条道路，绕过了这棵古槐。政府不但留下老树，还装上围栏，以求保护。如今，那棵古槐树还挺立在原地，让人睹物思远，回首那段难忘的同城分治历史。

半茧园樟树

今日昆山第一人民医院的庭院内，有一棵遮天蔽日的香樟树，那是昆山名门叶氏半茧园中留下的一棵古树，至今已有五六百个年头了。

今日人民医院内的古樟树（杨瑞庆提供）

半茧园由明正统进士叶盛的玄孙叶恭焕所建，原名春玉圃。后子孙接力修建，景物逐渐充盈。因园区平面图似椭圆形的蚕茧，故更名为“茧园”。到了清代初期，茧园被拆分，其中靠北的一半园林易名为“半茧园”。主人叶奕苞是当时昆山的名流，有文化，懂美学，又有经济实力，所以有条件对半茧园进行新一轮的修缮。经扩建后，园中亭台楼阁美不胜收，小桥流水风景如画，还有曲栏长廊，假山名石，花木扶疏，池水回绕。其中就有这棵繁盛的香樟树，它同时见证了半茧园数百年来的兴衰历史。

半茧园的景致一直保持至民国时期，那时园中还是风光依旧，招人青睐，游览者络绎不绝，都盛赞风景这边独好。由于半茧园是一块文化底蕴厚重的风水宝地，所以先后在那里建起了具有现代文明特征的广仁医院、樾阁学堂。抗战中，半茧园不幸遭到日军炮火的摧残，很多景点毁于一旦，而这棵香樟树幸免于难，才留至今日，成为怀旧忆远的古树。

中华人民共和国成立后，在半茧园的地基上建起了昆山第一人民医院，至今院内尚有一些古树和古石，特别是这棵古樟依旧枝叶繁茂，让人们依稀看到了当年半茧园的迷人风采。

玉峰坊银杏树

银杏树由于四季常青，生命力旺盛，所以常与寺庙相依相存。亭林园南麓有一棵参天银杏就与寺庙有关。

据载，梁天监年间，慧向和尚除了在玉峰顶上建造慧聚寺之外，还在今顾炎武纪念馆的地基上建造了一座大圣山王祠，并栽下了这棵银杏树。宋代时由于寺庙毁弃，重建了慧应庙，这棵古银杏被幸运留存。如果从梁代算起，这棵银杏树已有1500余年的历史了，是亭林园中最老的古树，见证了亭林园悠久的历史。

慧应庙在中华人民共和国成立前夕就已彻底毁弃。20世纪90年代初，昆山市政府在慧应庙的旧址上建起了顾炎武纪念馆，由于规划巧妙，没有挪动这棵身世跌宕的银杏树。

20世纪80年代中在整修玉峰景区时，复建了一座三门玉峰坊，进门就见那棵高大的古银杏，亭亭华盖，高不见顶。据银杏旁的碑文介绍，邑人俞允文（1512—1579）曾在《昆山杂咏》中有“高岩盘怪石，老树缠云根”的诗句。这“老树”就指这棵银杏；这“云根”写得颇有诗意，说明老树盘根错节，根须发达，能穿过石缝，无孔不入，犹似飘逸的云彩穿越其中，具有顽强的生命力。

今日玉峰坊古银杏树（杨瑞庆提供）

每当春天，银杏繁枝滴翠；每当

秋天，银杏满树金黄，成为亭林园早已是佛教圣地的生动见证。

亭林园琼花树

昆山“玉峰三宝”之一的琼花，直到1978年才被发现。由于琼花物稀而贵，少有识货人，所以长期以来人们“不识庐山真面目”，直到改革开放后才认定是天下无双的琼花，真有相见恨晚的惊喜。

琼花别称“聚八仙”，每年四月底五月初开花，因有八朵花团聚成一个圆环而叫出了别名。琼花不但花美，而且花树色彩鲜丽，随季而变，美不胜收——盛夏满树碧翠，入秋籽实绽红。而且，琼花具有高洁品格，所以人们不管是赏花，还是赏树，都会饶有兴趣，乐此不疲。

今日亭林园琼花树（杨瑞庆提供）

亭林园中有一棵大琼树堪称是世界之最“琼花王”，据专家考证，已有三百五十多年的树龄了。琼花自从被发现之后，就成为昆山引人瞩目的独特资源，不但被列为“玉峰三宝”之一，而且还被评为昆山市的市花。

每到琼花盛开之时，全国各地的赏花者都会慕名而来。而且，亭林园利用得天独厚的优势，每年举办一届琼花艺术节。每逢佳节，亭林园中的赏花人群蜂拥而至，面对鲜为人见的琼花总会流连忘返。

为了扩大琼花的影响，20世纪90年代初，人们在玉峰顶上建造了“玉宇琼台”，仿北京天坛风格，可以拾级而上。人们居高临下，除了看到繁盛的“琼花王”外，还看到今日山下的满园琼林，真有登高望远、心旷神怡的惬意美感。

总工会银杏树

现昆山市总工会内的停车场后，有两棵高大的银杏树，顶天立地，蔚为壮观。那是旧时武圣庙外的遗物。

昆山民间对关公格外敬仰，所以关帝庙遍及全县各地，香火之盛，甚至超过其他庙宇。武圣庙俗称关岳庙，内供关羽、岳飞两位武圣。昆山跟别地不一样，常将关羽与岳飞并列，顶礼膜拜。关羽，字云长，敬称关公。其相貌堂堂，威风凛凛，是位赤胆忠心的将军，人称“武圣人”。岳飞，字鹏举，宋代抗金名将，以“精忠报国”闻名于世，也被百姓称为“武圣人”。南宋以后昆山修建了武圣庙，庙前就栽下这两株古银杏，所以树龄已有近千年，见证了昆山崇武爱国的光荣传统。

今日昆山市总工会内古银杏（杨瑞庆提供）

民国二十六年（1937）的10月30日，日本侵略者轰炸昆山，城内民房大多被炸毁，武圣庙也毁于日军的炮弹之下，但两棵古银杏幸免于难，至今仍显苍劲活力。

中华人民共和国成立初，昆山县总工会在原武圣庙废墟上建成了工人俱乐部。20世纪80年代，工人俱乐部改建为工人文化宫影剧院，足有1200多个座位，是当时城内最大的影剧院。1989年9月28日，因昆山撤县设市而召开的“昆山市成立大会”，就在工人文化宫影剧院举行，这两棵银杏树见证了昆山“撤县建市”的历史时刻。

广灵桥银杏树

昆山正仪绰墩山村的广灵桥边有一棵古银杏，那是元末昆山名士顾阿瑛（1310—1369）建造家祠金粟庵时亲手栽植的古树。现金粟庵早已毁弃，但广灵桥和银杏树仍在，成为昆山市的文物保护单位。

顾阿瑛，字德辉，号金粟道人。年轻时博学多才，壮年时财大气盛，他为了广邀胜流而“筑巢引凤”。顾阿瑛书画俱佳，诗文皆通，特别喜好唱腔弹曲，是一个痴迷戏韵的“票友”。当他决意一掷千金建筑雅集平台时，首先想到要为昆山腔的胜出助上一臂之力。因此他不惜重金，在风光旖旎的绰墩山旁建起了名闻遐迩的“玉山佳处”，号称有桃花轩、春晖楼、秋华亭、芝云堂、小蓬莱等36处景点。

今日正仪绰墩山村广灵桥边的古银杏（杨瑞庆提供）

顾阿瑛在景区内除了种植江南常见的芳草、翠竹外，还注重奇花异木的引进，以产生物稀而贵的新鲜感。如难得一见的并蒂莲为玉山佳处增色添彩，吸引了四面八方的能人志士前往那里雅集。

后顾园人去楼空，玉山佳处日渐萧条，金粟庵也彻底毁弃，但那棵古银杏还顽强地挺立着，见证了那段驰名全国的玉山雅集的历史。

延福寺银杏树

21世纪初，历史悠久的延福寺得到了彻底重建，寺前的两棵高大银杏树仍忠实地守卫在延福寺左右，见证了那段漫长的建寺历史。

延福寺初建于梁天监二年（503），大约五百年后的1008年，当扩建寺院时，为了求运祈福，栽种了这两棵银杏。当时，香客蜂拥而至，

今日千灯延福寺前的古银杏（杨瑞庆提供）

延福寺香火旺盛，成为江南地区的佛教圣地。元末寺毁，明初重建，万历再修。到了明末寺又毁，到了清初再重建。咸丰年间，寺庙彻底毁于清军与太平军的战火。直到同治初年，当地百姓通过集资复建了大殿及禅房，并铸造了大型铁香炉一座，用于焚香、佛事，延福寺才又营造出烧香拜佛的虔诚氛围。

抗战时期千灯沦陷，延福寺被日军占领。日寇投降后，部分禅房被用作学校教室。中华人民共和国成立后扩建成千灯中心小学校，还在延福寺旧址办起了幼儿园。寺中部分房屋被改建成千灯医院。延福寺不再用于佛事，已经名存实亡了。

改革开放后，延福寺迎来了重建，由于保树设计，那两棵古银杏还是留守原处，岿然不动，成为千年延福寺的镇寺之宝。

莲花寺罗汉松

锦溪莲池禅院又名莲花寺，相传是宋孝宗为纪念陈妃而建于公元1163年。那年，受皇帝宠幸的陈妃客死锦溪。孝宗皇帝不但将她水葬于清澈的湖底，还下旨在镇南五保湖西北岸建寺，为其诵经超度；又下令在寺东挖池种荷，因此湖边的寺院被命名为莲花寺。莲花寺经多年陆续修建，成为江南著名的佛门圣地之一。其中有一座祈祷文运昌盛的文昌阁名闻遐迩，其旁边栽有一株古朴凝重的罗汉松，据传由孝宗皇帝手植，属于名贵树种，得到世代呵护，至今已有近900年的树龄了。

宋元时期，莲花寺即为江南名流的冶游之地。他们聚首禅院，谈禅论道，诗情飞扬，曾流传《莲池八景》组诗，对古莲池美景尽情歌颂，其中就有对文昌阁的赞颂，当然也包括对罗汉松的爱戴。

莲花寺在明清时期由于年久失修而逐渐萧条。抗战胜利以后，莲花寺被改用作中学校舍，成为莘莘学子的深造之地。文昌阁下书声琅琅，终于重现了文运昌盛的景象。特别是罗汉松自从周围有了人气以后，更加显得郁郁葱葱。1993年，锦溪中学整体迁出，后逐步复建了山门、钟鼓楼、大雄宝殿等建筑，但是文昌阁和罗汉松还依旧保持着原貌，所以游客都要走到那里看上一眼，祈上一愿。

今日锦溪莲池禅院内的罗汉松（杨瑞庆提供）

萧墅村银杏树

萧墅村位于千灯镇东北，原名肖寺。南宋中期，附近的圣祥寺来了两个僧人，看准这里是块风水宝地，就募集善款建起一座庙宇，取名“肖寺”。由于肖寺与非常有名的圣祥寺东西相隔不到三里地，所以香火很旺，人气很足，渐成村落。

在建肖寺时，人们习惯性地在大殿外种了两棵银杏树，以求吉利。在明代嘉靖年间，苏州知府海瑞带领百姓疏浚吴淞江，为民造福，之后，萧墅村年年风调雨顺，百姓安居乐业。海瑞去世后，乡民为了感恩他的功德，就在银杏树旁修建了海瑞庙。

因为萧墅村旁边是黄金水道吴淞江，所以那里成为昆南水码头的驿站。当年，每有商船过往，只要眺望到两棵高耸的银杏树，船家就会下帆停船、靠岸祭拜，先到肖寺请香，再到海瑞庙跪拜，然后再拔锚

千灯萧墅村的古银杏（杨瑞庆提供）

起航。

中华人民共和国成立后，当地利用庙宇地基改建成学校，但两棵古银杏被保存了下来。古银杏树围足有四米，需要两人合抱，由于树龄已有700多年，所以被列为省级文物保护单位。

20世纪60年代，“萧墅”一度改名为“肖市”，直到改革开放后才恢复旧名。2010年起，萧墅村民居被陆续拆迁，但两棵银杏树依然挺立，根深叶茂，成为萧墅历史悠久的见证者。

玉峰山状元松

因为顾炎武是影响深远的爱国学者，其惊世名言“天下兴亡，匹夫有责”更是声震中华，所以让昆山最美景区与亭林“联姻”是众望所归的选择。除此之外，顾炎武的先祖曾为马鞍山积聚了厚重的文化遗产，这也成为亭林园得名的又一重要原因。由于园中有着许多与顾氏家族有关的人文景观，所以曾有“‘顾记’亭林园”一说。

最引人瞩目的是，顾伯寿之子顾阿瑛于元末兴建了风光旖旎的“玉山佳处”，曾引进天竺的并蒂莲，由于科学种植，历经六百余年仍生生不息。中华人民共和国成立初，就将并蒂莲移至亭林园，至今年复一年地如期盛开，成为与昆石、琼花并列的“亭林园三宝”。顾阿瑛的曾孙顾恂

今日亭林园中的状元松（郑涌泉提供）

与婢女有个私生子，名叫顾鼎臣。顾鼎臣从小受尽欺凌，但他奋发自强，终于在弘治十八年（1505）状元及第，官至文渊阁大学士。由于他廉洁奉公，所以深得朝廷信任，曾留下过“代朝三月”的美谈。任职期间，他还为家乡申请修筑了砖石城墙，从此昆山固若金汤，抵御了倭寇的入侵。昆山百姓感激不尽，在他离世后不久，在亭林园入口的显要位置修建了顾鼎臣祠堂。

如今从玉峰后山沿盘山公路而上，可以看见路的两侧有几十株高耸的苍松傲立于山坡，据说这些苍松由顾鼎臣亲栽。后来，这些松树成了顾鼎臣金榜题名、一举夺魁的象征，所以老百姓把这些松树称为“状元松”。

蓬朗镇银杏树

蓬朗镇位于昆山东部，距离城区13公里，东与太仓市、上海嘉定区接壤，曾经是一座江南水乡古镇，大家辈出，如方还、胡石予、余天遂、邵汝干等就是从蓬朗走出去的大名人。蓬朗原名蓬阆，取“蓬莱阆苑”之意。蓬莱，仙境也；阆苑，神仙居住之所。以前的蓬阆镇确似仙境一般，小桥流水人家——小桥如彩虹凌波飞架，流水似彩带环绕全镇，人家都枕河临街悠然自得，呈现出一幅优雅的生活画面。

距蓬阆镇南1.5公里的大通桥旁有两棵古银杏高高挺立，相传为南宋时栽，树龄已近千年，为邑中古树，曾被誉为“古木号风”，名列“蓬溪八景”之一。

古银杏北侧旧有集贤庵，俗称大通寺，始建于元代延祐三年（1316），《昆新两县志》（道光）卷十《寺观》有载。胡石予先生曾撰《大通桥古银杏记》：“有桥跨瓦浦，曰大通桥。大通桥著名昆山、太

今日蓬朗古银杏（杨瑞庆提供）

仓、嘉定间，以古银杏也。桥西北百余步，有古集贤庵，吾友白鸥索余画梅舍入大通寺，即此庵也。以桥故，亦称大通寺，桥盖先寺而有也。寺久颓废，白鸥期十年兴复之。寺南古银杏二株，可数十围，父老相传谓千年物，霜皮溜雨，黛色参天，杜少陵所称武侯庙前之古柏傥不是过欤。”

岁月流逝中，寺庙逐渐破败，但银杏树依旧郁郁葱葱。后地方上看中那片风水宝地，就在银杏树周围建起了蓬朗中学，后改为蓬朗政府办公地，最后改为蓬朗街道办公地。幸运的是，两棵银杏树保存至今。

附：

“县前”雪松和“昆中”雪松

雪松，顾名思义，是一种傲霜雪、斗严寒的松树，品性高洁。革命家陈毅有诗为证：“大雪压青松，青松挺且直。要知松高洁，待到雪化时。”即使大雪压满枝丫，松树还是岿然不动；即使大雪漫天飞舞，松树还是青翠不变，可见雪松具有不屈不挠的顽强生命力。

雪松是常绿乔木，树冠呈尖塔形，大枝平展，小枝下垂。叶针形，杆笔挺。由于原产于青藏高原的寒冷地区，故称“雪松”。雪松是著名的庭园观赏树，树体高大，树形苍劲，其主干下部的大枝常贴近地面铺陈开来，勃勃伸展，亭亭华盖，立于园中，蔚为壮观。

雪松名贵，只有大户人家才有条件购买树种悉心培育，或是好友作为贺礼馈赠。由于昆山城里的雪松鲜为人见，所以物稀而贵。现发现“县前”雪松和“昆中”雪松已有近百年的树龄，至今生机勃勃，为昆山城貌锦上添花。

“县前”雪松

现玉山广场西南角上有一棵硕大的雪松，似塔高耸，吸引眼球，那是20世纪末从昆山县政府门前（简称“县前”）移栽过来的。如果再往前追溯，那是从里库附近的包家花园中移栽过来的。

20世纪的20年代初，里库之西有一个小巧玲珑的包家花园，主

『县前』雪松（毛宇龙摄）

人是浙江吴兴的包笑雄先生，他少年得志，不久留学日本，后回国创业，赚得大钱后就想造宅享用。昆山地处苏沪之间，交通方便，又有闹中取静的环境，他就在县府之旁的里厍附近购地建房。当时，主人崇尚已经过惯的日式生活，就建造了一幢日式风格的“二九轩”。房屋不大，园仅一亩，园内种植了一棵名贵雪松，而使“二九轩”格外引人瞩目。主人还在咫尺天地中种植了大量日本天竺，不仅美化环境，而且还变卖创收。由于雪松和天竺都是鲜为人见的植物，所以，包家花园就成为城中独领风骚的赏景佳处。

中华人民共和国成立前，主人离去，房舍逐渐破损。至中华人民共和国成立初，宅院内只剩下了一棵大雪松还昂首挺立，人们就把它移栽在昆山县政府的大门口，以体现共和国新生政权具有的长青活力。

20世纪末，昆山市政府整体搬迁至现前进路和长江路的交叉口。原昆山县政府之前的繁华区域被辟为供市民休闲的“玉山广场”，因那棵雪松所在位置要修建一个更为时尚的喷水池，所以只得把大雪松迁栽到现玉山广场的西南角。

由于老雪松树龄较长，根盘发达，迁栽后的几年中，树干倾斜，树叶泛黄，令人担心。多亏园林工人及时呵护，采取搭棚牵绳、浇水施肥等措施，才把雪松从死亡线上拉了回来，人们才有机会还能一睹雪松的迷人风采。

“昆中”雪松

原昆山中学内的两座标志性红楼之间，有两棵苍翠挺拔的大雪松，它们也有不凡来历。昆山中学简称“昆中”，创建于1946年，原在琅环里的今“侯北人纪念馆”内，1954年搬迁到西塘街的尚书第中。那里曾有清初探花徐乾学建来用于藏书的传是楼，还有建于20世纪

40年代的忠烈祠（后改为三贤堂）。那时，昆山中学已升格为“省立”级别，所以建起了两幢“省中”统一造型的红楼。两楼之间有相隔三四十米间距的空旷地域，有人就看中了当时生长在“积善农场”内的两棵大雪松，很想移栽过来美化校园。

这两棵雪松还与民国的两位风云人物有关。20世纪20年代，辛亥老人曹亚伯先生为了远避政治漩涡，决定到昆山定居，就在前浜与中山路的交叉口购地建房，命名为平居宅院。当他举办六十寿庆时（1934），曹亚伯的好友爱国将领冯玉祥亲赴昆山，送来了两棵珍贵雪松，以表祝贺。只因曹亚伯的宅院里都是水泥地坪，雪松无法立足，只得借栽在那时紧靠亭林路的“积善农场”内。1947年，农场由于经营不善而倒闭，场主只得“打道回府”（杭州），将农场残屋托付给昆山老友陈法章（文史学者，已故）的父亲照看。从此，这两棵雪松就和陈家朝夕相处。

当昆山中学1954年迁校时，有位昆中老师到陈家做客，一眼就看中了这两棵高大的雪松，感到种在陈家有点浪费，就意欲移栽至昆山中学两座新建的红楼之间。陈家父子虽然也珍爱这两棵与名家有关的

『昆中』雪松（徐耀民提供）

雪松，但为了给新建的昆中增添一处文化景观，就决定忍痛割爱。从此，雪松就在昆中校园内茁壮成长，和莘莘学子相伴了半个多世纪。

那年，昆山中学举办六十周年校庆，时任校长深有感触地写下了一副对联：一部红楼，东西翻开，书声琅琅；两管青松，天地悄立，墨香泱泱。用以表达对这两棵雪松深深的敬意。

现昆山中学整体西迁，原昆山中学已改建为柏庐高级中学，那两棵大雪松还挺立在东西红楼之间，成为校园内富有历史底蕴的美丽景色。

毕沅：昆山籍的太仓状元

郑涌泉

昆山马鞍山东有璧云峰，西有紫云岩，山上奇石嶙峋，玲珑剔透，犹如仙骨一般，难以用语言文字来描述，所以自古以来马鞍山就有“百里平川一峰独秀”和“真山似假山”的美誉。

璧云峰上有一座建造于民国二十四年（1935）的六角亭，顶部塑有一只单腿独立的丹顶鹤，所以叫作鹤亭，又叫野鹤亭。1923年6月，直系军阀首领曹锟指使其党羽采用各种手段进行“逼宫”，把总统黎元洪逼出北京，为自己上台当总统扫清了障碍。但曹锟未免有点心虚，既想登上总统宝座，又想披上“合法”外衣遮人耳目，于是就以巨款贿赂国会议员投票选举他当总统。同年9月，在总统选举的预选会上，曹锟以5000大洋一张选票的价格大肆收买议员。当时也有某个昆山籍国会议员收到贿赂，但他还没敢用

今日马鞍山野鹤亭（郑涌泉提供）

或者来不及用这笔赃款，那张支票就被愤怒的昆山地方人士截获，存入银行。曹锟只当了一年总统就下台了。后来有人提议昆山政府用那笔贿赂款在马鞍山建一座亭子，于是野鹤亭拔山而起，屹立于擘云峰上。《江苏山水胜迹》记录了这段历史。

野鹤亭由六根四方形花岗石石柱撑起，其中正对亭口的两根石柱上分别镌刻有“山有神仙骨”“林多草木香”两句，是为集句联。其两侧石柱上镌刻有“东山多佳石，自石门石同而上，沿途奇石矗立，别有仙骨。爰录灵岩山人句以状其林麓之幽胜”的文字，落款为“民国廿五年春潘鸣凤跋，王一方书”。潘鸣凤，字吟阁，昆山著名文化人，时任昆山县教育局局长。王一方时任教育局督学。

自古以来，描写山林景色的佳句颇多，潘鸣凤先生为何独选灵岩山人这两句似乎有点“直白”的诗句？当然绝对不是偶然为之或随意为之。这两句诗除了是马鞍山的真实写照外，还包含着潘先生对灵岩山人的敬意。

毕沅的官场轨迹

这位“灵岩山人”，就是清代镇洋状元毕沅。镇洋就是现在太仓的一部分。据史料记载，明朝时期，太仓隶属于南直隶苏州府。清雍正二年（1724），太仓升格为太仓直隶州，同时分出太仓州西部的一些地方设立了镇洋县，州县同城而治。民国元年（1912）撤销镇洋县，镇洋县并入太仓州，定名太仓县。

清雍正八年（1730），毕沅出生于镇洋县。他小时候失去父亲，全靠母亲张藻培育成人。张藻是当时颇有名气的才女，不仅能作诗，而且学问渊博，著有《培远堂诗集》。毕沅在母亲调教下，六岁就能熟读

《诗经》《离骚》等古诗文，十岁通晓声韵，善作诗文。随后，张藻又把毕沅送到苏州灵岩山，拜著名学者沈德潜和经学大家惠栋为师，所以毕沅自号灵岩山人。

清乾隆十八年（1753），毕沅考中举人。乾隆二十二年（1757），当上内阁中书，从事文字工作。后又进了军机处核心机构，负责撰写谕旨、记载档案、查核奏议等工作。乾隆二十五年（1760），毕沅带职参加会试，榜上有名，之后参加殿试，一举高中状元。在他离开京城到外地任职前，张藻还以母亲特有的情怀，作五十四句二百七十言《训子诗》，殷切期望儿子“不负平生学，弗存温饱志。上酬高厚恩，下为家门庇”。张藻病故后，乾隆皇帝还特赐御书“经训克家”四字进行褒扬。毕沅为了铭记母亲的恩情和皇上的恩赐，特将书房称作经训堂，将自己的诗文集题名为《经训堂文集》。

毕沅画像（郑涌泉提供）

毕沅高中状元后，先是授翰林院修撰，后到陕西任按察使，再任陕西布政使，专管一地的财政工作和人事工作。乾隆三十八年（1773），升任陕西巡抚。

毕沅是位大学问家，从政之暇辛勤笔耕，著作等身，虽然做了大官，但一支笔从来不曾离手。北宋司马光所编的《资治通鉴》是一部皇皇巨著，在中国官修史书中占有极其重要的地位。这部著作博采典籍，考证甄选，剪裁熔铸，上起周威烈王二十三年（前403），下至后周世宗显德六年（959），共二百九十四卷，历时十九年完成，主要以时间为纲，事件为目，涵盖一千三百六十二年的历史，是我国编年史中涵盖时间最长的一部巨著。毕沅认为“经义当宗汉儒……文字当宗许氏（即许慎）……编年之史莫善于涑水（即司马光）”。但就时间来看，《资治通鉴》里前后尚有巨大的空白。想要补续这部书者代有其人，南宋有李焘的《续资治通鉴长编》、刘时举的《续宋中兴编年资治通鉴》等，明代薛应旗、王宗沐也各著有《宋元资治通鉴》，清代徐乾学等编成《资治通鉴后编》。乾隆三十七年（1772），毕沅开始编纂一部全新的《续资治通鉴》。他广延英才，博稽群书，历时二十多年，完成二百二十卷的《续资治通鉴》，上起宋太祖建隆元年（960），下迄元顺帝至正二十八年（1368）。此书在毕沅生前仅刻一百零三卷，后桐乡冯集梧买得全稿，补刻全二百二十卷。乾隆五十三年（1788），毕沅又开始编写《史籍考》，这项工程一直进行到他病死还未完。后章学诚、潘锡恩相继续补编，终成书三百多卷。

毕沅敬重文士，尤好扶植后进，“一时名儒才士，多招至幕府”。据其门下洪亮吉记载，毕沅生平最礼贤下士，“爱才尤笃，人有一技之长，必驰币聘请，唯恐其不来，来则厚资给之”。著名学者章学诚、孙星衍、汪中、段玉裁等皆曾受知其门下。毕沅精通经史，旁及语文学、金石学、地理学，并善诗文，一生著作颇丰。他在幕宾及学生们的襄助下，搜求善本古籍，校勘辑佚，编纂了许多有价值的著作，尤其在经学与史学方面做出了很大贡献。他著有《传经表》《通经表》等，并撰《墨子集注》，直

毕沅著作封面（郑涌泉提供）

接指明“诽墨”始于孟子，指出《墨子》作为一种古代典籍，“不可忽也”；另注疏《道德经考异》《晏子春秋注》《吕氏春秋注》等。

毕沅极注重历史和地理的关系，广征博采，完成了《王隐晋书地道记》和《晋太康三年地记》《山海经新校正》等书。在金石学上，他广加收集铜铭碑刻，编辑成《关中金石记》《中州金石记》《山左金石志》《三楚金石志》《两浙金石志》等书。

乾隆五十年（1785），毕沅调任河南巡抚，第二年升任湖广总督。嘉庆元年（1796），赏轻车都尉世职。病逝后，赠太子太保，赐祭葬。死后两年，因受案件牵连，不幸遭到抄家、革职的处罚。

毕沅的趣闻逸事

一些野史中记载了不少关于毕沅的趣闻逸事，现选录几则。

毕沅从小就受家风熏陶，父亲的行为他看在眼里，记在心上，发誓要继承父亲的遗愿，努力读书。毕家虽然有薄田数亩，但每年缴纳粮税后便所剩无几，家境比较艰难，请不起先生，毕沅只得在外附读。守得父亲孝满，毕沅已是十六岁了。其母为他四处相亲，无奈家境贫寒，没人做媒，毕沅就这样一晃过了几年。有一天，毕沅父亲的同窗好友高士棋来到他家，看望他母子。虽然毕家家境贫寒，但是高士棋看毕沅人品很好，学问也不错，于是就决定把小女儿许配给毕沅。高士棋对这个女婿很是满意，赞赏有加。但高夫人纪氏却看不起这个穷女婿，高士棋其他几个女婿也都跟着歧视毕沅。

某年正逢高士棋六十大寿，儿女济济一堂，席间推杯换盏，觥筹交错，热闹非凡。只是高夫人与其他女儿、女婿对毕沅十分冷落，不愿理睬毕沅，高士棋心里很不舒服。正在此时，仆人忽报高士棋同科进士岳阳知府刘大人进京路过此地，前来看他。高士棋就赶忙出去了。高士棋一走，毕沅成了众矢之的，这个挖苦，那个奚落。高夫人突发奇想，要以“快马诗”来考考几个女婿，谁的马跑得最快为赢家，跑得最慢的当然是输家，要罚酒十杯。大女婿因跟私塾先生学过“快马诗”，于是抢先道：“蜡烛烧鸡毛，马跑到城郊。来回几十里，鸡毛还没着。”众人一片喝彩。二女婿接着念念有词：“引子落水中，马跑到省城。来回几百里，引子没到底。”话音一落，众人又一阵喝彩。不想高夫人一时高兴竟当众失态，放了一个屁。毕沅才思敏捷，也没多想，脱口吟道：“丈母娘放屁，马跑京城里。来回千余里，屁门还未闭。”众人尴尬，都不作声。高夫人满脸涨红，一时气得说不出话来，筵席也就不欢而散。

回家后，毕沅妻子使用激将法，对毕沅正色道：“你屡被他们奚落，怎就不激发点志气来，奋力去获取功名？你莫非是个‘看货’，徒有虚名吗？本想你是块好钢，谁想是块烂铁……”毕沅觉得愧对妻子，就对她说：“从今以后，我发愤读书，一定要考个功名回来，不然我就不进这个家。”妻子以为他在说气话，当时并未在意。没想到毕沅真的离开了家，在湖边租了一个小屋，每天在那里专心学习。有一次连降暴雨，他的小屋眼看就快被水给淹了，可是他仍然坐在里面高声读书，竟然不知道外面下雨了，一个打鱼的人看见了高声呼喊，他却没有听到……就这样，毕沅兑现了当初对妻子的诺言，经过多年的刻苦学习，终于出人头地。

乾隆二十五年（1760）三月，毕沅参加会试。会试分三场，初九、十二、十五日各一场。四月发榜，毕沅榜上有名。但最终能否登科，还得看四月二十六日的殿试。殿试时间为一天，未能完卷者，列入三甲之末。参加殿试的人都不敢松懈，紧张地准备着，希望自己能够高中。

四月二十五日夜，毕沅与同僚诸重光、童凤三在军机处值班。他们三人都通过了会试。明日就要殿试了，诸、童二人想回住处准备考试，让毕沅一个人值班，就说："毕沅啊，我俩书法好，字写得漂亮，夺魁的希望很大。你书法不行，充其量只能算中等水平，就别做非分之想了，今晚就请你代劳吧！我们入了'三甲'，一定会感激你的。"当时的殿试确有偏重书法的现象，也难怪他俩那么自信。毕沅见二位同僚这么说，也就无可奈何地答应了。就在当夜，陕甘总督关于新疆屯田事宜的奏折转到军机处。毕沅仔仔细细阅读了。第二天，殿试开考，地点在太和殿前。殿试的内容除了经、史之类，还有"时务策"一道。所谓"时务策"，就是当前国家重要事务的对策。读卷大臣（即评卷人）于考前一日在文华殿密拟题目，封好后呈皇帝审阅，皇帝审阅后发下。读卷大臣同赴内阁，在监试御史的监督下，内阁中书用黄纸誊写。晚上，工匠们在内阁大堂刊刻印刷，护军统领带领护军校尉等在内阁门外严加稽查。次日凌晨印刷完毕，考卷送至太和殿，诸考生列队跪受，然后回到各自的试桌答题。毕沅打开试卷一看，这道"时务策"正是关于新疆屯田事宜的。他胸有成竹，挥笔立就。

第二、第三天，读卷大臣在文华殿阅卷。毕沅的楷书写得不怎么样，但文章立论高深，备受读卷大臣的关注，被列为第四名。到第四天，乾隆皇帝在中和殿听读卷大臣读卷，对毕沅的卷子极为欣赏，擢其为一甲第一名。诸重光得了一甲第二名，即榜眼。而童凤三位列二甲第六名。原来，当时新疆初定，乾隆皇帝准备在那里搞屯田，于是亲自出了与新疆屯田有关的"时务策"一道。对这道题，一般考生半天都摸不着边，可毕沅因心中有底，答得特别顺手，写得格外翔实得体，很得主考官们的好评，只因书法并不出类拔萃，所以初拟名次时仅排在第四位。乾隆皇帝听前十名考生的答卷时，对前三名的卷子都不太满意，听到第四名毕沅的卷子时，觉得很对自己胃口，大加赞赏，便亲自将毕沅改为一甲第一名，而书法颇佳的诸重光只能屈居第二位。诸、童两人后来知道了那天夜里毕沅一个人值班的情况，叹道："天意啊！老天要帮毕沅，我们能有什么办法？"别人也说，毕沅中状元乃是忠厚得福。

在陕西工作期间，毕沅曾访过一座古寺，与方丈相见甚欢。他开玩笑问道："方丈您是高僧，您说说一部《法华经》里有多少个'阿弥陀佛'？"方丈微微一笑，说："大人您是一位大儒，您说说'四书'中有多少个'之乎者也'？"随后二人仰天大笑。后来，毕沅筹银将这座寺院整修一新。他还主持整修了西安碑林、华岳庙，翻修了司马迁祠，重建了西安灞桥等，为当地的历史文化传承做出贡献。

毕沅不爱金钱，爱好古玩。六十大寿那年，毕沅对外说："我要移风易俗了，做寿不收礼品了。"当时有个县令派手下送来古砖二十块，砖上的篆文依稀斑驳，古色古香，显得十分雅致。毕沅看后很开心，说："我有通告在先，寿礼一概不收。你家老爷留意古物，足见他不是凡夫俗子。这些古砖很高雅，我却之不恭，那就权且收下吧，请回去代我向你们老爷表示感谢。"这个下人是个老实疙瘩，不会编造谎话，依据实情禀告说："我家老爷为给大人庆寿，特地找来工匠，亲自监督，在衙署后面制造这些砖头敬献给大人。今蒙赏收，荣幸至极。"还将制作过程和盘托出，毛坯如何上色，再如何使颜色剥落，又如何在上面生出苔藓，等等，都说了个明明白白。闹了半天，原来这不是古董，而是赝品呀。毕沅这才知道上当了，显得有点尴尬，只好一笑了之。

毕沅平时工作比较忙，对家庭也就顾及得少了。他有一个小妾就耐不住寂寞了，成天和一个门客眉来眼去的。时间一长，两人就勾搭在一起了，还在一个月黑风高的夜里私奔了。毕沅得知这桩丑闻后，叫来一位手下，递给他一把刀，说："你去，追上他们两个，把他们杀了后回来交差！"毕沅夫人听说后，赶快跑了过来，她劝告毕沅说："你是知书识礼之人，又是朝廷命官，哪能做私自杀人之事？既然事情已经发生了，你干吗还要再阻止他们呢？放他们一条生路吧。"毕沅一听，觉得夫人讲得有道理，自己也确实没给那个小妾温暖和幸福。于是他便让人取了一些银两给那个手下，说："你还得去追，但不是杀了他俩，告诉那个门客，就说是我说的：'你既然想得到她，何不直接说啊，干吗带着人跑呢？'你告诉他俩，我不怪罪。我还怕他们逃跑路远缺少盘缠，特地送点盘缠给他们。让他们就好自为之，一起生活吧，说不定以后还要见面呢。"

毕沅的手下追到门客和小妾，把毕沅的话告诉他俩，还给了他俩银子。他俩感到十分羞愧，再三拜谢。后来，这位门客靠自己的努力当上了官。而这时候，毕沅则因为涉及官司被撤官罚没家产，恰恰是这位门客和另一个大臣去抄毕沅的家。二人正在清点钱财的时候，突然一个商人过来说："毕沅家的客厅里那块好大的翡翠是我家的，毕沅只是借过来看看的，借了好多年了，现在他出事了，我得要回去。"那位大臣并不相信，还在迟疑，想这个商人会不会是在骗人。只听那原先的门客说："没错，我知道这块翡翠的确是借你的，现在你就拿去吧。"那个商人拿了翡翠，又出示了一张毕沅向他借一万两银子的借据。大臣查验这张借据无误，又从毕沅的家产中拿出一万两银子还给了商人。其实，那块翡翠本来就是毕沅家的，所谓"借过来看看"的说法和那张一万两银子的借据也是那位前门客编造的。他是为了报答当年毕沅不杀还赠予盘缠的恩情，故意买通商人出面来拿翡翠、讨债。抄家后，门客悄悄将翡翠和一万两银子还给毕沅家，毕家才能生活下去。

毕沅的诗文赏析

毕沅虽非昆山的状元，是太仓的状元，但毕沅的籍贯是昆山。毕沅一生游历大江南北、名山大川，著有《灵岩山人诗集》四十卷，传世的有清嘉庆四年（1799）经训堂刻本，后被收入《续修四库全书》。其中有《吴淞棹歌五十章》，毕沅为这五十首诗单独写了序，全文如下：

予家籍隶昆山，旧居东南乡之绿葭浜，滨临吴淞江，先茔丙舍在焉。春秋展墓，或探访戚友，岁必数数至，至则盘桓伫恋。时于渔父棹娘作水天闲话，风帆一叶偃仰于白蘋红蓼间，秫酒鱼羹，意兴闲适。此则依棹而歌，彼则扣舷而和，霜天月夜，韵彻寒宵，余音常在耳也。山居闲静，人事不接；松阁雨昏，心情无赖。每忆放艇柳阴，怡情莲渚，水乡景色，其人宛在，聊作《吴淞棹歌五十章》，谱江国之风谣，记渔家之岁月。后有续天随笠泽书者，或可采录焉。

在这篇序里，毕沅一开始就说自己是昆山绿葭浜（今陆家镇）人，说得明明白白、清清楚楚。他家旧居就在吴淞江边，看守祖坟的正房两侧的厢房（丙舍）还在，亲友们也都住在这里。春秋祭扫祖坟（展墓），平时探望亲友，每年总有好多次回到家乡绿葭浜（岁必数数至），回来了就不想走了（盘桓伫恋），字里行间充满着对故土的眷恋之情。空闲时间，毕沅在吴淞江上与渔父、棹娘交流，了解他们的生活状况，倾听他们的喜怒哀乐，还常常在月明星稀之夜与他们一起唱唱民谣小调，“渔歌互答，此乐何极”。在《吴淞棹歌五十章》中，毕沅不仅记吴淞江“渔家之岁月”，更多的是对乡情乡愁的描述。“吴淞棹歌”是五十首诗

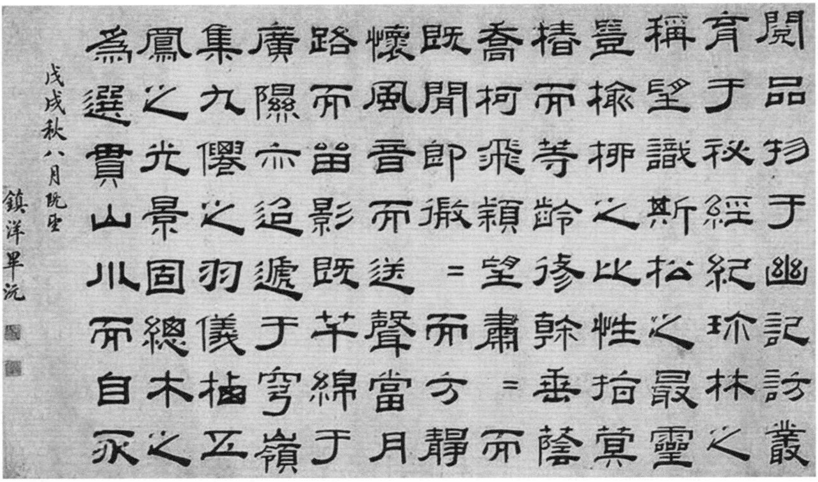

毕沅书法作品（郑涌泉提供）

的总题目，每首诗并无单独小标题。如：

一叶村航手自划，春三展墓泊平沙。

到来丙舍连渔舍，门连江流是绿葭。

清明回乡扫墓，亲手划着一叶小舟来到连着渔舍的祖茔，这里就是我的故土绿葭浜啊！墨至淡而情至浓。

半江碧玉皱涟沦，点染波光绚好春。

柳陌雨深泥滑滑，绿蓑青箬卖鱼人。

春雨中的吴淞江景色醉人，但毕沅关注的是在泥泞的小路边上，穿着蓑衣、戴着箬帽，在雨中苦苦等候买主的渔家人，生活还得继续。

柳梢残月乱鸦催，满面霜华枉溯洄。

我欲卖鱼趁晓市，主人木栅未曾开。

天还没亮，乌鸦就催着满面霜花的我往绿葭浜镇上赶了。本想在早市开张前将鱼卖给渔行，自己可以早点赶回去捕鱼，不想渔行的木栅还紧闭着呢。然而，毕沅的同情能改善渔民们的生计吗？

不识人间金翠妆，不知织布不提筐。

自怜命薄如流水，生长船家作棹娘。

渔夫苦，船娘更苦。别说什么“金翠妆”了，就连坐在屋里纺纱织布或者提着竹筐去采“青青陌上桑”的福气都没有。休提起，若提起，泪洒江湖。

白蘋风冷满汀州，浊酒清歌几度秋。

明灭夕阳波上下，玉峰翠影落船头。

这是一首写景抒情诗。秋天的夕阳下，静静的吴淞江畔，毕沅居然能看见一二十里外的马鞍山的翠影落在了自己坐的船头上。何谓乡恋？尽在笔端。

青洋江水拍吴塘，一水盈盈两地望。

家书题就平安字，后夜潮平寄夜航。

青洋港（今名青阳港）连着太仓塘。一年里很多次回到绿葭浜，回来后就不想走了，又惦记着在太仓的家人，书信就是传递亲情最好的载体了。

画船箫鼓荡中流，白塔凌虚倒影浮。

八月十八潮生日，问潮馆外看潮头。

在古代，八月十八这天，昆山市民们扶老携幼，倾城而出，到东门外青洋港与太仓塘交界处一个叫作“西津”的地方去看潮水，人山人海，热闹得不得了。明万历年间，当地士绅捐钱在这里建造了一座石塔（也有说是一位和尚募建的）。石塔因颜色纯白，俗称白塔，又叫玉柱塔。这个地方就被老百姓叫作白塔头，沿传至今。南宋初年昆山一带就流传着一句谶语“潮至夷亭出状元”，后来，昆山知县叶子强就在夷亭（今唯亭，时属昆山）建造了一座问潮馆，盼望着滔滔大潮过夷亭，昆山可以出状元。而清康熙《昆山县志稿》则载，问潮馆在丽泽门外驷马桥西。毕沅笔下的问潮馆应该是在县城小西门外驷马桥西。

淀山圆泖众流通，万顷琉璃晓镜中。

系缆柳根鱼不得，钓纶空漾落花风。

毕沅不仅眷恋吴淞江，还兴致勃勃地在清晨泛舟浏览淀山湖。那“万顷琉璃晓镜中”的美景让他看得如醉似痴，竟忘了钓鱼，任凭钩线在风中飘荡而鱼钩上却始终是空空如也。

毕沅另有两首写昆山的诗。

其一，《望昆山》：

路近心渥适，家门隔半程。风光饶绮丽，城郭记分明。

酒价丰年减，乡音客久生。吴淞春水碧，滢荡写离情。

毕沅的足迹踏遍大江南北，但最让他牵挂的还是昆山，就用笔蘸着清澈的吴淞江水来描述浓浓的乡情吧。

其二，《游马鞍山登文笔峰远眺》（全诗较长，仅选前四句）：

泽国走平沙，见山等奇货。碧云森瑶簪，螺髻生一个。

渐觉奇情赊，难饫穷眼饿。势争培□高，意敌嵩崒大。

（最后一句最后一字“大”按韵脚应读作方言“度”音。）

故乡马鞍山的奇妙景色实在难以“喂饱”作者饥饿的眼球。在作者的心中，实际高度只能算作“培”（土墩）的马鞍山却可以与中岳嵩山相匹敌，可见玲珑如“瑶簪”的马鞍山乃是作者的一种感情寄托。

《灵岩山人诗集》中有这样一个现象：毕沅一生写了很多诗，在他的诗中描述了全国很多地方的风土人情，但他作为太仓状元，写太仓的诗却鲜为人见，而写昆山的诗则很多，可见他对家乡昆山是有着深厚感情的。

记取清末椿里流血事件的教训

毛经球

昆山自从改革开放以来，发扬了“敢于争第一，勇于创唯一”的精神，走出了一条高质量发展的“昆山之路”。这里有昆山本地人的努力，也有新昆山人的无私奉献。特别是今日昆山市政府给予了新昆山人许多优惠政策，譬如在就业、住房、入学等方面都提供了诸多方便，把新昆山人当作昆山自己人，因此营造出了和谐友好的气氛。

今天向大家介绍的发生在昆山的这个特大流血事件，对今天仍有一定启示意义：一是本地人和外地人应该和睦相处，二是地方官员应该负起担当责任，三是对突发事件应该及时处理。

昆山的那次重大伤亡事件发生在100多年前的清末，今天知道的人已经不多了，但改革开放后新编的《昆山县志》的“大事记”中存有记载：

“宣统二年（1910）十二月，县西南大慈镇椿里村发生村民与外地游民械斗，焚毁房屋40余间，数百人死于枪、刀、火、水中，淀山湖内浮尸为患，打捞尸体488具。村民死47人。”

宣統二年十二月初有流民數百號稱災民據孟子浜鄉
人與之鬭殺其五六人流民遂退至椿里里在孟子浜
北六七里居民數十家三面環水西北通南里有鄒步
雲者雄於鄉屋宇寬深流民破門入據而來者益衆計
有千數咸稱報孟子浜之讐圖董陳文三出爲調停許
給米四石洋十元流民已首肯監生湯文炳不可曰鄉
人衆累者有年矣今彼自投羅網胥使一家哭毋貽日
後禍由是一呼百應遠近諸村咸集以柴繩索縢爲號
初六鎮明圍鄒氏宅以煤油漬繫繩之竹竿縱火攻之
流民出不之備亟啟門出步雲妻諭止鄉人而繫步雲
於屋上以挾制之烏合之衆莫之或主流民遂殺步雲
文炳與步雲有姻誼令鄉人躍入救進死者三人卒冒
死負步雲屍及步雲母子女出惟鄒松雲鄒介宗及步
雲之妹不獲被焚死是役也鄉人死者共四人傷者六
七人流民多數焚死逃逸者追殺之婦女孩稚無一遺
屍骸分載澱山諸湖拋棄之翌日縣尹至因事鉅遂含
糊申詳滓以流民據鄒氏宅縱酒宣淫與鄉人格鬬流
民死者多數鄉人死者少數巡撫程具疏奏聞 上諭
將崑山縣知縣陳鎬罷職湯文炳革去監生至春屍腐
爛居民吸水釀成疾疫崑新兩邑紳士具稟滬道邀集
各處善堂設局蚓澤陳墓周直商塔四處分地撈之始
正月初六日至二十日止共計撈獲四百八十八具
椿里焚殺流民記

相关记载（毛经球提供）

这个死了数百人的重大事件惊动了当时的清政府，但只有不足一百字的记载，后人很难知道那次突发流血事件的详细。同一时期修纂的《张浦镇志·大市卷》里有一个附录，比较详细地描述了事件真相。这个附录叫《椿里村打游民记》，编纂人员注明摘自《昆新两县续修合志第二十三卷·杂记》。写这篇文章的是一个叫马光楣的人，文章的原来题目叫《椿里焚杀流民记》。后人编撰《张浦镇志·大市卷》时，将文章名改成了《椿里村打游民记》，比原来的题目温和了不少，且为了方便阅读，将马光楣的文章改写成白话文的形式，但原意没有改变。

事件起始

《申报》原名《申江新报》，1872年4月30日在上海创刊，1949年5月27日停刊。这份报纸是近代中国发行时间最久、影响最广的一份报纸，是中国现代报纸开端的标志，被人们称为研究中国近现代史的“百科全书”。《申报》追求新闻自由，为我们留下了丰富的历史资料，可供当代史学者参考。

《张浦镇志·大市卷》的附录里记载了一段文字：“先前，在光绪十四年（1888）间，已有宁波客民来新阳县境内垦荒，第二年来者络绎不绝，时与乡民寻衅事端，经地方绅士上告护抚黄彭年，黄委派王祖钦协同新阳县令周镡到乡下，将客户驱逐出境。”

这段话说明了流民问题成为清末江南地区一个很大的社会问题。经常有游民成群结队来到昆山地区，他们来自当涂、海州、阜宁、宝应等地，大多经福山、江阴、常州、镇江各个渡口而来。1876年，昆新两邑的士绅特地赶到省里，要求省里发文，对这些盲流人员进行截留。后得到上级批准，并由省里派员分赴各海口，查看截留情况。当时不许游民渡江，但游民为了生计，仍强行过江，并沿途勒索和骚扰当地百姓。各府发布的截留公告等于一纸空文。因此有人提出追究来者，要求那年秋后先查办各渡口的截留情况，再告知游民的原籍地方官，不准发给执照，使流民失去护身符，不再南下。说说容易，但要做到很难。

据《申报》记载，在1884年3月下旬，苏州娄门外就有游民船经过，男女老幼有二百多名，守在卡口的守官报知元和县，元和知县因为没法安顿，而舍手不管，结果使游民往昆山一路而去。

1888年，昆山新阳和太仓镇洋交界的地方又来了一大批客民，他们借垦荒之名，霸占有主之田，引起不少纠纷。到了1889年3月，流民更是蜂拥而至，达千人以上。最可怕的是，这些人中有的没带妇女孩童，自己亦无农具，但刀枪火器无一不备。这些人寻地搭盖草棚，散处各村。在青黄不接的时候，因为是游民，种田本钱不知从何处筹集，强赊硬买倒是小事，抢劫奸拐等案件却时有发生，游民和本地居民的矛盾越积越多。虽然屡经当地耆老（有声望的地方老人）和地保禀请县令会同营汛到乡下驱逐，但游民仍是阳奉阴违，继续盘踞在当地骚扰乡里，使得当地居民夜不安枕、提心吊胆。到了5月，游民滋闹的事件时有发生，弄得人心惶惶。

地方长官先禀报上级长官，请求把这些游民遣回原籍。但当时的两江总督曾国藩认为游民太多，一旦驱回原籍，恐怕会聚众生事，就命令部下前往劝导。通过艰难工作，游民陆陆续续被遣回了过半，但还留下大批游民。这批游民良莠不齐，大多数是来南方垦荒的，但里面也夹杂了一些刁民。这些刁民出身军队，见多识广，而且已经长期脱离劳动。他们就算想要重新拿起锄头从事农业生产，也已经力不从心了，加上他们对清政府早有不满情绪，因此就借机生事，影响极坏。

有一年的二月初四下午，数十只大船突然开来，船上载有游民四百多人，停泊在苏州胥门城外的码头上。船上为首的人声称要进城叩禀抚宪大老爷，守门官马上进行劝阻。但这批游民仗着人多势众，一再要求上岸，并要求地方官员准许他们留下。守城参府勃然大怒，放话出来，如再纠缠下去，就要拿人严办。这些游民见硬的行不通，就改换软的，苦苦哀求，要求发一点钱，好让他们买点食品充饥。结果府县答应每人发给三百文，要求他们立即开船回去。这些人还是不肯离开，再三要求加钱。

到了次日早晨，地方长官出城面谕这些游民，答应再给每个游民钱一千文，要求他们拿了钱后迅速开船，如不遵命，一定严办不贷。游民见地方官声色俱厉，只好诺诺地领钱而去。水师监督他们出境。但这些人居无定处，没有归宿之地，只得向其他地方流窜。就这样，他们流向了昆山、新阳等地。

事件进展

昆新对到来的游民，同样采取遣散回籍的办法。但是这些人凶狠蛮横，不肯离开。就在这年的正月初二、初三两天，昆山县属大慈镇陆续来了逃荒乡民数百人，他们扶老携幼，挨户索食，看见鸡鸭等物就任意窃取，简直像强盗一样。各店铺也感到恐慌，当地百姓惊惶不已。该镇镇董马上出面与游民沟通，结果双方都不服从，从动嘴到动手，发展到相互斗殴。由于场上人多手杂，双方互有损伤。当地地保看到这种情形，马上飞赴县署禀报，邑令立刻率领通班差役，一路浩浩荡荡向大慈镇出发，进行弹压。

邑令到了那里分别验明伤情后，就传唤游民首领，答应给资但要求他们立即回去。当邑令正要分批把游民遣送回籍时，竟然又来了百余名游民。邑令一看情况不对，立即上报省府，要求派员一起调停，要求各地官员遇有游民随时截留遣返，切勿任其南下。

与此同时，时年正月初七日，又有大批游民一百余人到苏。长洲县令派人捉到民船十余只，即于初八日载送无锡，并分派差役押送。其中有一船被捉，当船户把船开至王家泾地方时，由于河面较宽，而且靠近常熟地界，这时船主把押送游民的杨麻子骗到船头，把他推入河中淹死。当时，船上的游民都闹了起来，结果被船主肆意殴打，打伤数人。船主将船摇近岸滩，驱赶游民上岸，这些人只得四处逃逸。直至十二日，这个当差的杨麻子的尸体被发现了。当地人一见出了人命关天的大事，就报告当地地保，地保马上报告县令，然后县令派人前往验尸，并追缉凶手。这个船主的舅舅在苏州某公馆充当厨司，因外甥被拉去当差好久没回来，就到县里询问。当班的差役一听这消息，马上把人扣押。经审问，船主舅舅供出了外甥曾去常熟的行踪。那个船户很快被抓住，然后伏法。可见，那时的清末社会混乱不堪。

事件升级

1911年1月21日《申报》三版《昆山乡民大战游民详志》记载：有淮海一带的饥民，每到冬季就南下要饭，名为乞讨，实际上是强抢肆劫，无所不为。虽1910年明文规定沿途实行堵截，但饥民仍成群结队潜踪南下。1910年农历12月初，大批游民到昆山县属大慈镇，无故焚毁民房三进，乘机掠夺，不可收拾。大慈镇镇董戴霁云告急于昆山县陈大令。陈大令正好住在邻近的陈墓镇，戴霁云恳求县令马上动身去大慈镇弹压。陈大令觉得情况危急，不好推却了，只好坐上船到大慈镇履勘一周。陈大令非但没有训斥游民，反用好言抚慰游民，并命令戴霁云想法筹给游民抚恤费计大洋五十五元，对善后的事情不和戴霁云商量，对闹事的游民也不予究问，就匆匆回去了。

初三日，有游民五六十人至孟子浜村，索米索钱，并拿出利刃恫吓。乡民鸣锣聚众，然后自卫格斗，双方互有死伤，游民终因寡不敌众而逃逸。

到初五日，游民复结聚众复仇，村人惶恐万分，也结聚众人，各执农具，坚守水栅。这些游民转身来到附近的椿里村，他们知道村董邹步云家殷实富裕，就直奔邹家大宅，见到邹步云后扭住不放，向他索要银洋三千元。邹步云无奈之下，答应拿出大洋一千五百元，才息事宁人。

当夜，这些游民在椿里村四处抢劫强奸，所到之处闹得鸡犬不宁，并将赃物全部运到邹家大宅。邹步云一看情况不妙，就趁着黑夜偷偷跑出求援。邹步云来到老鸦窠，村董汤建中得到邹步云的情报，了解了游民的人数和所持武器后，连夜聚集邻近乡民，分兵几路，围歼椿里的游民。

一些平时喜爱打猎的村民拿起了鸟枪，有的村民拿起了铡草的铡刀，没有武器的村民就拿起了各种可以械斗的农具。他们在腰里束了稻草绳作为记号，一齐直奔椿里，准备与游民决斗，拼个你死我活。

事情正在发酵之中，到了初六日，四面八方的乡民闻风而来，愈聚愈多，杀喊之声可谓震天动地。汤建中一看事态有升级的可能，大声呼吁乡民切勿感情用事，但为时已晚，乡民们情绪激动，已经阻遏不住了。

这时，盘踞在邹宅的游民进退两难。此时，邹步云看到七十多岁的老母及自己的妻子均未逃出，不忍远离，结果被游民捉住。游民捉住邹步云后，逼邹步云爬到屋顶，要他命令乡民散开。汤建中考虑到邹步云有被害的危险，就一再要求乡民不要把事态扩大，就这样僵持了两个小时之久。

游民见乡民并未后退，就在屋顶上把邹步云捆绑起来，威胁乡民们说，如果你们再不后退，就要把邹步云开膛破肚。乡民们一见这个情况，就犹豫起来了，恐怕游民一旦冲出来，势必会纵杀无辜，所以还是围住不散。不料，游民竟丧心病狂地将邹步云开膛破肚，残忍地把邹步云的尸体从屋面上抛了下来。

岱山鄉民大戰難民詳誌

当时的事件记载（毛经球提供）

汤建中见事情发展到这样的地步，已经忍无可忍了，就一面调集数十个健壮的乡民组成了敢死队，准备破墙而进，夺救邹步云的老母和妻子；一面下令乡民各执器械紧紧围住邹宅，不要放过所有的游民。乡民目睹邹步云被害场景，咬牙切齿，均要与游民生死搏斗。

游民知道闯下了大祸，面对群情激愤的乡民，难以抵挡，因此守在里面闭户不出。汤建中一时无计可施，恰好邹步云的老母要为儿子报仇，表示情愿焚毁自己的房屋，也要将游民消灭。汤建中考虑再三，事到如今只能这样了，就命令乡民在邹步云家四面放火。游民一见外面放火攻击，一时大乱起来，争相逃命。其中有个头目带领八个人夺门而出，其他人都死于大火。

这帮逃出去的游民直奔大慈镇第五营某号哨那里，向该处头目行贿大洋一千元，要求商借洋枪军火，让他们回去复仇。

汤建中等看见巨魁已逃，就拼命追赶，看到这伙人窜到大慈第五营某号哨，就向该号索取那出逃的八个人，岂知那位头目竟然出言不逊，还向村民开枪，其中一乡民被打中肩窝，于是乡民群情愤怒，要向哨号头目讨个公道。幸亏镇董及时赶到调解，第五营某号哨才将那八个游民交出，此八游民则被乡民乱棒打死。那号哨头目一看苗头不对，拔脚而逃，溜之大吉。

到了初七日，陈县令闻知出了大事，不得不亲临大慈镇去勘察详情。他一路上听到了死人消息，竟然瘫在轿里瑟瑟发抖，传令差役停止前行，随后听说事态已平静，才继续前行。

一进村里，乡民见到陈县令，都怨他软弱无能，而使事态步步升级。一时间村民像炸开了锅一样，有的骂县官是个糊涂官，有的干脆冲上前去要把陈县令咬死才解恨。陈县令一看这情形就傻了眼，心想，这官帽肯定保不住了，还是好汉不吃眼前亏。他只得好言抚慰，并振振有词地对死者家属说，一定会做好安抚工作。死者家属这才慢慢散去，一路上哭声不断，景象凄惨。

经查验，这场流血事件共计焚毁邹姓宅房四十余间，焚死游民六百余人，村中幼女被轮奸毙命者四人，因遭受强奸受重伤者七人。椿里村血肉横飞，惨不忍睹。

事件后续

事后，汤建中慷慨解囊，抚恤受难乡民每人二十元，而游民尸身即用十余艘农船装载后，抛入淀山湖中。汤建中为了一方安逸，就率领四方士绅到省里控告。

经此大难的椿里乡民，知道游民必定会来报复，就雇佣铁匠多人，连夜赶造鱼叉、铁搭、钢刀之类的武器，加强防卫。

关于这次影响极坏的事件，有人在1911年1月21日《申报》上以《清谈》为题发表了议论，认为当时大批游民入境后，地方官员没有及时妥善处置，严重失责。该人指出“难民入境后，始不能遣之，继不能弭之，结果造成血肉横飞”，还一针见血地提出“试问为一邑之长官者，能辞其责否？”的问题。

事后，昆山西南各乡绅联名上书苏州府，指出：“昆山县西南各乡，距离城治都在四十里外，村落散布，中隔河荡，彼此难以呼应。历年冬间有淮徐逃荒流民前来要饭活命，往往初起强行投宿，每至一村索米十数石，索洋百数元，不遂意就滋扰乡民，乡民畏其久居，只得如数付给。而流民见乡民温和，就得寸进尺，年甚一年。以致在宣统元年（1909）十二月至翌年正月间发生了大慈、虬泽、歇马桥等地的多次格斗流血事件。”要求府衙做出决策，以保一方安定。

江苏巡抚程德全也撰写了一份“昆山县流土格斗互毙”的奏章，详细报告了事件经过，要求革职处事不力的各级地方官。清政府于宣统三年（1911）二月二十三日批准，处理了一些渎责官员，游民与乡民的对立事件终于得到平息。

这个流血事件以昆山县陈县令、昆山县陈通判、大慈镇汤董事被革职而告终。这也成为昆山历史上引以为戒的不作为和乱作为造成的经验教训。

“滑稽之雄”黄幡绰

周　刚

正仪（古代称信义）北三里，阳澄湖和傀儡湖中间，有个绰墩山，绰墩山因葬着唐玄宗身边的伶人黄幡绰而得名。宋龚明之《中吴纪闻》云：“昆山县西数里有村曰绰堆，故老相传，云此乃黄幡绰墓。至今村人皆善滑稽，及能作三反语。”

按龚明之的说法，这地方以前叫楼里，因为唐玄宗身边的伶人黄幡绰死后葬在这里的一座土山上，从此这土山叫绰墩。到了南宋，有个皇帝光宗叫赵惇，惇、墩音同，为避皇帝讳，绰墩一度改名绰堆。因为这土墩似小山，故又叫绰墩山。

今日傀儡湖（毛宇龙提供）

“三反语”是古代流行的一种暗语，常用于戏剧小丑的宾白和滑稽戏插科打诨中。“三反语”多指从前字典里用反切法（民间称切口）来注音的语言。反切、切口就是取两音相切，拼出一个字音，如“斯乌”拼成“苏”，这种拼读法俗称打三反或打切口。黄幡绰是滑稽演员，会说这种语言。安史之乱后，黄幡绰落户绰墩，传下这种语言。

黄幡绰是唐玄宗身边的当红艺人，善演参军戏、悬丝木偶戏（傀儡戏），而且歌喉极好，说噱弹唱样样皆能。黄幡绰侍奉唐玄宗三十多年，深得宠信，常伴其左右。玄宗甚至“一日不见黄幡绰就怏怏不欢”，赐他绯衣（四品官服色）。近现代戏剧评论家任半塘称他是唐代演艺界才艺品德第一人，世称“滑稽之雄”。

安史之乱爆发后，玄宗西逃，好多宫廷艺人流落江湖。为了谋生，黄幡绰在傀儡湖边落户，传授乡人傀儡戏和宫廷歌谣。据当代昆曲学者称，黄幡绰在昆山传下的歌调成为昆曲之源。

背景之盛

唐代从贞观之治到玄宗李隆基开元年间，已经近百年无战事，再加上皇帝励精图治、任贤用能，朝堂吏治清明，社会安定，百姓安居乐业，物质生活水平也飞跃提升，出现了繁荣景象。

据载，当时京都长安（今西安）人口约达100万，城市之大为世界之最，城内大街纵横交错，每条大街可以容四辆马车并行通过，两旁店铺林立。住宅区分隔成100多个坊，如井字形布局，规划追求标准化，秩序井然。坊内皇戚、官僚、富户多，居处多大宅，设施也完备，有的甚至拥有“喷泉”降温装置：夏天，水从屋顶流下，给居者带来清凉。当时长安的治安管理也很到位，坊与坊之间都有巷，出入口有门，叫巷门或坊门，坊内人家都编有户籍。城墙上有高大的鼓楼，起居用钟鼓报时，暮鼓响，即宵禁，坊门关闭上锁，人不能外出上街，街上有骑兵巡逻。

大唐是开放的朝代。长安是万国向往的国际化大都会，所以满街可见来自大食、天竺、昆仑、新罗、日本等地的淘金者。皇亲贵族和一些富家大多供养着当时盛行的胡姬乐班，宴会时，乐人或跳节奏感极强的柘枝舞，或坐在骆驼背上表演技艺。到了开元盛世，玄宗更好音乐歌舞，常在宫中跟大臣们同欢同乐。

玄宗还在教坊司设梨园，建宫廷舞乐团队，分立部伎、坐部伎两班。立部伎乐工都在堂下演奏，舞者60至180人，乐器用音量宏大的鼓和锣，舞姿雄壮威武；坐部伎乐工坐在堂上演奏，舞者多为20人，用丝竹伴奏，舞姿优雅。玄宗还广招天下名工名伶和能歌善舞的才俊充实乐队，当时李龟年、雷海青、张野狐、公孙大娘等身怀绝技的艺界精英，都成了梨园弟子。而滑稽名家黄幡绰的到来，更为梨园增色，玄宗像得了至宝一样喜欢他。

黄幡绰，凉州（今属甘肃）人，从小喜欢曲艺，嗓音极好，而且多才多艺。唐代凉州盛行一种线胡腔，又叫悬丝戏，就是早期的木偶戏，黄幡绰凭此艺常游走于江湖。有一次在长安，他被张徽发现，张徽立即将黄幡绰推介给玄宗。因为线胡腔擅长说噱弹唱，道白唱词都在音乐间歇时进行，张徽就跟黄幡绰联袂演参军戏，自己取艺名叫张野狐。两人在长安城内演出时，万人空巷，轰动西京，所以得到玄宗青睐，常伴其身边。

不久，玄宗创作了大型宫廷舞《霓裳羽衣曲》，把唐代歌舞艺术推向了辉煌顶峰。黄幡绰是重要参与者之一。

据宋代乐史作的《杨太真外传》说，《霓裳羽衣曲》是唐玄宗登三乡驿时望女儿山而作。当时玄宗见山峰高峙，其势欲坠，断崖间云彩变幻，忽闻歌声飘来，音似天籁，仙姬群舞，花落如雨……于是有感作此曲。

但据《开元天宝遗事》说，天宝初八月十五中秋夜，道士罗公远把一支桂花树枝掷入空中，枝旋化作银桥。罗公远邀玄宗跟他一起过桥去游月宫。约行数里，入月宫，见仙女数百，素练宽衣，舞于广庭，其曲嘹亮清越，凄楚动人，曰此《霓裳羽衣》也。玄宗默记其声调，返后作《霓裳羽衣曲》。这段故事，唐昭宗时宰相郑綮的《开天传信记》中也有，但不同的是，郑綮说“唐明皇梦游月宫”。这说法在民间广为流传，有人把唐玄宗叫成唐明皇。

正史都采用乐史的玄宗在三乡驿望女儿山而作曲的说法。乐史（930—1007），字子正，抚州宜黄（今属江西）人，由南唐入宋，宋太宗时任著作郎、直史馆，著作甚丰。他的《杨太真外传》对后世小说、戏剧创作影响很大，如白朴的《梧桐雨》、褚人获的《隋唐演义》和洪昇的《长生殿》无不取材于此。

上海辞书出版社1983年版《中国戏曲曲艺词典》对唐玄宗李隆基创作《霓裳羽衣曲》的介绍，也用乐史之说，而且更详细。该词典介绍：李隆基天性风流，六岁就能演戏，精音律，尤能谱曲。当时西凉节度使（应为河西节度使）杨敬述进献舞曲《婆罗门曲》，此曲的梵音清声让李隆基震撼，李隆基很想用它在梨园表演一场大型歌舞。后来李隆基在三乡驿望女儿山时被缥缈的幻境、仙女们清越的歌声和灵动的舞姿激发了创作灵感，于是改编润色《婆罗门曲》并填词。其舞和曲着力表现缥缈仙境和飞天仙女的形象，故名《霓裳羽衣曲》。

全曲分散序、中序、曲破三部分。散序只有乐器演奏，不舞不歌；中序为拍，且歌且舞；曲破为全曲高潮，繁音促节，声调铿锵，结束时转慢，舞而不歌。统观全曲，这是一组有歌有舞、层次分明的大型舞曲。

在宫中演出时，李隆基担任导演，一位戴面具的丑角击羯鼓声起，在雷海青琵琶、张野狐箜篌引领下，梨园立部弦乐齐鸣，是为散序。之后，李龟年舒喉放歌，坐部众姬随之和歌起舞，杨玉环袅然若仙，登场领舞，是为中序。至高潮时歌声由慢转快，乐声急促，玉环带领众姬衣带飘忽，旋转似幻；转入低潮时渐慢，舞而不歌，乐声停止，全场静音，曰曲破。

《霓裳羽衣曲》吸纳了当时西域的胡乐胡舞，又掺入了飞天仙女的缥缈幻景，由风流皇帝和梨园明星共同打磨演绎而成。此曲一出，海内同歌，万民仰慕。

黄幡绰是《霓裳羽衣曲》的热心参与者，舞曲中戴面具、击羯鼓的就是他。黄幡绰多才多艺，善滑稽，也以击鼓嘌唱（即清唱）见长，而且书法也好。玄宗令他将《霓裳羽衣曲》词书写成碑，此碑到清代还在。康熙年间王士禛的《池北偶谈》称："唐明皇霓裳羽衣曲碑，黄幡绰书，今在蒲州，见于奕正《天下金石志》。"

可是，好景不长。安史之乱爆发，皇帝、贵妃西逃，梨园星散，《霓裳羽衣曲》曲谱失传，成为千古绝响。一说《霓裳羽衣曲》十八阕，仅存中序一阕，存白石道人歌曲集中；另外南宋周密《齐东野语》中有霓裳一曲共36段。

《霓裳羽衣曲》为"昆曲源于大雅之乐"的说法提供了佐证，也对后来戏剧中旦角的水袖、舞姿影响极大。

浪迹之地

安史之乱后，不少梨园名角四处逃亡，其中就有知道姓名的、漂流到江南的梨园大腕李龟年。虽然江南未经战火，还是一片好风光，但他却形单影只，步履艰难，只能到处卖唱。杜甫写了一首《江南逢李龟年》："岐王宅前寻常见，崔九堂前几度闻。正是江南好风景，落花时节又逢君。"

开元全盛时，李龟年是第一歌唱家。杜甫在岐王李范和殿中监崔涤的堂会上常听到他的歌声。安史之乱后，在一个落花时节，两人再逢。后来李龟年的日子很不好过，据唐郑处诲《明皇杂录》记载，他"每遇良辰胜赏，为人歌数阕（曲），座中闻之，莫不掩泣罢酒"。尽管他的歌声还是那么动人，但他晚景凄凉，没有落实归宿之地，最后不知所终。

安史之乱中逃亡江南的梨园子弟还有一些。白居易就遇到过一位白发苍苍的"天宝乐叟"，老者自称"禄山未乱入梨园，能弹琵琶和法曲，多在华清随至尊"，后"从此漂沦落南土，万人死尽存一身"。

有人说这人就是黄幡绰，但这说法值得推敲。五代王仁裕的《开元天宝遗事》中说了一件事，说李龟年在江南卖唱时，有听者问，你就是黄幡绰？他回答："非也。黄幡绰跟咱同是梨园老人。"由此可见，黄幡绰的名声当时传遍大江南北，也是位公众人物，白居易不会不知道。

再有，叛军攻破长安时，黄幡绰在乱中被掳。安禄山在洛阳称帝后，黄幡绰继续在宫中演戏。多年后，安史之乱平息，新皇帝李亨要办他从贼之罪，被太上皇李隆基拦下，但黄幡绰只得离开京都长安。所以

正仪绰墩广陵桥（杨瑞庆提供）

不存在避乱之说。

黄幡绰比李龟年聪明，他到江南后，没有走李龟年江湖卖艺之路，而是来到山明水秀、民间艺事丰富的昆山绰墩山下、傀儡湖边村落定居，开始了新的艺术人生。

后人对黄幡绰是哪里人另有一种说法。南朝时期，吴中歌舞盛行，明徐渭《南词叙录》说“隋唐正雅乐，诏取吴人充弟子习之”，而且苏州籍艺伎的身影也常常出现在盛唐参军戏舞台上，所以有人说黄幡绰本来就是昆山绰墩人，但这缺乏信证。

“滑稽之雄”

黄幡绰在宫廷服务时，才艺卓著，更以滑稽见长，被称“滑稽之雄”。任半塘在他的《唐戏弄·演员》中说：“黄幡绰，幡绰优名也。才艺品德为盛唐第一优人，宜亦唐五代优伶中之第一人。开元间，善弄参军戏，每寓匡谏。玄宗悦之，曾假以绯衣。平日侍从，亦常假戏谑，警悟其主，往往解纷救祸，世称‘滑稽之雄’。”

任半塘，本名任中敏，笔名半塘。扬州人，戏曲理论家，历任广东大学（今中山大学）、上海大学、复旦大学、四川大学、扬州师范学院（今扬州大学）教授，曾编辑出版《散曲丛刊》《敦煌歌辞总编》《唐戏弄》《优语集》等。20世纪80年代初，他还在南京大学任教。任半塘对黄幡绰的才艺、人品做了概括评价。

文中说的优名即艺名。幡绰疑是指一种滑稽形象。幡，古时写作旛，是武将插在肩上的小旗。因为黄幡绰在戏中扮演参军，而参军是古代州府武职佐官，所以肩上插小旗（旛）。幡，又是亡者灵柩前的魂幡，出丧时在队列前开道。绰，即歪歪绰绰。黄幡绰之所以取“旛绰”之名，表示小旗在他肩上歪歪绰绰，很滑稽。魂幡遇风上下舞动时也是这形象，所以叫“幡绰”。参军戏源出东汉。唐段安节《乐府杂录》说，东汉和帝时，馆陶令石耽犯了贪污罪，皇帝怜惜其才，但也不能不处罚，就将他圈在宫中，每逢宴乐，命他穿白夹衫，让优伶辱弄。石耽乖巧善辩，大家都难不倒他，逐成相互嘲弄。一年后石耽被释放，和帝让他去州府做了参军。但这种互相嘲弄的即兴表演形式留了下来，发展成参军戏。参军戏由两人合作，以“参军”为主，“苍鹘”为副，一个机敏，一个痴乖，相互嘲弄戏谑。

黄幡绰侍奉皇帝三十多年，深得宠信，常伴皇帝左右。玄宗甚至“一日不见黄幡绰就怏怏不欢”，所以赐了他绯衣。但黄幡绰从不恃宠搬弄是非，而是常借滑稽诙谐规劝皇帝，化解纠纷，平息祸事。所以说，他的人品也是当时演艺界第一。

民间把岳父称“泰山”，这也源出黄幡绰。唐段成式《酉阳杂俎》记载了一则故事，说唐玄宗去泰山封禅，规定四品以上官员才够格随行。丞相张说的爱婿郑镒只有九品，硬是要去，张说只得私下挟带了他。

泰山封禅毕，玄宗在封禅台欢宴随行群臣，还命三公以下官员加一级。张说把郑镒一下子升了五级，让他穿上四品服，参加宴会。玄宗看见了郑镒，故作奇怪，问张说："（这个）小郎何时穿得绯衣耶？"张说窘了，一时不知怎么回答。黄幡绰见状，指了封禅峰对皇帝说："皇上，此乃泰山之力也。"黄幡绰说得有点含蓄，意思是不来泰山，这小儿升不了官。玄宗明白了，封禅是天大喜事，他也不想让这位充当封禅使的丞相难堪，就不再追问，让张说翁婿讨了个大便宜。从此民间把泰山用作对丈人（岳父）的尊称，还把靠丈人的背景得好处的叫作"泰山之力"。至今泰山封禅台后边仍有一块高兀的巨石，上有"丈人峰"三字，说明这典故不是空穴来风。

黄幡绰是瞧不起安禄山那阳奉阴违的做派的，《天宝遗事十种》记载了黄幡绰嘲弄安禄山怀有二心的事。那时安禄山进京，玄宗必在宫中设宴招待。安禄山是个矮胖子，大腹便便，但胡舞跳得特别好。有一次安禄山又在席间献舞，大肚子一颠一颠的，很滑稽。玄宗很开心，问他："禄儿，你肚子这么大，里面装的什么？"安禄山很鬼精，立刻拍马屁，说："皇上，禄儿装的是一肚子忠心。"黄幡绰很看不惯，马上装作着急的样子对玄宗说："皇上，坏了，坏了！"皇帝有点蒙了，问："怎么了？"黄幡绰说："人心只有一颗，有二颗心即是'怀二心'，现在禄儿肚里装了一肚子的心，岂不是更坏了！"大臣们听了都在心里叫好，可皇帝却说："黄幡绰，你喝醉了。"

这说明黄幡绰不但睿智，还是一个爱憎分明、不肯阿谀逢迎的人，所以有人称他才艺品德是唐代演艺界第一人。

传承之精

黄幡绰嗓音极好，还能转喉嘌唱，即变声唱各种声腔。他定居绰墩后，要解决吃饭问题，由于演参军戏没有搭档，就传授乡人傀儡戏和教唱歌调以谋生。因为他是凉州人，又数十年在京城为皇家服务，不会说吴语，只能用宫廷语言教唱歌谣，所以传下的歌调有别于用吴方言唱的民歌，成为江南独有的一种唱腔。到元末，昆山富豪顾阿瑛与名工名伶举行雅集时，又把黄幡绰歌调润色糅合进昆山腔中。明代中叶，音乐人魏良辅把昆山腔打磨成水磨调，在《南词引证》中说："惟昆山为正声，乃唐玄宗时黄幡绰所传。"这"正声"是什么？是用官方语言（即宫廷语言）说的话和唱的歌，又称"雅声"。

在古代，宫廷歌调和地方民歌区分得很清楚，如《诗经》包含《风》《雅》《颂》。"风"指地方民歌，故有"采风"之说；"雅"即宫廷歌谣，用的是官方语言，也叫正声。魏良辅把昆山腔说成正声，是因为昆山腔是从宫廷歌谣变化而来，而这宫廷歌谣就是由唐代黄幡绰传下来的。黄幡绰当时是玄宗身边的当红明星、《霓裳羽衣曲》的演绎者之一，他传下的歌调中有《霓裳羽衣曲》之曲韵，所以，昆山腔的基因还含有《霓裳羽衣曲》的天籁之韵。

今日绰墩村黄幡绰雕像（杨瑞庆提供）

黄幡绰在绰墩传下的歌调衍变成昆山腔，在古代一些诗文中也有反映。

如清代苏州文献学家姚承绪在《吴趋访古录·黄幡绰墓》中说："一曲琵琶海青死……慷慨犹闻骂贼声……累累古冢绰山墩，独有黄郎朽骨存。"当年雷海青也被安禄山叛军所掳，他却不肯屈从，还砸琴就义，后来家乡福建人把他供为雷神。而黄幡绰却投降了，死后葬在了绰墩山。文中还说他："色艺能令官禁传，姓名翻借溪山助。遂令南曲擅新声，小部昆腔列坐倾。"指当年黄幡绰的才名传遍宫禁和官邸，却借助溪山（绰墩山、傀儡湖）留下了名字。而他传下的"余音"，又嬗变为南曲中的一支新腔，即昆山腔，经常用在堂会演出中。"小部昆腔列坐倾"，反映了家班演出的盛景。

黄幡绰还善演傀儡戏。傀儡戏又叫木偶戏，始于汉，兴于唐，是一种高难度的机巧演绎，有悬丝傀儡、水傀儡、杖头傀儡、药发傀儡和肉傀儡五种。悬丝傀儡是艺人躲在幕后牵动丝线，让幕外的木偶表演各种动作，还伴以说唱，演绎戏文。水傀儡的舞台设在船上，木偶表演钓鱼、划船、击球等机巧动作。杖头傀儡指木偶在杖头表演。肉傀儡有两种说法：一说演员是儿童；二说大人托起小儿表演，代替木偶。药发傀儡，一般认为木偶会表演喷焰火，这近乎魔术了。

黄幡绰到了绰墩，常在村东的箬帽湖演水傀儡。因为在湖上表演木偶戏的动作难度高，百姓觉得好奇，看的人多，时间长了，箬帽湖就被叫作了傀儡湖。到了元代，在湖上演水傀儡的风气还盛。元末顾阿瑛在湖边还搭了个傀儡棚，供朋友们观看演出。其文友秦约有诗记其事："微生百年何草草，傀儡棚头几绝倒。"

谐星之墓

黄幡绰死后葬于绰墩山，使得绰墩山成为江南戏曲界敬仰之地。

每年春二、三月，各地戏班都要来绰墩山搭台演春台戏，以表对他的缅怀。之后，春台戏成为一种地方风俗，《信义志稿·风俗》记载，四乡有台戏，唯绰墩最廉，有时还不收费，皆因是黄幡绰葬地。

但是，黄幡绰葬在绰墩山，后人只见古人凭吊的诗文，却找不到他的墓。

《信义志稿》提供了一条信息，长洲（今属苏州）高栒言："康熙辛卯五十年（1711）十二月初五，有寺僧择葬……大石碍道，令舆人徙至他所。下有一穴，如隧道，窥之深杳莫测。土人持炬，宛转深入，正当庙址之下，有石门，门内窟室二楹，四面砖石，雕镂精工。空洞无物。后有一窦在壁间，大如斗，口泥壅不可入。或疑内即幡绰葬处也。"

洞穴之说事出有因，其"后有一窦在壁间，大如斗，口泥壅不可入"的说法，又留给了后人猜测，也许黄幡绰的棺椁埋在很深的地下。

1983年，附近村民在绰墩山边办土窑，取山上黄泥制砖，只二年，绰墩山就被夷为平地。

21世纪初，苏州市博物馆对绰墩史前文化遗址进行了全面性发掘，在绰墩山原址东南方地下，发现了两座疑是合葬墓的船形唐墓，可惜墓顶已毁，墓室内空无一物，仅有三枚"开元通宝"古钱和几百块残砖，有几块砖上刻了"天""调""天子问什"等字样。这就引发了大家热议，"什"在古代与"杂"通用，可解释为杂戏、杂剧，就是古代的滑稽戏。之所以砖上有刻字，是因为从前有身份的人多定制墓穴，也许制砖人知道入土为安者生前常给皇帝演滑稽戏，就刻了"天子问什"在砖上。在绰墩，谁能给天子演滑稽戏呢？那只有黄幡绰了。"调"可解为曲调、腔调，参军戏、傀儡戏都是有说有唱的剧种，这也符合黄幡绰的身份。再联想前面说的洞穴、隧道，应该是从上而下的盗洞，所以墓顶已毁。至此，黄幡绰墓的谜底终于揭晓，考古队因为墓已被盗空，找不到直接证物，但认为墓主可能是黄幡绰。

如今，旅游业兴起，那儿建了绰墩山公园，还塑了黄幡绰石像，供游人观赏。可惜那座彰显古代文明的绰墩山消失了，要是绰墩山还在，那种两湖夹一山、风光旖旎的景色，必将使那里成为游人如织的风水宝地。

明代陈瑚的乡村自治实践

张银龙

身处明末清初跌宕时局中的封建士子，在难以调和的社会矛盾面前，一改先前不切实际的空虚之学，转而关注社会现实。尤其在甲申之变后，他们曾经的读书致仕梦想，被八旗子弟的铁骑踏得粉碎。严酷的现实，逼迫他们改变观念，追求经世致用。他们一方面努力保持心灵清纯的那片厚土；另一方面，凭借深厚的儒学根底，在有限的空间里宣扬他们的治国理念，努力施展他们的才能，形成各自的学术体系。顾炎武和陈瑚可谓这方面的代表。

顾炎武与陈瑚同庚，尽管从现有的史料看，他俩之间没有交往的记载，但是，同仇敌忾、不仕二姓，他俩在守节终身这方面毫无二致。清军南下后，顾炎武离家北上，远赴三晋大地，行万里路，读万卷书，继续寻求经世致用的学问。陈瑚也离家别去，就近隐居蔚村（今昆山周市一带），在一个偏僻的乡村，努力实践着他所追求的经世致用的理念。在蔚村，陈瑚敢于担当社会责任，勇于实践乡村治理，善于教诲黎民百姓，并取得了令人瞩目的业绩。

敢于担当社会责任

在中国历史上，明朝是一个跌宕起伏的复杂朝代。前期，皇权强势，经济发达，带来了文化教育的蓬勃发展；中后期，开始走向没落，但是，社会对文化的重视始终没有改变。历史造就了封建士子普遍具有责任意识，并且成为当时社会的中坚力量，其一举一动、一言一行，备受公众关注。

陈瑚与顾炎武一样，也出身书香世家，有深厚的家学根底。如果追溯历史，陈瑚的祖上地位显赫，人才辈出，他们在不断书写陈氏名门的光辉业绩。据近年发现的《陈安道先生年谱》记载，江南陈氏是南北朝时陈宣帝的第六个儿子延伸的族系。历史上，陈氏族人还曾经与唐僖宗同过爨，受过宋太宗“每岁赐粟二千石”的恩赐。陈瑚十二世祖为陈可山，居浙江乐清。陈可山时逢元末之乱，后移居双凤，其子孙后在附近的常熟、常州一带留下足迹。《陈安道先生年谱》有证：“（陈瑚）十二世祖，山，字可山……浙之乐清人。值元季乱，避地平江（即苏州）双凤……”陈瑚八世祖们则在双凤历史上留下了最出彩的一笔：老大陈济，任《永乐大典》都总裁；老二陈洽，位居兵部尚书；老三陈浚，授刑部主事。

城隍潭远景（张银龙提供）

据《陈安道先生年谱》记载，陈瑚生活于太仓西门外。父陈朝典，居太仓西城根，自号温如。由于高寿，又德高望重，曾列“乡饮大宾”，私谥庄介先生。陈朝典精通经学，家教有法，使陈瑚从小受到严格的教育。陈瑚八岁时进城，来到同样家学渊源的江家，与江士韶成为同学；十四岁时，开始与太仓陆世仪等同学结会；二十岁时，补为苏州府博士弟子员。

面对危机重重的国家，陈瑚非常注重经世致用的学问，因此，“凡天文、地理、兵、农、礼、乐，旁及奇门六壬之书，无不精究”“通当世之务，河漕、农田、水利、兵法、阵图，无不研贯，暇则横槊舞剑，弯弓注矢，击刺妙天下”。

处在明清交替之际的陈瑚，作为一个知识分子，有着强烈的责任感。《清史稿·列传·儒林》云：“瑚之为学，博大精深，以经世自任。值娄江湮塞，江南大饥，瑚上当事救荒书，皆精切可施行，而时不能用。”崇祯十五年（1642），刚刚中举的陈瑚，上书《荒政全书》，提出了“预备、防患、补苴、轸恤”的主张。在随后两三年里，陈瑚又多次向福王献策，但是所献之策均未被采纳。

明末清初鼎革之初，对士子而言，是其人生的严峻考验时期。要么入仕清廷，置名节于不顾；要么拒绝合作，处处受到排挤，甚至面临杀头的危险。顾炎武、陈瑚等一大批封建士大夫，甘为明代遗民，拒绝入仕清朝。甲申之变的音讯传到江南后，陈瑚决意以身殉国。但是，只因父母尚在，面临忠孝两难的境地，陈瑚痛哭流涕，焚衣冠，以表心迹。1645年6月，清兵渡江南下，陈瑚开始了漫长的流亡生活。《安道公年谱》载：“闻军渡江，公弃故居，奉庄介公行遁吴中诸野。初至双凤，旋入蔚村，又次澜漕，遂达阳城。七月七日，昆城破，则走任阳。十三日，虞城破，则又走直塘之曾家湾，又走何市之王秀桥。七月晦，兵至穿山，又走红庙。明日走白茆，又明日走沙溪。将东行以大风阻，夜盗窃舟去。既而依沙溪之曹氏以居。”从中可以看出，在短短的不到两个月的时间里，他们先后滞留过双凤、蔚村、澜漕、阳城、任阳、直塘、何市、穿山、红庙、白茆、沙溪等地，流离迁徙，颠沛不定。陈瑚带上一家老小，一路风尘仆仆，风餐露宿，其艰辛程度可想而知。

1646年春，陈瑚再次移居任阳，在过了一段“矮屋四椽，不蔽风雨”的苦不堪言的生活后，他把目光再次投向了蔚村。1647年秋天，陈瑚终于正式落脚蔚村。这里，有供奉大唐开国元勋尉迟恭的寺庙，有陈瑚仰慕的明代昆山籍高士龚诩曾经留下的行迹，有淳朴的村民，有像世外桃源一般的田园风光。

在杨家宅的一户农舍里，陈瑚迎来了来到蔚村后的第一个冬天。陈瑚在《拟邀文介石住尉迟庙》中留下了关于那段生活的真实写照：“寒风腊腊送斜晖，雪满头颅泪满衣。六诏山川归梦远，三湘烽火客程非。吟残丹叶空留恨，读遍青鸟未疗饥。我有寒潭依古庙，不妨老此竟忘归。”

与此同时，他有感于中国下层社会“无治”之状态，决定致力于经世致用的实践，开始了他后半生的人生追求。《蔚村后人述》有载：“先安道穷年著述，以唱明绝学为己任。自天人性命之旨，修齐治平之道，以及天官、河渠、兵农、礼乐，罔不贯穿旁达……甲申以后，隐居蔚村，释孔孟之微言，缵程朱之正，焚膏继晷不间寒暑。”

此前，同为“太仓四先生”的陆世仪，对传统的“乡约制度”提出了大胆的革新建议，主张将乡约务实化、实事化，就是更加关注基层、关注百姓。当时蔚村严酷的现实，给了陈瑚一次有效治理乡村的机会。他在蔚村将过去那种以道德教化为主的乡约制度演变成兼顾日常经济、社会治安的实用型制度，把蔚村作为施展他实践乡民自治才华的基地。

结社的形式由来已久，在这个特殊时期，遗民结社更在士人之中流行开来。江南一带就有复社、惊隐诗社、莲社、娄东十老会等在内的28家结社。顾炎武与归庄加入过复社和惊隐诗社，陈瑚加入过复社、莲社、水村读书社、湄浦吟社、娄东十老会等。自愿参加这些结社的封建士子，由于使命感与危机感的驱使，聚集起来，坚守节操。出于时局高压的制约，他们经常举办一些类似读书、吟诗、讲学的活动来掩饰结社的内涵，但是，稍稍留意一下，这些结社还是具有鲜明的对抗性。后来，当局似乎嗅出了其中的不安全性，因此加强了控制，甚至进行镇压。文字狱的兴起，使结社者不得不采取一些变通的手段，对抗当局，他们的活动更加隐晦。

在莲社，陈瑚不仅制定了社约，还把学习儒家经典写进了条文。会约有五：父子有亲，君臣有义，夫妇有别，长幼有序，朋友有信。会戒有四：不谈非礼，不发人隐私，不谋利欲事，不作无益。会人有二：同属之亲，同志之友。会期有四：论道之举，景物之举，燕享之举，过从之举。会品有三：便设，特设，非常设。后来，陈瑚组织会友为乡约作诗，并把诗社的作品结集为《顽潭诗话》。后人从中可以领略他们救国救民的责任意识。

勇于实践乡村治理

没有人会认为顾炎武的北上游学是在逃避现实。同样，1647年秋陈瑚隐居蔚村，也绝非常规意义上的消极遁世。尽管他对乡村了解甚少，也不谙农事，不熟悉乡村生活，但是，他到了蔚村，就勇于实践他乡村治理的主张。

第一，村民自治建四会。

陈瑚认为，“治天下必自治一国始，治一国必自治一乡始”“治一乡必自五家为比、十家为联始”。他主张关注民生，且对传统乡约制度提出了大胆革新的建议，将过去那种以道德教化为主的乡约制度变成了兼顾日常经济和社会治安的实用型制度。

陆世仪在遗作中，曾经对此做过阐述：确庵（陈瑚）与蔚村结四大会，大会之中又分四小会：一是讲会，与同志讲《易》；二是忏会，以合蔚村奉佛诸公；三是乡约，以和村众；四是莲社，以联诗文之友。

与四会制度相应的是村规民约，陈瑚要用孔孟礼义、儒家道义教化乡村农人。他制定的以“孝弟、力田、为善”为中心的“蔚村三约”，就是中华儒学思想的精华演绎。“百善孝为先”，他把“尽孝”放在了中华民族的传统美德之首。在蔚村的治理中，他重视劳动的重要性，所以把“力田”放在了重要位置。而“为善”则体现了他村民自治的朴素主张。

每年元夕前后，他会召集全村人聚在村中的尉迟公庙里，听他宣

今日城隍潭边的新农村景象（张银龙提供）

讲“孝弟、力田、为善”三项村规乡约，告诫村人要“遵行不怠，其善者，益加兢惕，以召富贵安康之福，其恶者，及早回头改过自新，以免阳诛阴遣之祸”。

所谓“孝弟”，便是孝顺父母、尊敬长上。世上人不论贵贱贫富，都是父母生的。为父母者，千辛万苦，不知付出多少忧惊、多少劳碌，未曾吃饭，先怕汝饥；未曾穿衣，先怕汝寒。汝长大成人，便为汝定亲婚配，教汝兴家立业。这个恩情真是天高地厚，如何报答？只有随你力量，饥则奉食，寒则奉衣，早晚殷勤服侍。有事便须代其劳，有疾请医调治。倘或父母所行有不是处，须要委曲解劝，使父母心中感悟，不致得罪于乡党亲戚。父母殁后，须要及时殡葬，四时八节以礼祭祀。今人做儿子多不知孝其父母，为父母便要责备儿子不孝。如果自己先不孝，儿子看样学样，自然就会不孝。每年，蔚村年在七十以上的老人，子女要相赠布匹，以表看得见的孝心。

所谓“力田”，就是各按生理，努力耕作。一生之计，唯在于勤。试看世间，哪一个人不是从勤俭中起家的？古人云：三年耕而余一年之积，九年作而有三年之储。如果不能有余，支持一年还可，以后未免要去借债，然后还需交付利息，所以饥寒困苦就会日甚一日。况且钱粮重务不可迟缓，田主收租又不能宽假，如果不是刻苦勤俭，何以完成公私两项负担？凡是男勤女俭、早起夜眠，父母兄弟同心协力的，必定家业兴旺；若是贪吃懒做、早眠晏起的，必然一败涂地，卖田鬻女。陈瑚提倡春耕夏耘，秋收冬藏，步步要及时。如果错了一日，就会差至几日。故“力田”是农人的根本事务。只要勤苦耕种，就有积累。即使粗茶淡饭，也乐在其中；即使粗布衣裳，也觉得温暖。妻子不骄奢了，儿孙不游荡了……

所谓“为善”，就是和睦乡里，毋作非为。做人只有善人和恶人两路，然而只在始初一念。一念而善，则所为无不是善，日复一日，只管做了善人。一念而恶，则所为无不是恶，日复一日，只管做了恶人。古人云：人闲私语，天闻若雷；暗室亏心，神目如电。你瞒得人、瞒得官，瞒不得自己的心。自己的心明明白白，这便是瞒不得天地、瞒不得鬼神了。所以要做好人、要行好事。一村之中，出入为友，守望相助，疾病相扶持，患难相救援。不可以强而凌弱，不可以富而欺贫，不可奸淫，不可赌博偷盗。大家安分，不犯王法，各人自有受用。

就这样，每年元夕前后，陈瑚召集全村人聚在村中的尉迟公庙里，宣讲“蔚村三约”。每月初一，举行“村约”大会，会中考察村民在“孝弟、力田、为善”三方面的进步。陈瑚通过这种工作，劝导村民成为“乡中善人”。后来，陈瑚把“蔚村三约”收录到了其所著的《圣学入门书》中。正如王吉安所赞：“盖先生有济世才而以理学、气节、文章名海内，其理学尤足重。”

第二，救助灾民度荒年。

当初，娄江湮塞，江南大饥时，陈瑚给明朝皇帝上奏《荒政全书》，可惜没有被采用。当他来到四面环水的蔚村后，发现“……前后皆古潭，大小参错相传七十有二，其实过之”。因为蔚村地势低洼，年年水涝成灾，收成不丰，村人往往会饥饿至死。

1648年夏，蔚村因水灾闹饥荒，村民或逃荒要饭，或外出打渔，甚至借高利贷，赊欠黄米度日。陈瑚发现乡民靠借贷度过青黄不接的时期，但常常会受尽盘剥，就号召村民开展互助活动，以求改善民生。他自己带头买田种地，救助灾民。陈瑚命之为“周急法”——平时在秋冬季存下五斗米，到春末粮食匮乏时，就取存米供给，这就避免村民因向富户借款而背下重债。与该法配合的还有“私社仓法”——春夏借米秋冬还，借者可以不管米价贵贱，均以物偿物、以米抵米。同时，他建议村民平时尽可能节约用粮，然后妥善保存，以备饥荒时食用。他首创的“周急法”“私社仓法”不但解决了部分村民的困难，还融洽了村民之间的关系。

第三，治理围堰修水利。

陈瑚隐居蔚村的第三年，有一次外出授馆返回，突遇大水，道路阻隔。蔚村地势低洼，堰基年久失修，圩岸形同虚设，洪水长驱而入。为此，他吸取教训，下定决心，立即带领村民治水。

历史上的蔚村“方圆十五里”有“十八道堰基”之说，号称有万亩田地。昆山地方志上有“蔚村蕹里”的记载，蕹里就在新塘湖口。另外，古书上有“任阳蔚村”的陈述。昆山位于太湖流域，有着丰沛的水资源。蔚村南门就是三千湾，这里西接澜漕河，东连杨林塘，西南通新塘河，北达斜塘，南望金鸡河，为五河之枢纽。水是生命之源，是人类文明的精魂所系。昆山土地肥沃，气候温和，雨量充沛，是著名的鱼米之乡，很早就开始种植粳稻和籼稻，后来一直是中国“南稻”的主要产区之一，并且孕育了发达的农耕文化。水能载舟，亦能覆舟。昆北地区相对于昆南地区平均海拔要低1米以上。阳澄湖之水经常宣泄不畅，导致内涝成灾。蔚村地势低洼，水灾时首当其冲。这里还有七十二个古潭，至今还有“七十二个城隍潭”之说。

陈瑚从天时、耕作、农具、农田水利等方面综合考量，组织人手，制定出治水的方案。为此，他专门撰写了一卷《筑围说》，作为理论先导。文中论述：“善治水者，必先治田；善治田者，必先治岸。村岸无修筑之期，则村田无成熟之望也。”当年的蔚村，东至千步泾，南到浬泗泾，西接潘泾高长堰，北为蔡泾堰，方圆万亩。陈瑚采用年轻时学到的兵家“束伍法”，即五家为一组，进行互帮互助，共同完成上级指派的任务。他用如同治军一样的管理方法，将蔚村修筑成十八个堰圩，“田沮洳，瑚导乡人筑岸御水，用兵家束伍法，不日而成”。

善于教诲黎民百姓

儒家文化是中华文化中有别于其他文化的一种文化。陈瑚本人身上就折射出儒家文化的思想。他说：“父病，刺血吁天，愿以身代。父卒，遗产悉让之弟。”

在陈瑚三十七岁那年的元夕，他讲授乾、坤二卦及迁善改过之说。其论学有曰：“国家之盛衰，视人才之消长；人才之消长，视教化之兴废。教化兴废之关，人心生死之会也。人心不死，则天命流行而乾坤立；人心死，则天命不行而乾坤亦几乎毁矣。治乱之故，岂非人心为之哉！”

陈瑚邀请同道中人在蔚村开坛讲经论道，蔚村因此成了陈瑚实施启蒙运动的主要场所。陈瑚制定一些道德标准，供村民自我审查。他遇到感人故事，努力加以宣扬。陈瑚在《还金诗》中记载了一位村民拾金不昧的故事：“戊亥之交，予避居周市东偏僻新塘……曾有邻人徐者……拾金三年未曾启封，最后物归原主，一时成为佳话。”陈瑚称之为“重现羲皇风”。

为了照顾文化程度较低的村民，陈瑚使用的文字非常浅显，几乎接近现代白话文，如“……这个恩情真是天高地厚，如何报答？只有随你力量，饥则奉食，寒则奉衣，早晚殷勤服侍。……倘或父母所行有不是处，须要委曲解劝，使父母心中感悟……今人做儿子多不知孝其父母，为父母便要责备儿子不孝。如果自己先不孝，儿子看样学样，自然就会不孝”。

陈瑚注重学校教育，要求学校培养出真正有学问、有实际能力的有用人才。在具体的教学过程中，他反对灌输式，提倡启发式；反对训斥式，提倡在讨论与学习的过程中，体现出平等相待、教学相长的良好气氛。在收下门徒后，陈瑚便对他们进行学习目的、学风和为人处世等方面的教育，教导他们学习是为了明道救世、拨乱反正，而不是为了个人猎取名利；教导他们要多读书，读懂读通，融会而贯通；告诫他们著述是读书的必然成果，读书不多而轻言著述，必误后学；教导他们一个向学之人要正直，要洁身自好，不登权门，不涉利路。为了让村民巩固所学，陈瑚还让村民记“日记”，通过日记检查村民们近期收获。陈瑚的每日课程以敬怠善过而考，日省敬怠，日省善过，语语切近，随处鞭辟入里，不袭明季讲学家窠臼。所著书自《圣学入门书》外，有《蔚村讲规》《社学事宜》《开江筑围书》《菊窗随笔》等。他倡导孝友、笃爱，使乡风为之一新。

《清史稿·列传·儒林》载：“小学分为六：曰入孝，曰出悌，曰谨行，曰信言，曰亲爱，曰学文；大学分为六：曰格致，曰诚意，曰正心，曰修身，曰齐家，曰治平。谓小学先行后知，大学先知后行，小学之终，即大学之始。”在陈瑚的努力下，一些接受力强的学生脱颖而出，成为陈瑚的得力助手，如黄幼玉、钱中野、诸氏兄弟等，成为蔚村乡约改革的追随者和继承者。

陈瑚的课徒对地方管理者也有影响。太仓知州白登明受其影响，设讲院于寺内云香阁。陈瑚撰写讲院碑记，碑文存于《直塘里志》。白登明治理州事以德教民，立讲院，举同善会，赈济孤贫，受到百姓爱戴，在任期间注重水利。太仓州东高西低，浏河淤塞泄水不畅，致使西部低洼地水患不断。白登明采纳治水专家顾士琏提出的“销圩法”疏浚河道，于顺治十三年（1656）开浚浏河，使太湖西水得以畅通入海，娄江之水排泄入江，民皆欢乐，得利颇多。但是白登明却因拖欠赋税被免去知州官职，离时军民阻道痛哭，城乡均建祠以示纪念。

陈瑚去世以后，巡抚汤斌在其授学旧址建立安道书院。《清史稿·列传·儒林》有证：“康熙十四年（1675），卒，年六十有二。门人称曰安道先生。巡抚汤斌即其故居为之立安道书院。”

综观明末清初封建士子，他们以治事、救世为急务，反对理学家不切实际的空虚之学，关注社会现实，面对社会矛盾，用所学解决社会问题，以求达到国治民安的实效。作为其中一人，陈瑚追求真才实学，提倡经世致用；致力于创新，绝不蹈袭古人；实事求是，注重调查研究；在乡村自治方面进行了有益的尝试，在历史上产生了深远的影响。

帝王皇妃留迹昆山佳话

鲁德俊

秦始皇

在昆山城南三十里的千灯镇西，有一座小山，叫秦望山，一名秦柱山。相传秦始皇东巡时，曾登此山以望东海，有史料为证。

司马迁《史记·秦始皇本纪》记述，秦始皇吞并六国统一天下之后，曾多次巡游各地：

始皇帝二十七年（前220），秦始皇巡视陇西、北地，越过鸡头山。这一年，各地又增修供皇帝巡行各地的大道。

始皇帝二十八年（前219），秦始皇向东巡视郡县，登上邹地的峄山，刻石立碑歌颂秦朝的功德；与鲁地儒生讨论了封禅、望祭名山大川的事宜；接着登上泰山，对山神进行封禅，树立石碑，筑坛立祠祭祀天神；再沿着渤海向东行进，经过黄县、腄县，越过成山峰顶，登上芝罘山，树立石碑歌颂秦的功德；又向南登临琅琊山，举行大型娱乐活动，在此逗留了三个月，建造琅琊台，树立石碑，刻

秦始皇画像（鲁德俊提供）

写碑文颂扬秦朝的功德。刻石事情完成以后，齐地人徐市（即徐福）呈上奏书，说海中有三座神山，名叫蓬莱、方丈、瀛洲，有仙人居住在那里；请求能够斋戒沐浴，率领童男童女前往寻觅仙人。秦始皇因此派遣徐市率领几千名童男童女，到海中去寻求仙人。秦始皇从东方返回，经过彭城，亲自斋戒祈祷祭祀，想要把当年掉落在泗水中的周鼎打捞上来。秦始皇派遣一千人潜入水中搜寻它，但没有找到。秦始皇于是向西南渡过淮水，前往衡山、南郡，坐船在湘江中行进，到达湘山祠，遭遇大风，几乎不能渡江。秦始皇问博士："湘君是什么神？"博士回答："据传说，是尧的女儿、舜的妻子，葬在这里。"秦始皇大怒，派遣三千名服刑的罪犯把湘山的树木全部砍掉，使这座山变成了光秃秃的红土山。秦始皇这才从南郡经由武关回到都城。

始皇帝二十九年（前218），秦始皇到东方去游赏。到达阳武县博浪沙时，被刺客所惊扰。由于没有捕到这个刺客，始皇于是命令全国进行十天的大搜捕。秦始皇再登芝罘山，立碑刻石。不久，又前往琅琊，经上党回到京城。

始皇帝三十二年（前215），秦始皇前往碣石，派遣燕人卢生寻求羡门、高誓。在碣石城门立石刻碑。又派遣韩终、侯公、石生去觅求仙人不死的奇药。秦始皇巡视北方边地，从上郡进入都城。

始皇帝三十七年（前210）十月癸丑日，秦始皇出游。十一月，巡行到云梦，在九嶷山望祭虞舜。然后坐船顺江漂浮而下，观览籍柯，渡过海渚，经过丹阳，到达钱塘。来到浙江边上时，因水波汹涌，就向西行进了一百二十里，从江面狭窄的地方渡江。又登上会稽山，祭祀大禹，遥望南海，立石碑刻字而歌颂秦德。回程经过吴地，在江乘县渡过长江，沿着海岸北上，到达琅琊。

从司马迁的记述中，可以看出秦始皇来到昆山千灯镇登山望海，是在他登会稽山后，回程经过吴地时。

关于秦始皇东巡至昆山千灯登山以望东海的记载还有：

《舆地志》云：昔秦始皇尝登此望海，故名。

《吴录》云：始皇尝登此望海。

《太平寰宇记》记载：山南带海，上有烽火楼基，吴时以望海寇。

近年昆山市千灯镇已将秦望山上的烽火楼修复，使之成为一旅游景点。

秦始皇在完成了统一天下的大业之后，面对着大好河山，拥有着至高无上的权力，他不甘心自己最终化为一抔黄土，他要长生不老，他要万寿无疆，他要传至千秋万代、永垂不朽，因而开始憧憬和追求不老不死的神奇境界。当秦始皇东巡，到泰山举行封禅大典时，他遇到了一个方士——徐福。徐福向秦始皇介绍了前所未闻的神仙思想，这种思想对秦始皇来说，具有极大的诱惑力。其实徐福是一个大骗子，他抓住了秦始皇追求长生不老的思想要害，说海中有蓬莱、方丈、瀛洲三座仙山，他愿意为秦始皇去那里取来不死之仙药，但是神仙要三千童男童女以及人间的各种贵重礼物，同时海上航行有大鲨鱼拦路，他要强弓劲弩以射杀大鲨鱼。秦始皇全盘答应徐福提出的条件，结果徐福一去不复返。秦始皇左等右等，等得十分心焦，坐立不安，于是决定出巡。秦始皇之所以东巡到昆山千灯登山以望东海，就是盼望能看到徐福带着长生不老的仙丹灵药回来。

今日秦望山烽火楼（鲁德俊提供）

唐代诗人薛据曾到此登秦望山，留下一首诗，诗题即为

《登秦望山》，他写道："南登秦望山，目极大海空。"诗人来到当年秦始皇曾据此望海的秦望山，极目远望，只见一片茫茫的大海，无限空阔。

薛据，河中宝鼎（今属山西）人。开元十九年（731）进士及第。官终水部郎中。曾与杜甫、高适、岑参、储光羲等人同登长安慈恩塔，赋诗唱和。薛据为人刚直有骨气，其诗多抒发怀才不遇之感慨。杜甫称之为"盖代手"。高适赞其诗"纵横建安作"。

清代学者潘耒也写有关于秦望山的诗：

是山些小一沙堆，烽火楼销长绿苔。

痴杀祖龙登此地，要看徐福海中来。

这是一首七言绝句。首句形容秦望山小得像一个小沙堆，当年的烽火楼已毁坏，长满了绿苔。第二句是说秦始皇到这么小的山上来望东海，太傻了，要亲眼看到徐福求长生不老药归来。

潘耒（1646—1708），字次耕，号稼堂，清吴江（今属苏州）人。受业于徐枋、顾炎武。博通经史、音韵、历算之学。康熙时应博学鸿词科，授翰林院检讨，参与纂修《明史》，撰《食货志》等。又充日讲起居注官，与修《实录》《圣训》。工诗文，著有《遂初堂集》《类音》等。

宋孝宗·陈妃

陈妃水冢是昆山锦溪镇标志性的景观。关于陈妃的传说，锦溪人世代相传，无不耳熟能详。一说认为南宋孝宗（赵昚）妃陈氏病殁，葬于锦溪五保湖中，是为水冢，故改其地锦溪为陈墓。陈墓名沿用八百余年，至1992年才恢复锦溪镇之名。

《陈墓镇志》中陈尚隆序甚至说："陈墓有道院。宋南渡时驻跸

今日陈妃水冢（鲁德俊提供）

焉，御书亲题三字曰：'通神庵'。则孝宗实临幸斯地，为孝宗之妃无疑。"后"通神御翰"成为"陈墓八景"之一。"陈墓八景"还包括陈妃水冢、锦溪渔唱、莲池结社、石音客帆、古井风亭、福寿残碑、谯楼鼓声，亦称"锦溪八景"。

关于陈妃死葬之事，正史无明文记载，甚至史无其人。《宋史》卷二百四十二列有宋王朝各帝王后妃的姓氏，其中孝宗先有成穆皇后郭氏，再有成恭皇后夏氏，后有成肃皇后谢氏，又有蔡贵妃、李贤妃，并无陈妃相关记载。这就与县志所载又矛盾重重，例如：

一、南渡说。《陈墓镇志》序中已说，宋孝宗来陈墓祭奠陈妃并题字，是在"宋南渡时"。而宋高宗为避金兵追赶南渡是在1129年，赵昚（原名赵伯琮，被立太子后改名）生于1127年，一个不满三岁的幼儿，不可能有什么宠爱的陈妃。所以把陈妃的死同宋室南渡时的赵昚连在一起，显然与时代、年龄不合。如果陈氏是宋高宗赵构之妃，死于宋南渡时，在年龄上还说得过去，因为高宗此年已二十二岁。但这在《宋史》中也找不到任何依据。史载，高宗先有宪节皇后邢氏，后有宪圣皇后吴氏，另有潘贤妃、张贤妃、刘贵妃、张贵妃、刘婉仪等，就是没有陈妃。

二、绍兴说。据记载，锦溪于南宋绍兴元年（1131）更名陈墓。绍兴是宋高宗的年号，那么陈妃必死于此前。这又为高宗妃之说增加了可信度。此时赵昚才四岁，连太子都还不是，也不可能为其什么爱妃陈氏之死更改地名。即使陈妃成为赵昚的妃子，至少也应是赵昚三十五岁以后的事，因为赵昚是绍兴三十二年（1162）三十五岁时才被立为太子的。

三、光宗说。《陈墓镇志》中序说：“考之《姑苏志》……宋光宗妃陈氏葬此，因名。”宋光宗于1189年即位时四十二岁，从年龄上来说，有陈妃不是没有可能的，但史无记载。《宋史》载光宗有慈懿皇后李凤娘、黄贵妃、张贵妃。但李皇后性情凶悍骄横，嫉妒心很重。所以如果光宗真有一个宠妃陈氏，也很可能会被李皇后害死，更谈不上陈妃被厚葬于锦溪，朝廷还将镇名改为陈墓。

四、嘉泰说。明弘治《昆山县志·坟墓》说：“陈墓，在五保湖水中。相传宋孝宗妃陈氏嘉泰中葬此。墓后构莲池院，命僧守之。”明嘉靖《昆山县志·冢墓》也说：“陈墓，在县五保湖水中，当锦溪之口。相传宋孝宗妃陈氏，嘉泰中葬此。”嘉泰（1201—1204）是孝宗之孙宁宗的年号。但孝宗早已于嘉泰之前的1194年就去世了。宁宗不可能为了祖父的妃子下令更改地名。

这些都是尚未解开的谜，关于陈妃水冢的说法，可能只是一个美好的传说。

明代初年著名诗人高启写过一首吟咏陈妃水冢的诗：

遥闻帝子葬陈妃，未许青山觅翠微。
江底有龙成穴地，水中无辇到泉扉。
千年玉骨今何在？一派清流去不归。
往事悠悠何足问，行人但指白鸥飞。

高启的诗一开始就用“遥闻”带起，因为南宋毕竟是遥远的过去了。高启“遥闻帝子葬陈妃”，“帝子”指谁？是宋高宗？还是他的继承人孝宗赵昚？抑或是孝宗之子光宗？高启避开了这些难以解开的历史传说，只将人们的视线引向水冢，写陈妃死后没有被埋青山，而是葬入水底与龙王去做伴，从此君王无法乘辇去叩开黄泉的门扉探视爱妃。千年之后陈妃的玉骨已无处寻觅，正如五保湖的流水一去不返。往事悠悠不必再去探究，行人只见陈妃水冢上空飞来飞去的白鸥，慨叹不已。

其后，明代苏州四大才子之一的文徵明也写过咏陈妃水冢的诗：

谁见金凫水底坟？空怀香玉闭佳人。

君王情爱随流水，赢得寒溪尚姓陈。

这首七言绝句，开头以问句起：“谁见金凫水底坟？”只因陈妃葬于锦溪毕竟是几百年前的事了，如今只见金色的野鸭在湖面上飞翔，谁也不知水底坟的底细；“空怀香玉闭佳人”，是想象，既为皇妃，必是绝代佳人，面施粉黛，满身珠翠，而一个“空”字、一个“闭”字，

『睡梦中的少女』（鲁德俊提供）

极其凝练地概括了陈妃死后的空虚和寂寞。第二句“君王情爱随流水”，从“君王”下笔，言无论君王对宠妃有几多情爱，到头来都付之东流，变成一场空；“赢得寒溪尚姓陈”，这是说，只赢得在后来相当长的年代里将锦溪镇改名为陈墓镇。

锦溪镇的美景因而被现代著名作家沈从文誉为“睡梦中的少女”。

葛妃

锦溪镇除了陈妃水冢之外，在镇东面还有一个葛墓村，因为那里埋葬着差不多与陈妃同时的南宋的另一个皇妃葛氏。村民们传说，南宋的葛妃，见锦溪是一块风水宝地，执意要在死后埋葬到锦溪，这就是葛墓村名称的由来。可是遍查正史，尚未找到有关葛妃的记载。

据《陈墓镇志》的《葛妃墓遗补》记载：“（葛妃墓）在葛墓村西偏，相传南渡时高宗或云孝宗妃。石棺，若方案，高三尺许。断碑，二农家取为砺石，字迹磨灭，约略篆文，俱不可辨识。余曾亲访，墓见焉。墓西有埋香港，或因墓而得名。”文中的“余”即陈尚隆，他曾亲眼见到葛妃墓，但不能断定葛妃是高宗妃还是孝宗妃，传说不一。清乾隆时，石棺尚在，墓碑已断，成为农民的磨刀石，碑文系篆字，已被磨损，不可辨认。葛墓的西面还有一个“埋香港”，这个名称显然也与葛妃有关联。

另1904年上海出版的杂志《女子世界》第二期刊载的彭龙光的文章《葛妃墓碑》也记载：“予馆葛墓村龚氏，斋西百余步，有坟若堂，断碣仆焉。……问前朝之迹，父老告予曰：此南宋葛妃之墓，而吾村所由名也。”这里记载了清朝末年同治时彭龙光在葛墓村教书时所亲见的葛墓情形，坟虽在，而墓碑已倒地。此文还记述了“葛妃村”名的由来。

《女子世界》刊载的彭龙光《葛妃墓碑》文后，还有编者剑秋的附记：“按昆邑陈墓镇，市廛甚盛，其附近乡间，复有葛墓村，相传为南宋葛陈二妃葬地。二妃事迹，《宋史》均不载。邑志谓陈系孝宗妃，葛则无可考。”这里说昆山县陈墓镇，市面很繁盛，附近乡间有葛墓村，那里是葛妃和陈妃的葬地，并指出二妃事迹，正史均不载。县志说，陈氏是孝宗妃，而葛氏则不可考。其中说陈妃也埋葬在葛墓村，系误记，实则陈妃葬于镇南五保湖水中，墓为水冢。

康熙皇帝

康熙皇帝南巡，曾于四十四年（1705）旧历三月二十三日傍晚到达昆山，在县城西面的三里桥南拥翠庵河边暂驻，留诗一首：

无意虚中得劲节，非关强作有疏枝。
晚风不待春将老，寸晷岂容年少时。
落照昆山掩玉色，远分秦望感人思。
初来更觉渔家乐，援笔题笺叹暮诗。

首联康熙皇帝就他暂驻的周围竹林起兴，写竹子天然中空却劲直挺拔的气节，竹子没有故作姿态形成疏离的枝干。次联交代时间季节，他到达昆山时正是傍晚时分，已是暮春时节，从而联想到光阴过得真快，人的少年很快就过去了。三联从当时正是日落时分着笔，向北望去，只见太阳从玉峰落下去，山色逐渐暗淡下来。再向南望去，远处应该是当年秦始皇登上秦望山望东海的地方，使人思念不已。一说，康熙皇帝思念的是昆山“三徐”中已故的徐乾学和徐元文兄弟。徐乾学生前在朝曾任刑部尚书，徐元文是状元并曾任文华殿大学士。这次康熙皇帝来昆山，只有徐秉义来迎接了。尾联说初来昆山更感觉到江南水乡的渔家乐，于是在这日暮之时提笔将诗写在便笺上。

次日上午，康熙皇帝乘轿子登上马鞍山之文笔峰，游兴浓时，写下一首七言绝句《雨中登玉峰》：

万井人烟春雨浓，菜花麦秀滋丰茸。

登高欲识江湖性，染翰留题文笔峰。

文笔峰，位于昆山马鞍山顶，是为纪念昆山第一位状元南宋卫泾而立。

康熙皇帝诗的首句“万井人烟春雨浓，菜花麦秀滋丰茸”写景，是登高所见。登高必望远，俯瞰山下百姓人家，炊烟袅袅。尽收眼底的还有那水乡大地的金黄菜花，吐穗的小麦。它们经春雨滋润，更是丰满柔软。这句仅十四个字，非常简练地抓住江南极富特征的景物来描写，真是诗中有画。次句“登高欲识江湖性，染翰留题文笔峰”，是登高所想。康熙帝久居宫中，对大自然的美景格外感兴趣，于是不由得要题诗来抒发情怀了。此诗的妙处在于，题为《雨中登玉峰》，却并未对山峰做任何描绘，而是全力赞美山下昆山大地的迷人景色，这正是其别具一格的艺术特色。

徐秉义以礼部侍郎衔于康熙四十三年（1704）秋告老还乡，仅仅过了几个月，康熙皇帝就亲临昆山，赠他诗扇，又赠御书“恭谨老成”匾，徐秉义自然感激万分。康熙帝那日从文笔峰的后山中麓沿山路下来，乘兴又游览了徐秉义之兄徐乾学的山园——遂园。此时徐乾学已故，由徐秉义抱病亲率子侄跪迎于园门。康熙帝行经的这条山路，如今被称作“康熙御道”。

康熙帝此番回京仅两年后，于四十六年（1707）三月又一次南巡，

今日文笔峰（鲁德俊提供）

康熙御道（鲁德俊提供）

停驻在昆山城东南的新洋江。据记载，当时有一老农顾需宏曾以红莲米、竹笋、豆荚进献。康熙帝把他召至舟中，详细询问了农务、播种、插莳、耕耘、收获等事宜，并书写了“长年”二字，还有白银二十两赐给他。这是康熙帝第二次到昆山。

乾隆皇帝

清代乾隆皇帝下江南是否到过昆山，没有确凿的史料可资证明，但民间传说是有的。

传说乾隆皇帝到达昆东时天刚亮，于是就为该地赐名“奣”。后来这地方就叫“奣子”了，一直沿用至今。

又传说乾隆皇帝到了昆山状元徐元文的住宅（今柴王弄中一个小弄堂），听说徐家“一门十进士”时，乾隆皇帝脱口赞道：“这真是个聪明弄。”后来这个弄堂就叫“聪明弄”，此名也一直沿用至今。

解读昆山"三贤"的名、字、号

杨瑞庆

当今每一个社会人都有一个具有法定意义的姓名，成为各自对外交流的特定符号。姓名包括"姓"和"名"两部分。在旧社会，子女总是随父定姓，除非是招婿人家，子女才跟从母亲姓。姓大多为一个字的单姓，少数是两个字的复姓。"姓"没有选择的余地，一脉相承。而"名"则可以各取所需。当子女降生以后，父母就会绞尽脑汁，取一两个含有纪念价值的、具有梦想意义的，又能叫得响亮、看得高雅的文字来命名。"名"有双名和单名之分，双名的第一个字常为辈分印记，即族中同辈子女都取用同一文字，双名的后一字或单名才是家长的用心所在，往往看起来隐伏好运，听起来吉祥如意，寄寓着父母盼望孩子与名同行，一生顺顺当当、平平安安，最后能福星高照、前程锦绣的情感。因此，百姓对子女的起名都很看重，常会反复比较后郑重定夺。如果是缺少文化的家庭，还会花钱约请私塾先生取名，甚至请算命先生取名。而书香门第则更加看重子女的名字含义。

有时，家中还用小名、昵称，以求亲切。时至今日，有人为了保护隐私，不会轻易公开"尊姓大名"。如发表文章时用笔名，对外联系时用化名，网络交流时用网名。但是，很多需要受到法律保护的身份登记，必须采用实名制。

旧时文人非常讲究用名规矩，正式文件上（如家谱、婚书、契约等）必须用真名；长大成人读书考学时，为了供同人之间相互称呼，就会为自己起“字”，内容往往是“名”义的补充或延伸。有时，文人为了申明志向，表达独特心迹，还会为自己起“号”。所以，旧时大多文人雅士会拥有“名”“字”“号”三个不同标签，从中可以看出家长的祈盼和主人的抱负。在日常交流中，文人雅士相互之间一般不会直呼其名，常用字、号相称，以示敬重。

昆山地灵人杰，文华荟萃，名人辈出，数不胜数。大致在20世纪40年代中叶，昆山的有识之士在尚书第（顾炎武外甥、探花徐乾学的私家宅第）的一方风水宝地上，建起了一座三贤堂，祭祀昆山公认的三位贤人：思想家顾炎武、散文家归有光、教育家朱柏庐。所谓贤人，就是有才有德的人——他们都留下了著作等身的精神财富，而且都有实践大爱初心的丰硕成果，事迹感人，形象高大，成了挺拔的标杆和瞩目的丰碑。

现从他们的名、字、号的背后，去探寻昆山“三贤”身上的“大爱初心”——名里爱亲人、字里爱事业、号里爱国家，从而表现出他们多彩人生的心路历程。昆山“三贤”的常见名、字、号有：

顾炎武（1613—1682），初名绛，字忠清，后改名炎武，字宁人，自署蒋山佣，号亭林。

归有光（1507—1571），名有光，字熙甫，号震川，又号项脊生。

朱柏庐（1617—1688），名用纯，字致一，号柏庐。

昆山“三贤”名、字、号背后的“大爱初心”，是一份另辟蹊径的“三贤”档案，内容丰富，追求深远，可供当代人学习和借鉴。

解读思想家顾炎武的名、字、号

顾炎武是闻名全国的爱国主义思想家。他生于明亡清立的乱世，又临于家仇国难的处境，一生反清复明意志坚决，为了撰写经世致用的文章，而完成了“行万里路，读万卷书”的游学苦旅。为了明志图强，又为了平安生存，他不断改名、改字、改号，表露出他具有一腔“大爱初心”的高尚气节。

出生名绛

顾炎武生于昆山千灯（旧称千墩）的一户官宦人家，其高祖、曾祖、祖父都是进士出身。当他降临人间后，父母对他寄予厚望，为他取名“绛”。“绛”的本意是太阳升起时的红色景象，家长盼望儿子能像早晨升起的太阳一样冉冉腾达。可见，父母为儿子起了一个爱意四溢的好名。

但是，顾炎武出生不久后，顾家就发生了变故。其叔顾同吉不幸得病死去，顾同吉的未婚妻王氏出身书香门第，信守贞操，决意上门守寡，为公婆养老送终。顾家族人感动于王氏的贞孝义举，又同情她膝下无子的孤苦处境，顾炎武的父母就将尚在襁褓中的顾绛过继给了王氏，了却她无后的遗憾。

顾炎武画像（杨瑞庆提供）

王氏在家侍奉公婆无微不至，她的婆婆得了重病，遍请名医求药，都劳而无功，被认为得了不治之症，只能无奈等死。但有一位巫医建议，只要利一节手指做药引，就能药到病除。王氏听后虽然将信将疑，但为了挽救婆婆一命，当即忍痛砍下一节手指，将其煎入药中，其婆婆服后果然奏效，从此留下了可歌可泣的“断指疗姑”的美谈。王氏的贞孝事迹不但感动了地方，而且还感动了朝廷，后来朝廷下旨御封王氏为贞孝典范，并为她立碑建坊，使她的孝举扬名天下。

平日里，王氏对顾绛倾注心血，关爱有加，胜过亲母。她不但在生活上把顾绛照顾得体贴入微，而且在学问上、思想上也对其从严管教——向他传授四书五经的高深学问，教以岳飞、文天祥的忠义大节，从小培养他爱国爱民的高尚品格。顾绛勤奋好学，茁壮成长，如一颗希望之星正在冉冉升起。

父母为儿子取了一个望子成龙、隐伏“大爱”的好名，并抚育他茁壮成长。

取字忠清

在嗣母的悉心栽培下，顾绛少年得志，顺利地进入县学深造。为了在学友之间有个亲切的称呼，顾绛就取字“忠清”，以表“忠贞清正”的人生追求。

攻读期间，顾绛刻苦钻研，十几岁时就考中秀才。踌躇满志地向举人头衔冲刺，却怀才不遇。随后的两次乡试不第，使顾绛觉得时不待人，他必须立即改道换辙，否则将一事无成。为抓紧时光攻读，顾绛发誓不再参加科考，而是移情于著书立说，准备为治理国家而献计献策。

他二十多岁时，就开始搜寻巨著《天下郡国利病书》的写作素材，准备通读所有郡国史籍，从中找出治国良策，汇编成书，提供给后人借鉴。计划不可谓不大，雄心不可谓不壮。而且他一出手就胸怀“天下”，关切“郡国”，为后来喊出“天下兴亡，匹夫有责”的惊世豪言打下基础。

20世纪30年代的顾炎武墓地（曹渭清提供）

就在他发愤写作时，世道大乱，大明王朝摇摇欲坠，清兵铁蹄一路南下，昆山城池危在旦夕。面对失守险境，顾绛和他的全家毅然投身反清行列，最后成就满门忠烈——生母被砍右臂，爱妻被辱于火线，两位胞弟英勇就义。顾绛和嗣母突围后，逃至常熟语濂泾避难，嗣母在悲观失望中绝食而亡，临终留下了“勿为异国臣子”的遗言，让顾绛一生刻骨铭心。

与此同时，还发生了祸起同人的“顾叶之争”。当顾绛陷入困境时，同城才俊叶方恒趁火打劫，妄想霸占顾家田产，还不依不饶地穷追不休，不但烧毁了顾绛在语濂泾的临时住所，而且还派人追杀这个已经弱不禁风的落难文人。顾绛面对弱者有人欺的现实，只能远走高飞，踏上了北游考察的征程。

顾绛因崇尚高洁品格而取字“忠清”，以表对国家忠诚，对自己清正的追求。

改名炎武

在随后的岁月里，顾绛感到身世坎坷而愁肠百结。而且，“绛”字与“降”字近音，听上去非常别扭。一身傲骨的顾绛，非常计较这个容易引起误解的“绛”字，虽然改名有不孝之嫌，但事到如今，顾绛已顾不上家规了。

那时，南都金陵失守，到处是清军的刀光剑影。顾绛想起南宋文天祥的弟子王炎午在临安危急时，毅然拿起武器起兵保国的事迹，就决定借用“炎午”音韵为自己改名“炎武”。一为崇拜炎午英绩；二是悟出武装真谛；三是“炎”字还有“绛”字的红火内涵，能隐伏父母寄托的印迹。从改名中可以看出，顾炎武开始追求文韬武略，而且还付诸行动。那年，正当顾炎武赴南明朝廷就职时，发现清兵已攻占了金陵，弘光皇帝被俘，南明军队崩溃。其时，江南各地抗清义军奋起，顾炎武立即参军，投入战斗。当得悉昆山城被围困时，他立即潜回昆山，拿起武器，与清兵厮杀，为保卫昆山城而立马横刀，英勇不屈。

亭林园顾炎武纪念馆（杨瑞庆提供）

昆山城内军民视死如归，顽强抵抗清兵入侵。虽然城池坚固，但还是抵挡不住已经杀红了眼的清军。昆山城里一片火光，血流成河。还有一些义士在国家最危急的时刻用各种方法和清廷决裂——作为城中反清主帅的王佐才率兵巷战，竭尽全力后，预感难以挽回败局，为了不做亡国奴，而端坐衙署，整理衣冠，勒刀自尽。昆山名士朱集璜和他的岳父陶琰协力守城，直至不敌，朱集璜用鲜血书写绝命书后投河而死；陶琰悬梁自尽，以死效忠。顾炎武侥幸突围，无奈明亡清立。在走投无路时，唯有出走才是上策。但周围已是腥风血雨，他只得改扮成商人模样，才逃过了围追堵截，终于走上北游之路。

顾绛因爱国家而改名“炎武”，随后在反清斗争中确实动起了武卫真格。

换字宁人

在改名炎武的同时，由于感到原字“忠清”有“忠于清廷”的误解，容易产生有违自己反清立场的嫌疑，考虑再三，顾炎武决定改字“宁人”，表面上好像追求做个甘于寂寞的人，实际上潜藏着甘为明朝遗民的“潜台词”。因为“宁”是金陵别称，以表甘为金陵臣民的意愿。

顾炎武自从改字“宁人”后，和朋友间的诗来文往就用宁人相称，如李因笃撰写的《雁门邸中值宁人先生初度》、陈济生撰写的《送顾宁人还钟山因寄金陵诸友》、归庄撰写的《寄怀宁人》等，都在标题中使用“宁人”。顾炎武也常用“宁人”写诗作书。

以江南复社名家杨彝为首的一群文人在顾炎武北游前，还为他撰写了《为顾宁人征天下书籍启》一文，是为支持顾炎武完成“读万卷书”的人生目标，考虑到他不可能随身携带浩繁沉卷，就为他撰写了这篇具有“介绍信”功能的短文，盼他每到一地，凭借撰文者在全国各地的影响力，能打开借书和读书的方便之门。北游路上，顾炎武就是依靠这封“介绍信”，接触到了许多珍本，从而完成了艰难的写作任务。

那时，热衷于捕风捉影的清廷大兴文字狱，只要在诗文中隐约可见影射大清政权的文字，就会追根寻源格杀勿论。其中，著名的“明史案”曾牵连数百文人。后来，又出现了《忠节录》引发的文字狱，顾炎武不幸与之扯上了关系。《忠节录》为汇集明末爱国诗人作品的诗集，有人发现内有“晚与宁人游”的诗句，认为“宁人”隐藏复辟阴谋，就将疑犯顾炎武抓进了山东监狱。后经朋友大力相助，帮他搪塞原委，最后公堂审定“宁人”只不过是顾炎武追求宁静的一个“字”而已，别无用意，就将顾炎武释放了。顾炎武改字“宁人”后，虽然他的心态有了寄托，但是，也给他带来了不少麻烦。

顾炎武因爱国家而改字“宁人”，为抗清复明而奋笔疾书。

笔名蒋山佣

在亡国的岁月里，顾炎武过着忍辱负重的生活。当他看到还有抗清志士在南方分庭抗礼时，觉得自己应该站出来为复明大业做点实事，故而他撰成《军制论》《形势论》《田功论》《钱法论》，准备献给南明弘光皇帝，供他在重整河山时参考。

顾炎武的反清复明追求不仅体现在他的文章中，而且还落实在他虔诚的祭奠行动上。北游期间，他十多次拜谒明皇陵地，有他“问君何事三千里，春谒长陵秋孝陵”的诗文为证。另据《顾炎武年谱》反映，他每到南京或北京必去叩拜孝陵或长陵。特别是他曾七次拜谒紫金山上的明孝陵，还写下了《重谒孝陵》的诗文，将他反清复明的思想一览无遗地表现在他的字里行间，其爱憎立场清晰可见。

那年到了金陵以后，他有一段时间心情相对平和，因此有条件触景生情地写下了很多寄托乡愁和家国情怀的诗文。他也很想发表出来，陈述自己面对国难发出的肺腑之言，以盼引发同人共鸣，但那时到处是风声鹤唳的高压氛围，顾炎武担心文字与当朝政见不合会引来灾祸。为了保护自己，获得相对安定的生存空间，他只能采用陌生、隐晦的笔名来发表作品。

那时，顾炎武发表作品的署名都用“蒋山佣”。因蒋山为紫金山别称，是明太祖陵墓所在地，那时南明政权还在金陵，顾炎武还在南明朝廷任职，笔名暗示自己要做蒋山的“佣人”，意思是愿为南明政权继续效力，准备事无巨细地去做一些服务国家的实事。这个通俗笔名中深藏抱负，看得出他还在一如既往地坚守着反清复明的爱国立场。

顾炎武因忠爱明朝而用笔名“蒋山佣”，从而过上了一段太平无事的日子。

自号亭林

昆山顾姓都是江东望族顾野王的后代。顾野王（519—581），吴郡（今苏州）人。南朝梁陈间文字训诂学家。他长期居于亭林（今属上海金山区），其隐居地有一片亭亭玉立的梧桐林，周围人就叫出了这个富有诗意的“亭林”地名。这地方也是顾炎武十分喜爱的风水宝

清代书法家何绍基题『亭林先生』（杨瑞庆提供）

地——他也盼望拥有这样山清水秀、红花绿竹的写作环境，所以他自号“亭林”。遗憾的是，顾炎武始终没有获得如意的写作环境，他在漂泊和流浪中度过一生，直至客死山西曲沃，最后葬于故乡千灯。

虽然顾炎武的名、字、号很多，但百姓为了保护这位怀才不遇，又倔强刚烈的文人，而爱称他为“亭林先生”。

顾炎武北游期间，清廷为网罗精英人士，特设博学鸿词科。顾炎武的三个外甥先后“鼎甲”，相继在朝中荣任大官，当他们得悉亲舅在外颠沛流离时，曾多次向他发出归朝理政的邀请，但顾炎武与当朝对抗到底，坚决不仕。他多次到京都（北京）采风，却甘愿住在报国寺中寄人篱下。清末，一些敬仰他的文人就在报国寺中设立“顾亭林祠”，以弘扬他的高风亮节。

民国三年（1914），广东学者梁鼎芬（晚清进士）仰慕顾炎武的学问和气节，千里迢迢赶去千灯祭扫亭林墓。当他看见坟墩矮小，周围杂草丛生，与高人功德极不相符时，决定捐款修墓。他还在亭林墓正

今日千灯顾园风光（杨瑞庆提供）

南方数十米处建造了亭林祠堂，现已被扩建成风光旖旎的“顾园”。

20世纪30年代，昆山文人在今培本小学内，在玉山书院旧址上建成亭林祠堂。亭林祠堂后搬迁至玉峰东斋，几经变迁，现在已成为雕梁画栋的顾炎武纪念馆。

顾炎武因爱先祖而号“亭林”，随后奋斗一生，终于做出了超越前人的业绩。

解读散文家归有光的名、字、号

归有光为昆山人，他最突出的成就是创作了大量平民化风格的散文。其代表作《项脊轩志》被视为经典，曾被尊为“明文第一”，因此归有光在中国文坛上享有崇高的地位。翻开归有光的生平档案，其可谓著作等身，好评如潮。因其朴实自然、浑然天成的文风，归有光当时曾被称为“今之欧阳修”。

初名有光

归有光画像（杨瑞庆提供）

归有光出身明正德初年的昆山名门人家，因他出生时宣化坊附近彩虹横空，光彩高悬，其父母就为其取名“有光”，盼望儿子日后能有光辉灿烂的前程。

但归有光随后的生活道路并不顺利。他幼时，母亲就撒手人寰，家境开始衰败，这一切迫使年幼的归有光尽早地挑起了家庭大梁，他因此开始奋发攻读。归有光自幼聪明，“九岁能属文”。为了实现他的人生理想，

今日归有光墓（杨瑞庆提供）

他慕名前往正仪宅西村的崇文书院，向邑人大儒魏校先生请教。魏校（1483—1543），明代大学者。魏校出身名门，为弘治十八年（1505）乙丑科进士。他富有真才实学，贯通诸儒之说。归有光求学期间，魏校发现他品行端正，文才出众，就把侄女许配给他。后来归有光确实学有所成，文才出众。后人就在宅西村的百禄桥上刻了一句“马鞍文笔朝真义（今正仪）”的诗文，褒扬魏校和归有光是一对“名师出高徒”的典型。

虽然归有光才高学深，却也是怀才不遇。自从县考题名后，随后的晋升却屡遭挫折。他七次冲刺进士头衔，都以落榜告终。由于屡试不第，他只得走上授课从教道路，争取成为一代名师。但是一颗决胜科考的雄心始终没有泯灭，他在教书之余继续读书投考，最终榜上有名。随后，他历任长兴知县、顺德通判、南京太仆寺丞等职。当官期间，他尽心尽职，业余还笔耕不辍，成果越来越丰富，文名越来越响亮，后于六十四岁时殉职于任上，葬于县城金潼里。现墓地迁于东大桥西北堍，供人瞻仰。

父母因爱子而取名有光，归有光没有辜负父辈期望，最后理想成真。

取字熙甫

归有光成人以后，取字熙甫。“熙”为光灿之意，“甫”为壮苗之意，可见“熙甫”和“有光”具有一脉相承的含意。从中可以看出，归有光盼望自己能不负众望，成为一个光灿、壮健的出色人才。他又字开甫，与熙甫有着异曲同工之意。

归有光是这样追求的，也是这样努力的。他先后经历了幼年丧母、青年丧妻、中年丧子的不幸。明嘉靖十二年（1533），归有光的原配魏氏病故。两年后，归有光续娶安亭王氏。由于王氏家境殷实，归有光有了背靠大树的条件，不顾有“做女婿”之嫌，从此把活动重心移向了昆山东30里地，与安亭结下了不解之缘。那时，他科考屡败，就决定在安亭设馆授教，传经讲学，在自己继续追梦及第的同时，准备把一部分精力献给梦想登科的年轻一代。

归有光的安亭新居名为世美堂，乃是岳父家的豪宅，其位置在今安亭镇井亭桥的西南角。宅中厅堂无数，还有清池古木，垒石山亭，如果登高望远，可隐见远处吴淞江上白帆点点……夫人王氏知书达理，家境富足，为夫藏书供读，并承包全部家务。从此，归有光在安亭安心读书、教书，享受着充实而美好的生活。

归有光在安亭期间，一边继续读书应试，一边开设学馆教书。虽然那时归有光还没有功名，但他的文名早已家喻户晓，所以学馆人气旺盛。归有光在安亭的执教时间有15年之长，其间，爱子病逝，为寄托哀思，归有光就在世美堂边建造了思子亭。嘉靖三十年（1551），王氏不幸病逝。但归有光还是舍不得离开安亭，仍旧坚持在那里执教数年。他在读书讲学之余，继续攻读备考，最终登峰成功。

归有光因爱未竟事业而取字“熙甫”，最后成为名副其实的“光灿壮苗”。

自号震川

归有光踏上社会后，可以放飞自己的理想了，因此自号震川。震川，顾名思义，就是震动河川，蕴含了他有梦想，想大有作为的远大抱负。除了著书立说外，他一生还做了两件震撼邑地的大事。

一件是归有光曾花费大量时间，考察吴地三江水系。当时，吴淞江下游水害严重，经常积涝成灾。经过深入调查，归有光认为，只要疏通吴淞江——狭窄段开宽，淤泥段挖深，太湖水就能畅通地东流入海，其他水道也能不劳而治。为此，归有光写下了《三吴水利录》《水利论》《水利后论》等一批兴修水利的文章，对疏浚吴淞江提出了独特的见解。后来，海瑞担任巡抚期间，到吴地主持疏通吴淞江时，就

今日震川高级中学校门（杨瑞庆提供）

采用了归有光的这些建议。清道光十四年（1834），江苏巡抚林则徐到昆山视察水利时，留下了“儒术岂虚谈，水利书成，功在三江宜血食；经师偏晚达，篇家论定，狂如七子也心降”的对联，对归有光的治水贡献给予充分肯定。

另一件是归有光为抗倭斗争而奋笔疾书。那时，倭寇在东南沿海登陆后，一路长驱直入，烧杀抢掠，昆山城里一片火海，惨不忍睹。归有光在《昆山县倭寇始末书》中记下了倭寇的罪孽：“孤城被围，凡四十五日。临城攻击，大小三十余战。……其六门并攻，被杀男女五百余人，被烧房屋二万余间，被发棺冢计四十余口……凡三百五十里境内，房屋十去八九，男妇十失五六，棺椁三四，有不可胜计而周知者。”从中看出，倭寇丧心病狂，连棺椁财宝也不放过，竟掘挖三尺，抢劫一空。还可看出，昆山军民众志成城，与敌激战三十余回合，终因孤城无援，寡不敌众，而被攻破城门。倭寇恼羞成怒，放火烧城，留下了一片凄凉的景象。

归有光由于热爱家乡而自号震川，写文章兴修水利，写文章控诉倭寇。

又号项脊生

归有光又号项脊生，因为他心系祖宅中的项脊轩，曾写出散文《项脊轩志》。《项脊轩志》被视为经典，长期编入高中语文课本，受到学子的虔诚拜读。为何“项脊”成为归有光的自爱符号？为何《项脊轩志》成为感人至深的美文？这要从他怀恋的祖居中去寻找答案。

原来，归有光的先祖初居邻县太仓，直到明洪武年间才移居昆山。归家老宅位于太仓项脊泾畔，宅第因地命名为项脊轩。归宅从太仓搬至昆山宣化坊后，新宅仍名项脊轩。

归家也属大家门第，归宅房舍无数，那归有光为何独对“斗室”项脊轩情有独钟？因为那间房是归有光求学攻读的书房。由于他对晋升寄予了厚望，所以即使那间房内部狭小、漏雨、阴冷，外部有鸡鸣、狗叫，归有光也要在里面发愤读书，考上进士。故项脊轩成为归有光精细描述的客体和触景生情的焦点。

近八百字的《项脊轩志》叙述朴实，感情真挚，虽是回忆家庭琐事的文字，但细节生动，引人入胜。即使遭遇科考不顺、家道衰落的挫折，归有光仍一往情深地倾心于天然自成的文学创作，追梦不止，最终成为一代大散文家。

归有光以“志”为体，真实记录了小屋的概貌。文章抒发了轩在人亡的感慨，表现出母子、夫妻、兄弟之间的深情。文章以项脊轩的前后变化为线索，围绕发生在项脊轩中的真实事件而展开联想，寄托意蕴，传递真情，读来感人肺腑，催人泪下。

归有光在文章中还以“项脊生”的名义自述，说明他与项脊轩已经融为一体，项脊轩成为他心目中的圣屋。因此，“项脊”成了归有光的代名词，从项脊轩中看到了归有光的光辉人生，从《项脊轩志》中看到了归有光的文学才华。

归有光由于爱亲人而自号项脊生，最终竖起了“明文第一”的标杆。

解读教育家朱柏庐的名、字、号

朱柏庐生活在充满着腥风血雨的明亡清立时。1645年，昆山在抗清战斗中不幸城陷，朱柏庐之父朱集璜誓与清廷决裂而投河自尽。此时的朱柏庐二十八岁，决心继承父志，从今不入清廷。此后，他化悲痛为力量，不但刻苦攻读，而且还开办书院教授学生。由于博学勤笔，他著述丰硕，特别是一篇短小精悍的《治家格言》使他名扬天下，他最终成为影响深远的平民教育家。

朱柏庐画像（杨瑞庆提供）

初名用纯

朱柏庐出生时取名用纯，一个“纯”字可见父母的良苦用心——要求儿子做人要纯粹、思想要纯洁、处世要纯净。在其成长道路上，他也确实在“纯”字上下足了功夫，爱家乡，爱学生，最终成为受人尊敬的乡贤。

朱柏庐生活在民不聊生的明末战乱年代，他对清兵南下恨之入骨，成为和顾炎武一样的反清义士。他发誓终生不为清廷效力，所以一生不官，只是一心苦读，盼望在学术界、教育界能有一席之地。

在怀才不遇的凄苦岁月中，他坚守寒窗，笔耕不辍，留下了《困衡录》《愧讷集》《毋欺录》等多种劝人为善的专著。他认为“圣贤之道，不离乎事事物物”，认为只要在自己擅长的领域中做强做大，也能让人刮目相看。故他选择了可扬长避短的教育事业，为此奉献心血，在讲台上大显身手。他不但在家里开课，而且还外出授教，由于成果卓著，业绩辉煌，而获得了“民间教育家”的美誉。

他发现当时的教育方法大多故弄玄虚，难让学生掌握真学，于是他深入浅出地编写了《辍讲语》，曾用精楷手写数十本当作教材分发门生。他生性谦恭，严于律己，衣食节俭，但捐学十分慷慨，对穷苦学生从不收费，所以他主持的讲堂总是听者踊跃，门庭若市。他不但教学问，而且还教做人，临终曾嘱咐弟子：“学问在性命，事业在忠孝。”

告诫弟子只有付出性命代价才能获取真学问，只有弘扬忠孝精神才能干出大事业。

朱柏庐父母由于爱儿子而为其取名用纯，朱柏庐也确实争气，桃李满天下。

取字致一

朱柏庐上学时取字致一，就是要求自己言行一致，其中也含有父母盼他具有“纯”质的追求。这在《治家格言》中得到了充分的体现。

为了培养家人的正气品行，他人到中年时，就用精短句式，撰写了以家庭建设为内容的告诫短文。为方便家人流畅朗读并迅速记忆，他不但追求篇幅短小，而且力求文辞简练，目的是让家人能朝读暮思，检点生活行为。

《治家格言》中，有他对人生处世的精辟理念，有他对经营家庭的许多忠告。此文流入社会后反响强烈，发人深思，被历代士大夫尊为“治家之经”。有些格言表面上是规劝家人节俭，但实际上劝人之深已超越了文字本身。如“勿营华屋”一句，就是不主张营造漂亮的房子，只要实用就够。如果过分追求“华屋”，就有可能去积聚不义之财，就有可能走向贫富不均的极端。言下之意是，如有多余的钱款可以去资助贫困。还有“施恩无念，受恩莫忘”一句，就是教育人做善事不图回报，受到好心人帮困不忘感恩，只有这样，世间才能美好。再有“读书志在圣贤，非徒科第”一句，就是鞭挞世代传承的“读书当官论”。还有“勿贪意外之财”“见富贵而生谗容者，最可耻”等，这些内容都已走出了家庭琐事的范围，而是对清廉世风的倡导。

朱柏庐的《治家格言》涵盖了做人、处事、理财的全方位内容，在弘扬节俭、孝敬、清廉等美德方面，以小见大，通俗实用，成为一部启蒙教育的生动教材。朱柏庐的这些劝人之道，也是他自己的生活准则。他在爱心捐学、抚养孤儿、尊重同道、孝敬父母等方面，都做到了言行一致。

朱柏庐由于爱亲人而取字致一，因此写出了《治家格言》的经典文章。

自号柏庐

当朱用纯得知父亲朱集璜为守护昆山城壮烈遇难后，不禁痛不欲生，昼夜恸哭，这也从此在他心里埋下了那颗仇恨的种子。他想起历史上有个孝星名叫王裒，王裒知道父亲王仪被司马昭所杀后，就在墓侧搭起草庐守墓，早晚跪拜于墓前，并扶着墓侧柏树悲痛号哭，因此就留下了“墓庐攀柏”的忠孝典故。朱用纯不但效仿王裒，为父亲守墓三年，而且还以“柏庐”为号，以表一片忠孝爱心。所以，后来百姓称他为“柏庐先生”，甚至把他的大名忘记了，以至于官方命名的昆山“三贤”（顾炎武、归有光、朱柏庐），唯有朱柏庐用号列名。

朱柏庐对亲人的忠孝还表现在他对《睢阳五老图》的精心收藏

今日柏庐广场朱柏庐雕像（杨瑞庆提供）

上。北宋名臣杜衍、毕世长、朱贯、王涣、冯平五人归老睢阳（今河南省商丘市），由于意趣相投，常雅集赋诗，时称“睢阳五老会”。后有人绘成《睢阳五老图》传世，这图成为国宝级作品，引人瞩目，而被名人收藏。由于画中“五老”之一的朱贯是朱柏庐的先祖，至清初，朱柏庐获悉画作的确切下落后，就转贷十六金将其珍藏于家中。他有感于《睢阳五老图》的曲折经历，于是留下了跋文：“今幸有复归之机，懋个力虽至薄，又何爱数十金而不为祖宗延一线脉耶？”言辞感人，表达了“完璧归赵”的喜悦。因为图像有些剥落，不利舒卷观赏，朱柏庐再用十金重新为画装裱。但《睢阳五老图》后来还是不幸流入社会，于抗战胜利后外流至美国博物馆。

朱柏庐病逝后，外葬于地处苏州阳山的祖墓，祖墓内葬有先祖元代大画家朱德润、明代状元朱希周。

朱用纯由于爱父亲而号柏庐，由于彰显孝心，终使国宝级画作留存于世。

在漫长的明清两朝岁月里，归有光率先竖起了瞩目的宏文丰碑；随后，顾炎武高举爱国旗帜，人格魅力更胜一筹；基本和顾炎武同时代的朱柏庐却“另立山头”，在教书育人方面更是高屋建瓴。他们都有大爱初心，都为抒发大爱情怀、塑造大爱形象而创立了丰功伟绩。让我们经常回味震川华文、亭林格言、柏庐家训，从而端正思想，检点行为，陶冶情操，在历史长河中继往开来，继续怀揣大爱初心，创造出更加辉煌的业绩。

为全面展现昆山“三贤”的灿烂文化，昆山已出版大型丛书《顾炎武全集》和《归有光全集》，《朱柏庐全集》正在编校中。这些经典文字无疑是出自昆山的厚重文献。他们之所以能取得这些光照千秋的文化业绩，是因为他们都有一颗炽热的大爱初心，分别解读他们名、字、号背后的内涵，就能略见一斑——从父母所取初名中得到激励，成人后从初名中得到取字的启发，成才后拟取足以表达人生追求的自号。原来，他们的名、字、号中都蕴含着大爱初心，然后他们不忘初心，实践大爱（爱国家、爱家乡、爱亲人、爱声誉、爱事业等），最后成为昆山历史上流芳百世的“三贤”。

比较名、字、号的用意初衷，自号最能体现他们的抱负，也是对他们最尊敬、最亲切的称呼，因此昆山的一些组织、单位、园林、广场等曾分别用亭林、震川、柏庐命名，使顾炎武、归有光、朱用纯的名人效应更加深入人心，让人可以触摸到他们的大爱初心，从而激发出学习“三贤”的精神力量。

昆山在大力宣传顾炎武的事迹的同时，还应加强宣传归有光、朱柏庐的事迹，让昆山“三贤”培育出创建当代文明城市的大爱力量。

名师朱柏庐和他的高徒

王广成

朱柏庐先生在三大方面做出了比较大的历史贡献。一是教学成绩，二是理学上的贡献，三是较为丰富的学术著作。在教学成绩方面，他教出了不少贤能的学生，提高了昆山人的素质。

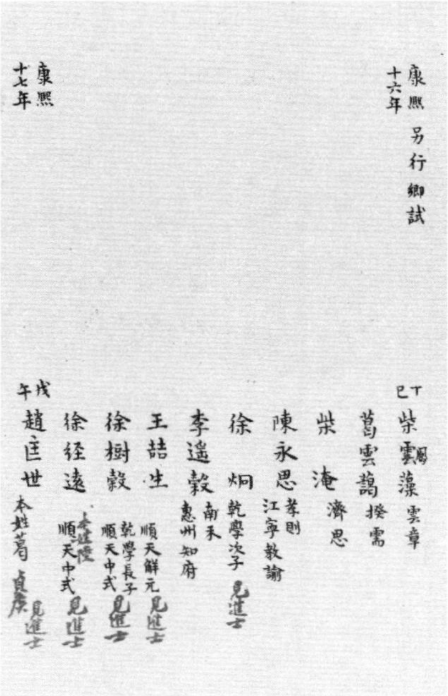

康熙十六年丁巳 另行鄉試
柴霦藻 雲章
葛雲鵠 揆需
柴淹 濟思
陳永思 孝則 江寧教諭
徐炯 乾學次子 見進士
李遙穀 南禾 惠州知府
王喆生 順天解元 見進士
徐樹穀 乾學長子 順天中式 見進士
徐経遠 本建陵 順天中式 見進士
康熙十七年戊午
趙匡世 本姓葛 貞康 見進士

康熙《昆山县志稿》对王喆生考中解元的记录（王广成提供）

顺天解元王喆生

王喆生（1648—1728），字醇叔，号素岩。他是明代举人王志长的孙子。父亲王甘谷，擅长写文章，但很早就去世了。王喆生在二十岁的时候补为诸生，后按例进入国子监读书。康熙十六年（1677），他考中顺天乡试解元。在康熙二十一年（1682）成为进士，后选为翰林院庶吉士，授官编修。康熙二十四年（1685），他充任会试同考官。不久，他请假回家奉养母亲。他的住宅在富春桥南，但在西关外有座花园，那是他奉养母亲的地方。

王喆生是朱柏庐先生教出的得意弟子，两人之间情谊深厚。康熙十六年（1677），王喆生高中顺天乡试解元之后，衣锦还乡。康熙十七年（1678），王喆生将要到北京去，他特地前往先生家中告别。在分别时，他问道："先生有什么要教导我的吗？"

先生说："你很有才能，高中巍科是很容易的，我又有什么可以教导的呢？"

王喆生诚恳地说："对科举考试，我并没有过高的要求，只是希望先生教导我。"

先生看到王喆生那诚恳的表情，就谆谆教导说："心欲其下，情欲其厚，气欲其敛，事欲其约。"在这几句话中，先生希望王喆生心中欲望要少，重视增加人与人之间的情谊，收敛元气，节约做事情。

王喆生在朝廷仅仅三年，就厌倦了做官，他托词奉养母亲，于康熙二十四年（1685）的十二月请假回到了昆山。春节过后，在先生即将到洞庭东山教读的时候，王喆生特地来送行。他携带着自己两年来书写的日记，请先生阅读和指正。先生在阅读王喆生的日记之后，感叹他"处极喧嚣之地，极得意之遇，极尘杂之务而能步步收摄，刻刻检点；即其所记，详密端严，不间一日，不草一字"。故先生时常称赞王喆生是个有作为的人。

看到王喆生的日记后，先生还为他题写了两篇文章。在第一篇文章中，先生写道："醇叔的学问与日俱进。这册日记记载的时间是两年，中间并不浅薄，得力之处在于专注将来，都是亲身体验，努力实行的话语。然而感觉后来转为切合实际、精密，这是由于不断下功夫，所以渐渐取得进步，阅览日记的人自然能看出。日记中的一段话说，'办得实心，无不可为之事；为名为利、自是自便、慢忽畏难，皆心不实’。这句话表明做学问和做官是同样的道理。又有一段说，‘成天下之事功者，在于善用其人’。这句话表明在朝为官和下野为民都要采取中庸之道，在天地之间最重要的是真诚。真诚作用于万事万物而无所不在，所以人能做到真诚，在做事时而无往不胜，主要原因是充满实在的道理和用心真诚，即使有缺陷，也不至于整体不行。郭林宗喜欢奖励士人，不管是对兽医的儿子或农民的儿子，都称赞劝勉，这成就了东汉的一代士风。杨文贞喜欢提拔人才，不管是黑窑的工匠还是教书先生，都积极援引到官府，这成就了他的一代相业。这也是勤勤恳恳、真心做事的原因，都是在为当时建功立业，然而这两句话的实质是一样的。这些都是人道、纲纪、学术的要领，足以看见醇叔已经掌握。从以前清丈土地的事情，尤其可以见到他拯救时弊的恳切，勇于任事、处理事情的精密和审慎，心地的谦虚和公正。对这些盘根错节的复杂事情，能够运用所学去处理，即使事情没有办成，然而醇叔所得的经验已经很多了，这是将来担当重任的基础。圣贤以天下为一家，家乡的事情是天下的事情，天下的事情也是家乡的事情。醇叔具有这种体用为一的原则而担当经邦济世的重任，以颜子的学问为根本而又坚持伊尹的远大志向是不难看出了。”先生在这段话中赞扬了王喆生掌握了人道、纲纪、学术的要领，勉励他继续坚持真心做事的良好作风，为家乡多做实事。

在第二篇文章中，先生写道：“淡然无欲才能有卓异特立的操守、奋发有为，这个道理是你非常熟悉的。但是，在我看来，卓异特立的操守、奋发有为，你并不难于做到，而是难于做到没有欲望。我所说的淡然无欲并不仅仅是财利声色，这些较大的欲望可以自己戒掉。凡是身体接触到的、所听所见的，虽然都是些细小的事物，但也不能引起人的欲念，才是淡然。什么原因呢？虽然是些细小的事物，而一旦为之所动，也就是欲根没有断绝，也就不是清虚内心，纯洁自身，也就不能不妨碍具有成就志气、节操、功业的光明磊落。而且这些细小的事物如何来做到？没有财力是办不到的，而且这些引起人的欲念的事物和声色悦耳是一样的。做到这些细小的事之前，又怎么能不眷恋声色财利呢？现在从日记中可以看到，虽然对大的欲望严格思辨，而对住房、服饰、玩好却羡慕而动色。先儒说，‘人对于生活消费的物品，样样要求好的，自己的身心也就不好了’。正是身体上得到能够引起欲念的事物，不觉心中就会失去对它们的厌恶。而且诸葛亮说，‘非淡泊无以明志’。把情趣爱好转移到住房、服饰、玩好上，就不可以算是淡泊。不应当做公孙布被的欺诈行为，而要像李文靖一样不修葺堂前栏杆，要像司马光的名言‘衣取蔽寒，食取充腹’，这样的风俗可以尊崇，它的意义值得思考。醇叔应该不会认为这些话迂阔不当，所以写下来给你。”先生在这段话中劝勉王喆生要以历代先贤为榜样，时时检点自己的品行操守，淡泊以明志，宁静以致远，告诫他不要因住房、服饰、玩好等方面的小节而改变了自己的志向和情趣。先生的这种异常严格的要求使人以为他不近人情，事实上却表明了他的先见之明，因为欲望的发展是从小而大的。整篇文字虽然是先生写给王喆生的，但这更是先生自己的真实写照。实际上，先生也是用这种近乎苛刻的要求来对待自己。

在先生的这种“淡然无欲”的思想的指引下，王喆生从此不复出仕，在家乡居住下来。他把自己的住室称为“依庐”，侍养母亲二十余年。母亲死后，他更加断绝了做官的想法。在长达四十余年的乡居生活中，他热心地方公益事业，真心做了许多好事。

当时，朱柏庐先生用理学教导青年学生，王喆生跟从他刻苦学习，反复思考，精通四书五经、《资治通鉴》。王喆生又和同学订立课程，互相砥砺，学问上有很大进步，后被巡抚汤斌器重。仪封张伯行称赞他撰写的《懿言日录》“精深博大”，可以和卫武公的《抑戒》媲美。他所著《懿言日录》《素岩文稿》《素岩纪年诗》保存至今。

从很多方面来说，朱柏庐先生对王喆生的影响确实不小。这正验证了一句俗语——“名师出高徒”。

贤能弟子叶振珽

叶振珽，字廷玉，昆山人。叶家是昆山有名的望族之一。据清康乾时期的常熟人王应奎说，“昆山巨族，在前明时，推戴、叶、王、顾、李五姓”。昆山叶氏确切可考的始祖是叶苗，字秀实，叶氏一族从叶盛开始发祥。叶盛（1420—1474），字与中。明正统十年（1445）成进士，授兵科给事中，后官至吏部左侍郎，死后谥“文庄”。此后，昆山叶氏代有人出。叶盛之子叶晨，字廷光，因是大臣的儿子，按例进入国子监读书。他在成化二十一年（1485）顺天乡试中考中举人，但没有做官就去世了。叶恭焕，字伯寅，号括苍山人，叶盛五世孙。他是嘉靖二十五年（1546）举人，建有菉竹堂，藏书万余卷。叶国华，字德荣，叶盛七世孙，万历四十三年（1615）举人，历官工部都水司主事，后出榷杭州南关。叶重华（1588—1655），字德玄，号香城，叶盛七世孙。他在明崇祯元年（1628）考中进士，官至太常寺少卿。叶重华生有五子，名方升、方恒、方至、方霭、方蔚。叶方恒（1615—1682），字嵋初，初号学亭。他是崇祯十五年（1642）壬午科顺天中式举人，顺治十五年（1658）孙承恩榜进士，会试第十七名，殿试赐二甲出身。后来他被授官贵阳府推官，因裁缺改为莱芜县知县，于康熙八年（1669）到任，清供具、驿站窝逃之弊，升迁为运河同知，擢按察佥事、分守济宁兵河道，卒于任。叶方霭（1629—1682），字子吉，号讱庵。他十二岁补为诸生，顺治十四年（1657）成举人，后到北京参加复试，名列前茅。顺治十六年（1659），他参加殿试，被列为一甲第三名，授官翰林院编修。康熙三年（1664），他因母亲生病请求为她养老，直到康熙十一年（1672）才补原官，此后不断升迁，历官日讲起居注官、国子监司业、翰林院侍讲、左春坊左庶子、侍讲学士、侍读学士、经筵讲官、礼部侍郎、刑部右侍郎等职。他著有《读书斋偶存稿》。叶方至，字仑生，顺治十四年（1657）副榜。此后不久，他离开人世。他的妻子李氏延请朱柏庐先生到其家教授唯一的儿子叶振斑。

顺治十五年（1658）的正月十五以后，朱柏庐先生来到叶家坐馆。叶氏夫妇有一子四女，对唯一的儿子叶振斑非常疼爱。但是，自从丈夫叶方至去世以后，李氏担当起教育儿子的重任。为了让儿子能学有所成，她聘请为人严厉、教学负责的朱柏庐先生前来坐馆。因为叶振斑是家中唯一的男孩，母亲管不住他，他非常顽劣。在课堂上，他的话非常多，经常在学生们安静读书的时候大声喧哗，把先生气得瞪大了眼睛。他还非常好动，想做什么就做什么，四处跑动，仿佛朱柏庐先生不存在一样。他还很调皮，有时会捉上一只虫子放进同学的书包中，把同学吓得直叫。朱柏庐先生为此伤透了脑筋。但是，先生并没有知难而退，而是知难而上。由于积累了丰富的教学经验，先生知道对调皮顽劣的孩子，要用宽容、要用真情去打动他们。

经过先生的一番辛勤教育，又因为先生在平时教学的时候非常严厉，叶振斑逐渐有了一些进步。

时间过得很快，转眼三年过去了。虽然叶振斑的成绩提高了不少，但是他那顽劣的性格并没有多大的改变。先生感觉教这样的学生非常费力。而且，叶振斑随着年龄的增大，时而外出结交朋友，参加些无益的应酬。看到这种情况，先生感到自己再在叶家已经不太适宜，因此决定辞掉叶家的馆职。

辞掉叶家的馆职之后，先生因推荐来到李家教书。此次，先生认为授徒并不是自己想做的事情，只是为了填饱肚子生存下来。同时，他又感到在富贵之家教学十分不容易，他说："叶氏、李氏都是开设学馆的巨族，岂是我适宜居住的地方？"

然而，就在一年之后，叶振珽的叔叔叶方蔚来到先生家中，非常诚恳地聘请先生为叶振珽的老师，而且希望先生马上答应下来。不久，李氏又专门派人以重礼聘请先生，来人详细说明李氏聘请先生的意思。但是，先生在知道叶家的来意后，却感到忐忑不安，不知道该怎样处理这件事情。最后，他决定给叶振珽写封信。在《致廷玉》的信中，先生对叶振珽提出了三点要求，作为自己坐馆叶家的条件。他和叶振珽约定的第一个条件是"不可多言妄动"，后来先生列举了叶振珽在老者身旁大声说话、举止率意一事，认为这有违儒家礼仪，应该改正。他和叶振珽约定的第二个条件是"不可撄心烦琐及无益应酬"，先生以范仲淹"毁誉、欢戚、富贵、贫贱"不动于心为例，说明一个人只要胸怀远大目标，就不会将目光停留在琐事上，只有这样才能有大出息、大作为。无益的应酬白白浪费时间、消耗生命，应当戒除。他和叶振珽约定的第三个条件是"期限日课务须及格"，先生认为，每天的功课都必须按时完成而不留遗憾。否则，作为学生，虚度了一刻一日的光阴；作为老师，旷废了一刻一日的职分。

叶振珽在收到先生的书信后，感到先生并非不给自己情面，而是对自己高度负责。回想往年先生教育自己，自己学有所成，都是因为先生这种诚实做事的态度。本来，叶家和先生是同乡同里的乡亲，对他耿直的个性、坦诚的为人很是了解。因此，叶振珽答应了先生的"约法三章”。

康熙元年（1662），朱柏庐先生又来到叶振珽家坐馆。由于先生和叶振珽有“约法三章”，又因为此年叶振珽要参加生员考试，叶振珽确实改变了不少，经过一段时间的努力学习，他的文章写得越来越好，才学日高。二月份的县试，四月份的府试，叶振珽都很顺利通过。由于县试、府试顺利通过，叶振珽的学习劲头越来越大。

徐廷璉 聖俞松江府學戊子歲見文苑
張嗣留 松傳壬辰歲
嚴達 萬九華亭學壬辰歲 歷中書科掌印中書戶部祿米倉監督
陳子臬 鶴九甲午歲
陳省 號南園丙申歲見文苑
陶曦 昌範庚子歲
支守默 謂音號太沖壬寅歲見弟張鑑傳
秦向春 紹宗戊子副當塗教諭
余起霞 號鶴亭壬辰歲見文苑
徐德渲 守樸號東軒炯子癸巳副河南延津知縣
陸駿 有聲癸巳副
張大年 項齡甲午副
陸從吉 枚臣長洲學庚子歲見父志熙傳
汪察 昭遠安弟華亭學壬寅歲
汪中鵬 壬寅選拔見舉人

康熙間廩例

趙墋 介臣號韋亭本姓錢貢池教諭名宦
葉振珽 廷玉方至子見孫鑾傳
徐世濬 號虞川應聘從孫見子麟傳
徐樹敏 乾學三子府學見進士

光绪《昆新两县续修合志》对于叶振珽的例贡生的记录（王广成提供）

时间到了某年冬季的一天，朱柏庐先生正在叶振珽家坐馆。中午，洁白的雪花漫天飞舞，天空一片灰蒙蒙，真是一场大雪啊！夜晚，雪还是下个不停，主人叶振珽于是准备酒菜请先生饮酒。酒宴进行了一半，先生慨然兴叹。叶振珽问道：“先生为什么叹息呢？”

先生说：“刚才回忆到老朋友非常贫穷，在如此寒冷的天气缺衣少食。”

叶振珽说：“这件事情不足为忧，暂且畅饮一番。”第二天，叶振珽问明先生的老朋友居住的地方，赠送了十斛米。先生在快乐饮酒的时候，仍然不能忘记自己的老朋友；叶振珽因为先生而赠送大米给素不相识之人，真是两位贤人啊！

此年，在先生的精心辅导下，叶振珽终于考中秀才。后来，他又晋升为例贡生。

好义门生吕廷章

吕廷章，字德焕，号乎三，清诸生，昆山人。为了表彰梅家一门的孝行，吕廷章专门写下《梅孝子记》。他还著有《迁改录》《严心书屋文稿》。

吕廷章平生尤其好做义事，对本地的社仓、育婴堂等大力进行资助。张应宿，字月鹿，明朝尚书张邦奇的后代。张应宿为人坚守气节、不随便承诺人。顺治初年，他到处游历，偶然来到昆山，寓居在景德寺中，与本地文人、耆老、德高之人交往。四方之士皆赠诗文给他，他却只和葛芝成了知己。后来，他不幸因病去世，吕廷章等人出资将他葬于马鞍山南。墓碑上书：浙东义士无待张先生之墓。

吕廷章在受业于朱柏庐先生之时，对朱柏庐先生非常诚恳尊敬。他和同学王喆生、魏宗灏、朱慎几、刘御蕤等人从事讲学，体贴身心，毕生言行都遵从老师的训导。

每年正月初七，先生的学生都会来到他的住处聚会，这是学生们多年以来形成的一个习惯。先生是一个非常重视师生之间感情的人，康熙十四年（1675）正月初七的时候，先生因思念自己的学生，特地写了一首《乙卯人日招及门诸子过话即以当简》的五言律诗。在诗中，他写道："同此昼与夜，独命为人日。世俗竞相传，不知义何出。我顾深有取，顾名宜思实。人道不易尽，交勉无苟失。抚兹气象更，推迁如矢疾。日新又日新，敢复少暇逸。眷言二三子，矜尚寡俦匹。菜羹脱粟饭，招邀话相悉。回首献岁来，逾日已六七。想当不待速，疾驱到蓬荜。"在这首书信体的诗歌中，先生劝勉学生们在正月初七前来聚会聊天。这首诗写得亲切自然，循循善诱。当时，学生们在接到这封书简之后，非常感动，纷纷来到先生的家中聚会聊天。从那之后，学生们形成了一个习惯，每到正月初七的时候，都要到先生的家中见见面、说说话。吕廷章总是最早来拜见朱柏庐先生。

康熙二十五年（1686）八月十五之前，朱柏庐先生举行了一次讲约，应约而来的有吕廷章、魏宗灏、毛云翼、董观三、顾易等人。后来，先生提倡的讲书之约产生了较好的影响，即使先生在康熙二十七年（1688）去世了，他所倡导的讲约也没有消失。康熙三十八年（1699）夏天，王喆生、吕廷章、魏宗灏、毛云翼、董观三、顾易等人汇集在严心斋，续举讲约。

朱柏庐先生去世后，吕廷章、王喆生在马鞍山南麓建造了祠堂，用于祭祀朱柏庐先生。此祠后来改名“崇贤祠”。其中，吕廷章在建造祠堂的过程中出力最多。吕廷章特地为这个事情作了记，并捐出自己的田地以进行祭祀。

朱柏庐先生以忠孝作为自己平生的追求，以圣贤的标准要求自己，研求天人性命之奥义，终身追求，毫不懈怠。如果能够得遇其时，继往开来，将会与濂、洛、关、闽承上启下；那些文辞华丽的文章，朱柏庐先生视为糟粕。所以朱柏庐先生平时所写的文章，大多数随手散佚。朱柏庐先生死后，留有著作抄本。吕廷章看到这个抄本的时候，发现有很多文字脱落颠倒，因而与朱慎关、叶虑澄校雠编次，最终得到十二卷，仍旧给它取名叫“愧讷”。至于取名愧讷的原因，据吕廷章说，以往他在朱柏庐身边的时候，见到朱柏庐先生的著作中，有一本阐抉义理、关乎人心学术的书籍名叫《愧讷集》。荀子说：“其辩不若其讷也。”朱柏庐先生的意思是，愧其不能够做到讷言。另外，先生将与亲戚朋友的往来应酬文字编成名叫《多败集》的一本书，借鉴金人“多言多败”的教训。雍正三年（1725），吕廷章为朱柏庐先生出版了

《愧讷集》，是为著名的雕刻精美的严心斋版本。

私淑弟子潘道根

潘道根（1788—1858），字确潜，又字潜夫，号晚香，晚号徐村老农，新阳（今属昆山）人。他的一生主要生活在周市，前期居住在县北乡南梅心泾（今属周市镇新塘村），以教书授徒为生；后期迁居睦和庵附近的徐村（今周市镇白塘村徐家宅基），以行医卖药为生。他生性恬淡，昆山县县令王省山曾荐举他为孝廉方正，他却坚决推辞，拒不接受，后来隐居在乡村之中，凭借自己精良的医术糊口。他在七十岁时离开人世，本郡人呈请崇祀乡贤，由于当时清政府忙于应付太平天国战争而没有结果。战争结束后，官府在同治九年（1870）把他附祀在孝定先生的祠堂中。

《潘道根日记》书影（王广成提供）

他自幼聪明颖悟，但不愿参加科举考试。曾经师从王学浩、吴映辰、吴映奎等名儒研习文字、音韵、训诂、诗文、经史等方面的学问，这为他以后治学、著述和行医打下了良好的基础。他又善于写诗，所写的古文辞非常工整。昆山诗人组织了著名的诗社——栎社，潘道根也参与其中。

潘道根在教书和行医之余，雅好读书、抄书、著述。他是朱柏庐先生的私淑弟子，潜心明理，尽性笃实毋欺之学，研习四书五经，经义旁参互证。他一生著述等身，有《徐村诗文稿》《识小录》《医学读书记》《娱拙斋杂记》《谈龙录》《邑志补遗订讹》《三礼今古文疏证》《尔雅郭注补》《隐求草堂诗文集》《读四子偶钞》《昆新两邑庙志》《读伤寒论》《临症度针》《晚香书札》《隐求堂日记节要》等。其传世日记《潘晚香日记》学术价值很大。

潘道根热心地方文献的整理和考证工作，认真校正康熙《昆山县志稿》错别字，辑录《昆山先贤冢墓考》，与张潜之一起搜辑本县人的诗并编为《国朝昆山诗存》，还曾经亲手抄录过《愧讷集》《朱柏庐先生未刻文稿》（现藏于苏州市图书馆）等。

潘道根热心地方公益事业，弘扬传统美德。咸丰年间睦和庵的大殿和围墙坍塌了，他积极募集资金进行重修。他与张潜之等人一起修复陆孝子暨配钟氏孝烈的坟墓；为表彰徐文炳的传统忠孝美德，作有《徐孝子记》；为表彰郑仲简夫妇的节义而作有《节义传》。潘道根以朱柏庐先生为师，积极弘扬传统忠孝节义美德，不愧是朱柏庐先生的私淑高徒。

康熙状元徐陶璋

徐陶璋（1674—1738），字端揆，号达夫，又号蘅圃，长洲（今属苏州）人，以昆山籍起家。康熙三十一年（1692）成为昆山县学生员，康熙四十四年（1705）乙酉科乡试中举人，康熙五十四年（1715）考中乙未科状元，为清朝开国以来第二十九名状元，授翰林院修撰。他虽然经历多次科举失败，但是坚持不懈，最终取得了科举上的成功。

徐陶璋出生在江南望族之家。祖先名叫徐源，字仲山，明宪宗成化十一年（1475）乙未科进士，授官工部主事，后改兵部，历任职方司员外

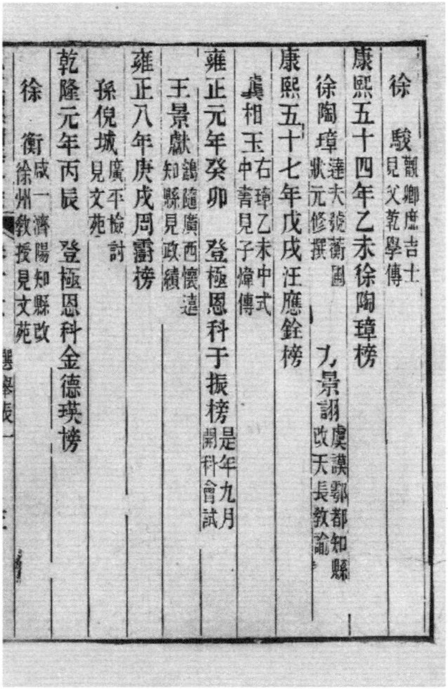
徐 駿 觀鄉庶吉士見父乾學傳
康熙五十四年乙未徐陶璋榜
徐陶璋 達夫號蘅圃狀元修撰
方景詡 虞謨鄂都知縣改天長教諭
康熙五十七年戊戌汪應銓榜
虞相玉 右璋乙未中式中書見子煒傳
雍正元年癸卯 登極恩科于振榜 是年九月開科會試
王景獻 鵠隨廣西懷遠知縣見政績
雍正八年庚戌周澍榜
孫倪城 廣平檢討見文苑
乾隆元年丙辰 登極恩科金德瑛榜
徐 衡 成一濟陽知縣改徐州教授見文苑

光绪《昆新两县续修合志》对徐陶璋的状元记录（王广成提供）

郎、武选司郎中、广东左参政、浙江右布政使、湖广左布政使、右副都御史等官。徐陶璋从小受到家庭的熏陶，发愤苦读，博览群书，在书法上下过极大的功夫。踏上仕途之后，他宦情淡泊，居心和厚，学问醇实，屡屡受到赞扬。

康熙六十年（1721），徐陶璋任分校辛丑科礼部会试官，从落卷中搜得山东邓中岳，邓随即在后来的廷试中高中状元。这次科举考试结束之后，徐陶璋请假回家，不再复出，长时间居住在苏州。他此次居家长达十三年。乾隆元年（1736），他补为原职，纂修《世宗实录》，后死在任上。其墓在横山芳桂坞，杨绳武为其撰写墓志铭。

翰林院修撰，是徐陶璋一生担任的最高官职。虽然在仕途上没什么作为，但是，他的书法极佳，闻名于世。他之所以能大魁天下，也是凭借一手好字。尽管文献典籍对他的仕宦生涯没有记载，但他的大名却被收入《皇清书史》等书法典籍中。在著述方面，其传世作品较少，仅有《介石轩文集》。另外，他热心地方修志事业，曾任乾隆《元和县志》总裁。

徐陶璋和王喆生一同在翰林院做官，与王喆生非常友善。朱柏庐先生曾在洞庭东山开设学馆，徐陶璋对朱柏庐先生仰慕已久。徐陶璋在与王喆生的书信中，有想要前往受业的话语，他非常钦慕朱柏庐，并把朱柏庐视为自己的老师。

政绩卓著王景献

王景献，字鹤随，号介亭。他是王喆生的长子。他的学问深厚，把诗礼三传反复贯串。他在康熙四十七年（1708）中了戊子科举人，雍正元年（1723）考中进士，授官广西怀远县知县，对老百姓有惠政。在怀远县管辖的县境之中，当地少数民族与汉族杂处。在他到任之前，县中的衙役经常假借公家的名义苛索赋税，因此而发动暴乱。他到任以后，在通衢大道边悬挂榜文，痛斥这种弊政，又亲自来到少数民族居住的地方宣谕抚慰。人们非常高兴，以至于撰写歌词吹着芦节，手拉手踏歌来歌颂他。他又代理融县的知县县里有贩卖妇女的大案，案情涉及柳城、罗城两县，案犯达八九十人。案犯到处贷款来重重贿赂他，王景献怒斥前来行贿的人，将首犯都诛杀。王景献后以父老辞官回家养亲，再也没有出仕为官。他平生雅好著述，有《牂牁治略》《容与记》《任愚集》等著作。

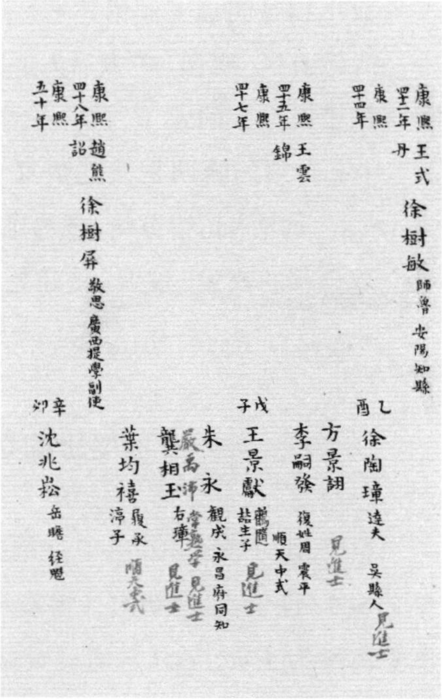

康熙《昆山县志稿》对王景献考中进士的记录（王广成提供）

双忠祠建造始末

陈柏华

《昆新两县续修合志》载:“双忠祠在县学东,祀明山西巡抚蔡懋德、随州知州赠太常少卿王焘。”

双忠祠是明福王颁诏建造。乾隆四十一年(1776),蔡懋德、王焘经清廷追封、赐谥。王焘后人于道光年间另建祭王焘的节愍公祠,但该祠于咸丰年间毁于兵燹,王焘后裔又于同治年间重建专祠与祖祠,并于光绪间将两祠改建成义庄。双忠祠历经清乾隆、嘉庆、道光、咸丰、同治、光绪等朝,成为昆山地区历时较长的宗祠。

双忠祠的敕建、被毁、重建始末,展示了当时昆山的社会变迁和名门家史。

守节尽忠的蔡懋德和王焘

蔡懋德(1586—1644),字维立,号云怡,昆山人。明万历四十七年(1619)进士。《昆新两县续修合志》称其“方七岁时读《大学》,便立志学为圣贤,后从学诸寿贤益,以远大相期许”,尤仰慕王阳明为人和学问。入仕后,授杭州府推官,天启时调入北京。崇祯初,转任江西提学副使,劝勉学人。在江西任上,尝登著名的白鹿洞书院,向诸生讲《孝经》大义,使闻者大为感动;又作《文心八则》以正江西诸生文体，甚受地方人士赞许。

蔡懋德画像（陈柏华提供）

懋德后迁浙江右参政，守嘉兴、湖州。时有巨盗屠阿丑聚众太湖，骚扰百姓，地方不堪其苦。懋德悉召沿湖富庶大户联手断其供给，对密报盗贼出没之处者予以奖励，召将士授以方略，一举生擒盗首，荡平匪患。督抚上懋德功，廷臣纷纷上奏章力荐懋德，皆曰“懋德知兵”。首辅杨嗣昌知懋德之能，但觉其久居水乡，身体瘦弱，不能居僻，改授济南道。时济南残破，府吏缺员，田荒谷贵，民苦苛杂。懋德上疏檄州县停征杂税，养民生息，功绩卓著，迁任山东按察使、河南右布政使。崇祯十四年（1641）冬，擢任右佥都御史，巡抚山西，成为明末封疆大吏。

懋德律身刻苦，清秀文弱，朝中有臣上书言其不宜担此戍边重任，但崇祯帝察懋德知人善任、为官清廉、体恤部属，又习于用兵，甚为信任。懋德爱民、察吏、正己之见，深受崇祯嘉许。崇祯十五年（1642）春，懋德讨平多年扰山西太平的惯盗王冕，自此严保甲、重窝盗之罚，盗无所容，井陉平安。是年十月，入卫京师，上诏委以扼守龙泉、固关重任。

崇祯帝即位以来，明王朝内忧外患。关外清兵虎视眈眈，窥视大明疆土；关内民不聊生，吏治腐败，农民揭竿而起，攻城略地，势不可挡。明王朝岌岌可危。

崇祯十六年（1643）冬，李自成破潼关，兵临山西。是年十二月，懋德临危受命，奉旨率师移驻平阳，扼守河津，肩负御敌、保太原之重任，开始了一生最后为明王朝守土效忠、鞠躬尽瘁之举。

懋德主政山西，重视延聘人才，有一能必记之，迁调识拔无不尽其才。懋德于府衙张榜文告百姓：愿闻已过，求通民请，并于三立祠为讲会，聘三晋名儒傅山主之。两人原隔千里从未谋面，因诗文交往成为挚友。据山西《曲沃县志》记载：大儒昆山人顾炎武与傅山也是惺惺相惜、推心置腹的知己。世传《明史》中考证：两先生密计经营票号，操办金融，以图反清复明，并留下众多互答互赠诗文，弥足珍贵。

懋德以黄河之险，抵挡李自成部，招募奇谋义勇之士达千人，日夕训励，为御敌守城之用。然严冬黄河千里冰封，李部铁骑得以踏冰长驱。后来，太原告急，明晋王竟多次手谕催懋德回军保太原，不日平阳失陷。崇祯十七年（1644）正月，李自成称王于西安，转掠河东，沿途明官吏纷纷开城投降，数十座城尽陷。明监军为自保，推卸失城之责，将责任均推给懋德。崇祯本性猜疑，易受亲信鼓噪，听信谗言，竟下诏懋德夺官候勘。

正月二十三日，懋德率残兵回师太原，誓与太原共存亡。其间，李自成多次派员至城下许以高官厚禄持牌招降，懋德登城怒斥来使，立斩其首，悬其头于城墙上，以示守城之决心。二月五日，李自成率兵至城下，懋德遣部将牛勇、朱孔训、王永魁出战，三人均身死疆场。李自成军因城下所伏地雷而死伤无数，一时攻城不下。二月六日，李自成亲持文书，驱众攻城，有兵叛变开城投降，太原城破。众拥懋德上马至水西门，不久下马，据地而坐。应时盛已出城，杀妻殉节，不见懋德，再次返回城中找到懋德，语“请与公俱死”。遂偕至三立祠。三立祠是懋德主政山西，会同大儒傅山讲授儒学经典之场所，也是文人志士在国破家亡之时殉节尽忠之处。懋德解索自缢尚未气绝，时盛恐其被李自成部凌辱，遂解下盔甲筋索复勒懋德肩颈而亡，时盛亦取弓弦勒颈自尽。

李自成怒懋德不肯归顺以降，验其身以刀断颈投之水沟以泄其恨。太原城破，李自成大开杀戒，屠杀拒降官吏及百姓。太原守城官吏自懋德下，被戮四十有六人，李自成部尽砍其头颈曝晒城头，太原尸横遍野，满城尽毁。

李自成部自太原退兵后，懋德遗骸已被其弄残，扔进水泊。有人找到后，私下购买棺材，草草将其埋于太原南门城外东山岗蒿草乱坟之中。由于战乱频发，道梗不通，至清顺治五年（1648），其次子方炳才克服千辛万苦赴山西扶柩回归郡之西山，太原百姓沿路哭泣送行。三年后，其子在吴县妙明山脚下择地将其安葬，汪琬等撰墓志铭、行状存之史馆以示悼念。

懋德殁后，南明王朝福王竟以懋德不守河防回师太原为失策，仅赐谥号“忠襄”，赐祭葬而不予加封赠荫。明朝一代守节殉国之士获此礼遇，不亦悲哉！长子方熺，字涵之，痛惜父殉难于李自成部，而朝廷对懋德之殉忠又如此礼遇，绝意不进仕途，隐居于野，守护父灵，以家境困窘，终不求人，卒时竟无钱入殓，清贫终生。次子方炳，字九霞，补长洲学生，博涉群书于理学、政治、典故、考订，能诗，兼工篆草，远近皆负盛名。康熙十八年（1679）举博学鸿词科，报罢归，不予从考。回乡后，潜心研究理学，探究其精髓，从圣贤所论述，期于阐发圣贤精奥，与当时名士睢州汤斌等深相契合。一代廉吏于成龙总制两江，极为看重方炳学问与品行，专请方炳一起参与撰写《大清一统志》。后，清道光江苏巡抚陶澍建苏州沧浪亭五百名贤祠，方炳以其品行高尚，与父亲同列其中，被誉为“父死于忠，兄固于穷，公学独丰，著述甚工”，成为昆山最后一位入选五百名贤祠者，供后人敬仰。

王焘（？—1637），字濬仲，号函符，琅琊安阳昆山王氏十一世孙。始祖安贞，元末任昆山知州，后朝廷鼎革战乱路梗，遂世居昆山。任

王焘画像（陈柏华提供）

上体恤百姓，政教懋举，祀昆山名宦祠。高祖王秩，成化进士，任云南右布政使。祖执礼，嘉靖进士，官应天府丞。王安贞、王秩、王执礼均列乡贤祠，供人祭祀，并受朝廷多次诏封。百年来，王氏家族秉承儒家渊学，恭俭循仪，成为昆山较有影响的一门望族。

王焘少孤独，性至孝。父亡后留巨产，从叔欺孤儿寡妇势单力薄，谋欲侵占其资产。焘顾全家族大义，将遗产悉让于叔，而以一己之力，担负起赡养祖母和母亲的重任，家事谨慎，苦守门户，获家族盛誉。焘少慕圣贤，悉心研读儒学经典，日有所进。万历四十六年（1618），因品行卓著，乡荐中举。崇祯五年（1632）授海门教谕。海门官场，下属对上司贽仪官员分九等受之，焘悉婉谢不受。有生员白天不敢携礼拜见，趁天黑潜至焘宅馈百金赠之，焘怒叱去之。王焘设法八方筹集重金修葺学宫，资助贫困学生求学，以廉介闻世。朝廷嘉其忠廉，升随州知州。

湖广德安府随州，属穷乡僻壤，盗匪猖獗，焚掠百姓，致户不满千。焘到任后，组织乡民，编制团练，缮守其土。随州巨寇多年骚扰百姓，民不堪其苦。焘亲率乡勇剿灭之，使地方治安大有好转。

崇祯十年（1637）正月，张献忠部大举进攻随州，攻势凶猛。焘坚守城池，且守且战，毙敌三百余名。张部有“随州纸城变铁城”之谣。巡抚以其功誉其为“御城第一”。张部挟恨继续组织数万大军加紧攻城，焘率众相持二十余日。时值隆冬，大雪纷飞，天寒地冻，守城士兵衣不蔽体，弹尽粮绝。守将王必用先挟家丁弃城而逃，余下兵亦大多散去。城陷。焘身负数伤，率家丁退至街巷，殊死抵抗，自知独力难支，回到州署，整理冠带端立于衙，向北再拜，自刎而绝。

王焘妻范氏，城陷时端坐不屈，被杀，后追封为淑人；一女遇张部被缚投池身死；第五女城陷前一日赴井死，年仅十九岁。庠生沈岗妻为焘从女，城破时同小姑并两女仆投井死，沈岗也以身殉。张部入城后，焚烧州署，大火独不燃焘身，尸身直立不倒，张部望见均惊骇不止。兵退后，有人在焘所立尺土下觅得州印。忠烈之举，气壮山河。

焘殉节后，其子庠生锡中，具疏上奏朝廷请予褒誉抚恤，朝廷竟以焘仅一死以塞失随州之过，不予追赠，令明末许多忠节之士扼腕痛惜。

明末清初请建双忠祠

明崇祯十七年（1644），李自成率军攻陷北京，明思宗朱由检在煤山（景山）自缢身亡。崇祯既亡，清帝登位。一批效忠于明王朝的人士继续从事反清斗争，不久在南京拥立福王朱由崧为帝，次年为弘光元年，为挽救明王朝做最后努力。明福王朝沿用了主战抗清的史可法诸人，褒奖为明王朝忠节殉国人士，以激励更多反清复明人士投入抗击清军的斗争。

时任明福王朝礼部尚书顾锡畴，字九畴，昆山人，据实奏闻朝廷，为昆山殉节人士王焘、蔡懋德褒奖，倡建双忠祠共祭，“以慰忠魂，以励世风”，并撰写《王忠愍公传略》，以示悼念。

顾锡畴，少有神童之名，年十三即以诸生试。明万历四十七年（1619）进士。天启年间，阉贼魏忠贤权势滔天，锡畴不愿为附，被指为东林党，被降调吏削籍。福王朝时，权臣马士英当国，锡畴不与予

顾锡畴画像(陈柏华提供)

合，遂乞祭南海。时父顾天叙，明举人，知县。天叙晚年辞官归隐于苏州邓尉山麓，屏居不见宾客，谢绝人事者三十年。明两都沦亡，天叙愤懑欲绝，弘光元年绝粒而亡，年八十。父亡昆陷后，锡畴辗转去福建投奔明唐王。总兵贺君尧鞭挞诸生，侮辱斯文，锡畴义愤不已，议决上奏弹劾。贺怕事情败露，被究责任，遂使人夜潜入锡畴屋杀之，并投尸于江。锡畴尸三日后方被江之渔户所获，得棺而殓。清乾隆四十一年(1776)，赐谥号“节愍”，《明史》有传。

清道光年间，苏州沧浪亭园广集志贤建五百名贤祠，锡畴父子位列其中。誉顾锡畴“用人理财，维国之宝，荆棘满朝，不容劲草”，誉顾天叙“出处生死，舍义何求，浩浩独往，与造物游”，评价尤甚。

顾锡畴上奏后，乡邑贤达和各级职官纷纷响应，上书朝廷请赐谥号抚恤。乡邑名贤朱集璜平时与王焘交往甚密，友情甚笃，闻知焘守节殉国，不胜悲痛，即书《祭王随州文》，以表哀悼。集璜疾呼：古来身死国难者多矣，如先生(焘)之从容岂可得哉！足以告天下之为人臣者，杯酒遥祭王焘。言辞恳切，发自肺腑。

朱集璜子朱用纯见顾锡畴请疏后，即书《顾宗伯请建双宗祠疏后》，高度赞扬王焘，并追思王焘在海门教谕任上修葺学宫、济贫学子、拒受私馈、孝嗣老母等高风亮节，认为其在明政权有难时慷慨就义，朝廷抚恤当之无愧。集璜父子书引起了国难当头、山河破碎之时昆山乡邑儒林人士的强烈共鸣。

昆山先贤归庄闻知焘亡，也手书《吊王函符》长诗以示悼念，其中写道："闻讣窃心恫，非以哭吾私。节义人所同，百世闻其风。宇宙留奇节，天子旌孤忠。寂历荒郊外，悲风号长松。"

明福王朝闻奏，嘉王焘忠勇义烈，追赠太常少卿，赐谥"烈愍"，诏建双忠祠，并与同邑殉节之臣山西巡抚蔡懋德并祀，并刻庙碑记之。《明史·忠义传》均有记载。

道光朝另建节愍公祠

崇祯十七年（1644），明王朝覆灭。清军入关，占领北京，改元顺治。康熙时，完成了全国统一，建立了强大的封建帝国。后康、雍、乾三朝采用了一系列怀柔措施，缓解了汉满矛盾，中国封建王朝的顶峰康乾盛世出现了。

乾隆三十六年（1771），仿康熙朝开博学鸿词科；乾隆三十八年（1773），开四库全书馆；乾隆四十一年（1776），颁旨对前明遗朝忠勇殉节之士进行褒奖、赠谥、追封、赐祭，其中包括反清、抵御李张农民起义的人士。乾隆朝进一步对汉采取怀柔政策，笼络人心，巩固清王朝统治，制造太平盛世景象。

乾隆朝颁旨追谥王焘"节愍"，追谥蔡懋德"忠恪"。从"忠愍""烈愍"到"节愍"，清王朝不仅褒奖了王焘为明王朝效忠、殉节的壮烈，更对王焘维护正统王朝的节义操守给予了肯定；从"忠襄"到"忠恪"，清王朝褒奖了蔡懋德在明王朝风雨飘摇时忠贞不移、恪尽守土之责的贡献。

在明清鼎革时期，清兵大举南下，残酷镇压、杀戮反清人士，令人发指。许多昆山籍人士也投入轰轰烈烈的反清斗争，为挽救明王朝灭亡，“不臣二姓、不仕异朝”，用各种方式进行斗争。许多志士惨死在清军屠刀下，英勇壮烈，节义昂然，感天动地。百年后，他们在乾隆四十一年（1776）也获得了追谥、封赠。据不完全统计有：昆山籍明总兵杜松获赐谥“忠烈”、明工部职方司主事陈用极获赐谥“忠节”、明江西按察使夏万亨获赐谥“烈愍”等，名垂千古，流芳百世。数十年后，清道光年间，苏州府沧浪亭园内修筑五百名贤祠，上述人士均位列其中，英名永存。

王焘、蔡懋德在乾隆四十一年（1776）分别获朝廷追谥“节愍”“忠恪”，合祀双忠祠。双忠祠初建于明末，至此已达百年之久，旧祠坍塌，故址无存，难以再供奉两位先贤。据《苏州府志》记载：蔡懋德子孙已迁居苏州，经朝廷批准在苏州虎丘之阳（南）另建专祠。据传，他们居住的吴山北麓的蔡官巷因此得名。王焘后裔也向朝廷、昆山官府申请另建王焘（节愍）专祠，因财力等未果，拖延数十年，但王氏后代族人建专祠之心始终未改。

清道光初，王焘后裔嘉俊，昆庠生，于道光五年（1825）临终时再三嘱咐家人务修节愍公专祠，以体国家风励臣节之恩，尽子孙阐述祖功之意。道光十八年（1838），嘉俊妻顾氏再次嘱咐子兆宽尽力修建节愍公专祠。兆宽于道光二十三年（1843）正式上奏苏州府《请建节愍公专祠呈》，呈文中详尽回顾了王焘“殉流寇难”的事迹，并就专祠地址、建造费用、陈设做了具体说明，恳请抚院恩准，每届春秋饬官致祭。

王兆宽呈《请建节愍公专祠呈》，在昆山乡邑引起强烈反响，昆山乡贤纷纷上奏，加以支持。道光二十五年（1845），昆山县贡监廪增附生员徐玥、李传霖、李宾、周文治、张鹏九、朱昉等联名结状，称王焘烈迹感人，理应建祠激励后人。

是年，昆山县教谕何锡九、邵寿龄为另建节愍公专祠以县学名结状，以示声援。昆山县知县王省山于道光二十五年（1845）八月二十五日请求苏州府准其建祠，春秋一体官为致祭，以彰忠节，而崇禋祀，并以昆山县名义呈《昆山县查议通详另建节愍公专祠文》，仰望各宪批示，缴册结存。

最后，昆山县为王焘申请另建“节愍公祠”的呈文经府抚部宪审核后，由苏州布政司李德奉学宪张批，饬查详据，专呈《苏州布政司奉批详查节愍公专祠文》。道光二十八年（1848）二月初四，苏州知府正堂钟正式接江苏李布政司奉宫保总督部堂李批：另建节愍公祠，缴册结存，并转饬到昆山县遵照办理，毋违特札。

总督府批示于道光二十七年（1847）岁底已俱批，而江苏布政司、苏州府至道光二十八年（1848）二月中旬才发文给王氏家人。昆山县府定于二月十三日由县儒郭寿龄到祠开祭，并规定每年永祭祀以为例。

关于节愍公专祠的选址，据王焘后人申报，经朝廷核准，建于琅琊安阳支王氏宗祠东侧。王氏始祖吉卿公知昆山州，占籍昆山，数百年来均未建祠。自清道光二十五年（1845）起，兆宽母顾氏积二十年费用购买天区一图东黄圩沈姓房屋一所，命工匠兴工建造家祠，建于万仁衖横街（今培本

瑯琊安陽支重建祠堂記
道光十八年戊戌秋吾母顧太宜人興建祖祠越五年壬寅太宜
人聞海疆事愀然謂寬曰天下從此多事矣汝何以保茲宗祠爰
命刋印保甲團練說以勸鄉里又命請建節愍公專祠以勵子孫
又十年咸豐癸丑歲髮逆由粵西直擣金陵又八年庚申賊瀆圍
下寬承平日久民不知兵所至空城自常州蘇太以及松屬之青
浦縣皆爲賊巢寬與弟兆鼇奉太宜人避難僻鄉有人陷賊中逃
出述余家廟被燬狀太宜人聞之大慟自是病重卒至不起享壽
七十有九寬與弟鼇呼天搶地奔呼無門粗具禮以壽木成殮擇
地權葬至歲除夕料賊以伏臘度歲必不出劫遂與弟鼇遷太宜

《琅琊安阳支重建祠堂记》记文（陈柏华提供）

小学东）。祠内王吉卿为不祧世祖受供奉，二世祖君德公珪、六世祖资学公诂、七世祖循伯公秩、八世祖简斋公可大、九世祖华松公执礼、十世祖青城公协嘉等为不祧祖，奉国朝会典，春秋设馔合祭。这在昆山宗祠中也属香火鼎盛，颇为壮观。

节愍公专祠内以王焘父、万历举人逊庵公协嘉为主，随州知州、殉于国难的王焘为次。王焘妻范太淑人暨女余姐乙酉同殉难，王焘后裔昆庠生黍仲公献曾乙酉殉难，季稑公女贞姐年十六未嫁、随伯父献曾同赴水殉难；另康熙丙辰进士、点内阁中书成博公云凤、昆庠生倍王公全曜及继室徐氏，因钦赐节孝，也同时列于节愍公专祠。

顾氏捐田十五亩，命兆宽兄弟各捐田二十亩，以充祠堂维护、祭祀之费用。清道光二十八年（1848）二月十三日丁巳日，节愍公专祠由县教谕郭寿龄主持正式开祭。昆山县知县贾奉乾、新阳县知县徐敬安亲临现场，谨具牲帛酒醴致祭，并作《祭节愍公专祠祝文》。在场百姓观之，无不嘘唏不已，王氏家族荣耀无上。

清同治朝重建节愍公祠

清政权历经康、雍、乾三朝，进入了社会安定、经济繁荣的“盛世”，但至道光年间，政治日趋腐败，贪污成风，阶级矛盾和民族矛盾日益激化，“盛世”不再，国家险象环生。道光二十年（1840）爆发的鸦片战争，极大地打击了清王朝的统治。

咸丰元年（1851），广西洪秀全在桂平县金田村起义，一路北上，势如破竹。咸丰三年（1853），太平军即攻陷南京，占领中国富庶东南之地，挥师向东占领镇江、苏州。咸丰十年（1860）四月二十六日，太平军攻下昆山县城，建立农民起义军政权，将昆山县改为昆珊县。时昆新两县县令黎勉基、王如材及守城官兵早已弃城而逃。

《昆山县志》记载：“逆贼据城后，先登马鞍山，焚毁庙宇……梵宇琳宫，见皆焚毁，经典书籍，弃等秽污。”同治二年（1863），总兵程学启奉命率兵，总兵李恒嵩配合洋枪队收复昆山。五月末，太平军撤离昆山，其前后占领昆山达三年之久。

在这三年期间，昆山县城、市镇遭兵燹损毁严重，寺庙道庵也难免其难。《昆新两县续修合志》载：崇贤祠、樊孝介先生祠、礼部主事诸寿贤祠、明兵科给事中张栋祠、江西布政司夏万亨祠、明陈淮忠烈祠，荐严寺、能仁教寺、睦和庵、灵鹫庵、崇恩观、玉柱塔……均毁，王氏家族的节愍公专祠也难免于难。

太平军攻陷昆山之际，王兆宽与弟在昆城内不能久住，遂携老母及家人至茜墩吴家桥避难。顾母人在僻乡，仍挂念横街老屋与祖祠安危，常使人乔装进城打探消息。后有从城中冒险逃出的人详告之：城中被毁房屋无数，遍地断壁残垣，王家横街老宅、祖祠宗庙也被大火烧毁，不复存在。顾母年事已高，风烛残年再经躲避战乱感染风寒，又遭此一劫，几十年努力毁于一旦，闻之恸哭，终日不止，自此病重，卧床不起，于咸丰十年（1860）七月二十四日撒手人寰，享年七十九岁。顾母去世仅距太平军攻陷昆山城三个月，临终交代兆宽兄弟俩：待日后，务必重建祖祠和节愍公专祠，以慰先祖之愿。兆宽兄弟俩悲天恸地，求人无望，只能草草以棺木殓之，葬于乡间，待以后择日安葬。年终，兆宽推测太平军过岁，防备可能松懈，与弟悄悄地将母棺移至珠区六图北海圩（今陆家车塘）与父合茔。

王兆宽在昆山城无居住场所，在乡下仍时时打听时局变化，听到两江总督李鸿章在上海训练清军，抵御太平军，以收复江南失地，上海较为安全时，遂率全家迁往上海北桥镇居住，等待机会回昆理事。

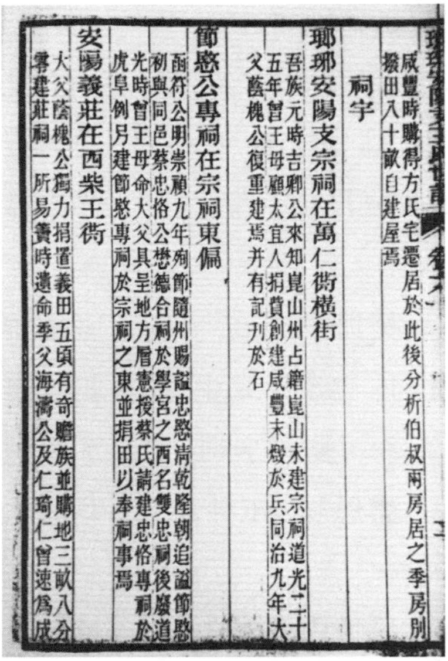
咸豐時購得方氏宅遷居於此後分析伯叔兩房居之季房別
撥田八十畝自建屋焉
祠宇
瑯琊安陽支宗祠在萬仁街橫街
吾族元時吉卿公來知崑山州占籍崑山未建宗祠道光二十
五年曾王母顧太宜人捐貲創建咸豐末燬於兵同治九年大
父蔭槐公復重建焉并有記刊於石
節愍公專祠在宗祠東偏
函符公明崇禎九年殉節隨州賜謚忠愍清乾隆朝追謚節愍
初與同邑蔡忠恪公懋德合祠於學宮之西名雙忠祠後廢道
光時曾王母命大父具呈地方層憲援蔡氏請建忠恪專祠於
虎阜例另建節愍專祠於宗祠之東並捐田以奉祠事焉
安陽義莊在西柴王街
大父蔭槐公獨力捐置義田五頃有奇贍族並購地三畝八分
零建莊祠一所易簀時遺命季父海濤公及仁琦仁曾速爲成

王氏义庄祖祠原址记文（陈柏华提供）

同治二年（1863），清军重兵从水路进攻，太平军不支退出昆山城。兆宽在上海闻知清军收复昆山城，于是随同家人返回昆山。当时昆山因战乱遭毁严重，朝廷亟需有人协助清军恢复社会秩序，奉檄设支应兵差善后局。兆宽投县衙参与昆山重建事项，并负责驻昆清军粮草、棉服供应。任职期间，兆宽勤勤恳恳、不辞劳苦，成效显著，常获县府赞许，由时任两江总督李鸿章保举，以原职尽先选用，以附贡披捐训导五品衔。兆宽至祖宅祠堂拜谒，只见满目荆棘、遍地瓦砾，昔日祖居荡然无存，伏地痛哭，并立下誓愿：吾今不可为人，不可为子矣；贼能毁之，吾必能兴之，务必于有生之年复其祖宅祠堂，以慰先祖。

自此，王兆宽与兄弟三人遵母亲节衣缩食遗训，自提膳田百余亩，除完纳条漕外，所蓄租余均购良田，积少成多，并将每年薪俸、田租收入全数留存为重建祖祠之用。同治十年（1871）春，兆宽见家中稍有积蓄，便亲自操办，采购木料砖瓦，招聘泥木匠工，在祖祠原址上构屋十一楹。西厅为祖祠，绘其列祖遗像、家族史料，其中有珍贵的明清朝廷历次封诰七件；东为节愍公王焘专祠；并重建毁于兵灾中的珠区六图北海圩祖墓，祭祀堂五楹，基本恢复原貌。兆宽撰写《琅琊安阳支重建祠堂记》，除缅怀先祖修祠之历程，也陈述重建之艰难，重修祖祠“非敢谓补过也，亦聊以慰太宜人于地下云尔”。完工之日，王氏族人隆重举行了祭祀仪式，纷纷谨具粢盛酒醴，撰文书联：先祖“循良忠节，铭勒汗青，博闻强识，文苑垂名，东西配祀，神其降临”。

同治三年（1864），清兵攻陷南京，太平天国起义失败，百姓暂时避免战乱，朝廷对被毁家园、寺庙进行修缮重建。苏州沧浪亭园战乱期间也被毁，于同治十二年（1873）得以重建。昆山在咸丰末被毁的礼部主事诸寿贤祠、崇贤祠、樊孝介祠、忠孝先生张栋祠、明陈淮忠烈祠、刘龙洲祠及圣蒙教寺、建福寺、延辉教寺、福严禅寺等众多寺庵也都得以修复、重建。王氏族人重修祖祠和节愍公专祠仅为其一，可见昆山当时重建之风盛行。

光绪十七年（1891）五月初八，王兆宽卒，享年八十七岁。他临终时交代子海涛公德洋、孙仁曾（颂文）、孙仁琦将所遗膳田及银两一并列入祖祠，除维持祭祀、支付维修外，均建王氏义庄，为族内和社会上的贫困人士服务，并上奏府衙，以求准允。

光绪十八年（1892）二月初八，江苏巡抚刚毅接苏州布政司邓华熙专详，称王兆宽：情殷惟解，谊笃宗支。慕文正之遗风，惠欲周乎宗族；仰眉山之义举，止孝迹于生前。而其子德洋：谨守遗言，克承先志，亦孝友之堪称，宜沐褒嘉盛典，堪媲美仲淹之遗，伏候题请旌表，以彰风光。

光绪十八年（1892）八月初八，礼部专呈上奏《题旌疏》获准，奉旨依议，行文至江苏巡抚遵照办理。王氏义庄奉礼部题旌，奉旨于昆山县城西柴王弄建立王氏祖祠、节愍公祠。王氏后裔德洋、颂文等秉承先祖遗志，继续从事教育、济困、帮贫等善事。王氏族人中外出求学者也得到资助，出现了不少有用人才。义庄后历经清末、民国，前后四十余年之久，抗战中遭日机轰炸而废。

附：《鹿城故事》总目录

《鹿城故事1》目录

《鹿城故事2》目录

《鹿城故事3》目录

《鹿城故事4》目录

《鹿城故事5》目录

《鹿城故事6》目录

《鹿城故事7》目录

《鹿城故事8》目录

《鹿城故事9》目录

《鹿城故事10》目录

编后记

2019年，昆山市文化广电新闻出版局、昆山市体育局、昆山市旅游局合并为昆山市文体广电和旅游局。昆山市文体广电和旅游局对昆山市文化馆主办的坚持了十年的“鹿城故事”讲座给予一如既往的重视。

由于每年安排的讲题有20多个，而每年编选出版的《鹿城故事》结集只能容纳20个讲题，所以，至今已积累了40多篇文稿等待付印。为使日后讲座与出版同步进行，今年就出版了《鹿城故事·10》和《鹿城故事·11》两本文集，以满足广大市民阅读需求。

为庆祝中华人民共和国成立七十周年，纪念昆山解放七十周年，特邀周长江先生撰写了《解放昆山纪实》。通过梳理档案和整合史料，再现了解放昆山时扣人心弦的秘密行动和惊心动魄的激烈战斗。

文史爱好者陈柏华先生在研读昆山名门望族家谱时，发现了与朱柏庐《治家格言》有着异曲同工之美的《王氏家训》。经他分类后逐条赏析，《王氏家训》成为昆山又一份珍贵的家庭教育训文。

文史学者马一平先生通过多年搜查典籍、纠正错讹的辛勤付出，写出了《昆山顾氏望族寻根》一文，将昆山顾姓大族复杂家系的发展脉络梳理得清清楚楚，填补了昆山在这方面的学术空白。

还有许多鲜为人知的故事内容，读者可以根据目录，各取所需，可从中获得正能量和引发自豪感。

“鹿城故事”讲座还将继续办下去，源源不断地寻觅新鲜的讲题成为主办单位必须未雨绸缪的策划关键。感谢各位讲师年复一年地撰写出令人耳目一新的讲稿，并尽最大努力生动地推介给百姓聆听，为推动昆山精神文明建设做出贡献。文中如有不当，敬请读者批评指正。

2019年5月